나 또한 국가과학기술위원회를 통해 '지재권 중심의 기술획득전략'을 확산시키는 데 앞장서고 있다. 우리나라의 R&D경쟁력을 획기적으로 제고시킬 수 있는 새로운 전략을 제안하고, 유용성을 검증하여, 이를 지속·추진할 수 있는 시스템을 구축한 저자의 창의성과 열정에 경의를 표한다.

| 박재근 한양대 융합전자공학부 교수 |

연구자 개인의 성공을 위해서도 지식재산이 필수적인 창의시대입니다. 저자와 함께 '차세대IP영재기업인 육성사업'을 추진하여, 미래에 구글과 같은 세계적 기업을 우리의 자녀들이 만들어 내는 꿈을 키우고 있습니다. 자녀가 남을 따라하는 Fast Follower에서 21세기가 요구하는 창의적 인재인 First Mover로 성장하길 바라는 이 땅의 어머니에게 이 책을 추천합니다.

| 김광수 포항공과대학교 교수 |

이 책은 제품이 국제특허복합체라는 새로운 패러다임을 제시하고, '최강 특허 포트폴리오'를 통해 R&D의 방향을 결정하고 IP전략이 R&D를 리드해야 한다고 강조한다. 특허청장 재임 당시 지식재산전략을 국가 어젠다화하며, 기업과 학계의 지식재산 역량을 실질적으로 제고시키기 위해 치밀한 전략을 세워 실천했던 저자의 노력을 높이 평가하며, 모든 벤처기업인들이 저자가 제시한 '지재권 중심의 기술획득전략'을 적극 활용하여 강력한 지식재산을 창출하고, 이를 바탕으로 독자적 사업영역을 확보하여 갑 같은 을로서 세계시장의 주역으로 우뚝 서기를 기대하며, 일독을 권유한다.

| 이민화 KAIST 교수, 벤처기업협회 명예회장 |

나는 2009년도 상공회의소 조찬특강에서 저자의 '지재권 중심의 기술획득전략'을 접하고, "내가 추진하고자 했던 지식경영의 콘텐츠가 바로 이것이다"라고 생각했다. 우리는 함께 일했고, 성과는 놀라웠으며, 조폐공사는 이제 과거와는 완전히 다른 기업이 되었고, 지식재산전략으로 세계시장을 선도할 기반을 구축했다고 확신한다. 평소 저자에게 되도록 많은 CEO들에게 강의를 하고, '지재권중심의 기술획득전략'을 전파하라고 권했었다. 다시 한번 특허청장 재임 시 창의적 아이디어를 내고, 이를 전략적으로 실천하여 우리기업의 지식재산 경쟁력을 획기적으로 제고시키는 데 크게 기여한 저자에게 감사하며, 모든 CEO들이 일독해야 할 필독서로서 강력히 추천하는 바이다.

| 전용학 조폐공사 사장 |

지식재산
경영의 미래

비즈니스 전쟁에서 이기는 전략

지식재산 경영의 미래

고정식 지음

한국경제신문

지식재산 전쟁의 승자가 되는 길

저자는 1979년 경제2수석비서관이던 본인에 의해 중화학공업 기획단에서 공직에 입문케 되었다. 이후 30여년에 걸쳐, 나는 그가 뛰어난 테크노크라트로서 일하는 모습을 지켜보았으며, 일했던 기록을 남기도록 적극 권유하였던 바, 이번에 지식재산 분야 책을 발간케 된 것을 축하하는 바이다.

이 책은 21세기 지식재산 전쟁의 시대에 승자가 되기 위한 저자의 전략을 소개하고 있다. 특히, 최강의 지재권포트폴리오를 갖추기 위한 '지재권중심의 기술획득전략'은 기업의 CEO, 기술개발책임자들은 물론, 과학기술연구기관의 연구원과 이공계 대학교수들도 개념을 이해하고 실제 업무에 적용할 필요가 있다.

1970년대 초, 방위산업 육성을 위해 EPB가 추진하던 '4대 핵공장 건설사업'이 진척이 없자, 당시 상공부 차관보였던 나는

여하한 병기도 분해하면 결국은 다 부품이라는 이른바 부품어 프로치Approach를 박정희 대통령께 제안하였고, 이는 우리나라 방위산업과 중화학공업의 출발점이 되었다. 이후 부품소재 산업의 육성은 우리나라 산업정책의 큰 축으로 지속 추진되어 왔다. 저자가 제안한 '지재권중심의 기술획득전략'은 어떤 제품을 부품소재의 결합체로 보는 시각에 더하여 국제특허의 복합체로 보는 시각을 결합시켜 세계시장에서 승자가 되기 위한 구체적 지식재산전략 수립 방법론이라 할 수 있다. 이는 지식재산 전쟁 시대에 시의적절한 패러다임 전환이라고 생각된다.

우리나라는 1960~1970년대 산업혁명을 거쳐 오늘날 중화학 공업에 기반을 둔 산업무역 대국이 되었다. 지금까진, 패스트 팔로워Fast Follower로서 성공적이었지만, 앞으로 G10국가로 발전하는 길은 기술강국이 되어 세계시장을 선도하는 길 외엔 없으며, 이를 위해 강력한 지식재산권의 선점은 필수적이다. 끝으로 이 책이 기업의 CEO, CTO는 물론 대학과 연구기관의 R&D종사자들, 차세대영재기업인으로 자녀를 키우고자 하는 학부모들에게 널리 읽혀, 우리나라가 지식재산 강국으로 나아가는 데 기여하게 되길 바란다.

오원철 前 경제2수석비서관

특허 없이 미래 없다

이 책의 저자인 고정식 전 특허청장은 실물경제 부문의 대표적 테크노크라트로서 산업계와 학계로부터 우리나라의 지식재산 역량과 국제적 위상을 크게 제고시켰다는 평가를 받고 있다. 그는 특허청장 재임 시 세계특허 5강 업무협력체인 IP5에서 적극적 역할을 수행하였으며, 우리 기업의 지식재산 경쟁력을 실질적으로 제고시킬 수 있는 프로그램을 만들어, "지재권 전쟁에서 승자가 되자"는 화두를 던지며, 특허경영을 전파하기 시작했다. 그 핵심 주장은 첫째, 세계시장 선도를 위해서는 제품과 서비스를 국제특허복합체로 인식하는 패러다임 전환이 필요하다. 둘째, 연구개발 기획단계부터 최강의 특허포트폴리오 구성을 목표로 R&D과제를 도출하고, 이를 통해 수동적 연구결과로서의 특허가 아닌 전략적 의미가 있는 다수의 특허를 획득하며, 자체

개발과 병행하여 '최강 특허포트폴리오' 의 일부를 구성하는 제3자의 기존특허를 적절히 획득하는 '최적획득전략' 을 마련하자는 것이다. 즉 '지식재산권 중심의 기술획득전략' 으로 바꾸어야 한다는 것이다. 이러한 주장은 치열하게 전개되는 특허전쟁에서 승리하기 위한 매우 의미 있는 전략이었다.

나 역시 과거에 특허경쟁력 열위로 쓰라린 경험을 한 적이 있고, 이를 극복하고자 삼성전자 CEO시절 특허경영을 강력 추진하였기 때문에, 공학한림원 회장으로서 저자가 제안한 우리 기업의 지식재산 경쟁력 강화를 위한 사업들을 적극 지원하였다. 또한, 지식재산정책의 국가어젠다화를 위해 '지식재산강국추진협의회' 대표를 맡아 달라는 필자의 요청을 기꺼이 수락하고, 사회적 합의 도출을 위해 노력했다. 그 결과 지식재산 기본법 제정, 국가지식재산위원회 발족 등 결실을 거두기 시작하고 있다.

이 책은 저자가 특허청장 재임 시 자신이 제안하고 실행했던 사업성과에 기초하여, 지식재산일류기업이 되는 방법론을 쉽고 명료하게 풀어쓴 CEO 필독서라고 해도 과언이 아닐 것이다. 특허경영의 선도자로서 모든 기업의 CEO, CTO들에게 저자의 주장을 되새겨 보고 또 실천하기를 바라면서 이 책을 적극 추천한다.

윤종용 국가지식재산위원회 위원장(前 삼성전자 부회장)

지식재산의 날개를 달자

우리나라는 불과 반세기만에 산업무역 대국이 되었다. 그러나 초고령화 사회로의 진입, 이공계 기피현상이 지속되고, 중국, 인도와 같은 거대국가들의 산업강국화가 가속되면, 우리나라는 생산현장의 경쟁력만으론 더 이상의 발전이 불가능한 한계상황에 봉착할 것이다. 이러한 때에 우리는 어떤 준비를 해야 할까? 세계적으로 생산 역량은 평준화 되고 있고, 개방형 혁신Open Innovation의 진전으로 이제는 R&D마저 아웃소싱Outsourcing하는 경우가 드물지 않게 되었다. 기업이 세계시장에서 승자가 되기 위해 내부에 보유해야할 핵심역량은 점차 지식재산권IPR과 자사 제품에 충성도 높은 구매자 집단을 유지하는 고객관계Customer Relation로 수렴하고 있으며, 양자는 결합하여 더욱 막강한 위력을 발휘하는 경향이 있다.

창조적인 기업문화를 통해 소비자들의 니즈Needs를 꿰뚫어 보고 트렌드Trend를 선도하여 IT업계에 스마트폰 열풍과 같은 새 판짜기를 주도하고 있는 애플, 검색기술 하나로 웹 세상을 평정하고, 통신기기 제조업의 전통적 강자 모토롤라를 인수한 구글, 사이버 세상의 휴먼네트워크를 실행시킨 페이스북, 온 세상 사람들의 자유로운 의사소통 시대를 연 트위터, 이들의 공통점은 자신의 아이디어를 무기로 수익을 창출하고 있다는 점이다. 또한, 이들은 노키아, 삼성전자, IBM, MS 등 전통적 글로벌기업들을 상대로 특허, 디자인 등 지재권 전쟁을 치열하게 벌이고 있다.

그렇다면, 어떻게 개인의 창의적 아이디어를 끌어내고 강력한 지식재산을 확보하며, 지식재산을 바탕으로 기업과 국가의 경쟁력을 높일 수 있을까? 그 해법으로 나는 '지재권 중심의 기술획득전략'을 제안한다. 특허청장으로 재직하는 동안 정부의 R&D를 효율적으로 추진하여, 기업의 실질적 경쟁력 제고에 도움을 주고, 대학과 공공연구기관의 연구 활동이 기업이 필요로 하는 기술을 창출하는 선순환구조를 만들기 위해서는 기술과 제품을 인식하는 패러다임의 전환이 필요하다고 느꼈다. 그래서 '지재권 중심의 기술획득전략'을 제안하였으며, 시범사업을 통해 산업계와 학계의 전문가들과 함께 그 방법론의 유용성을 검증한 후, 제도적 확산시스템을 구축하였다.

이 책을 통해 기업의 경영자들에게 지식재산권을 강력한 경영자산으로 인식하고 활용하라는 메시지를 전하고 싶다. 특히, 중소기업인들은 乙이라는 위치를 숙명으로만 받아들이지 말고, 지식재산을 기반으로 자신만의 독점적 사업 영역을 확보해 甲 같은 乙이 되기 바란다. 기업의 CTO, CIPO에게는 특허를 수동적으로 R&D 결과물로만 인식하기보다 지식재산 전략으로 R&D를 선도하고 최강의 특허포트폴리오를 갖추어 지식재산권으로 수익을 창출하는 단계까지 발전해나가는 주역이 되어 줄 것을 주문하고 싶다. 교수, 연구원, 차세대 기술 개발 주역이 될 학생들에게 '특허는 분쟁을 전제로 성립하는 글로벌 시스템 Global System이며, 기술 자채가 아닌 클레임에 대한 독점적 법률적 권리부여'라는 점을 이해하고 지식재산 전쟁의 핵심인재로 성장해 나가길 당부하며, 더 나가서는 자신의 아이디어와 지식재산을 바탕으로 세계적 기업을 일으키는 성공사례가 나오길 바란다.

이 책은 비록 전 세계의 0.1%에 불과한 국토를 가진 우리나라가 지식재산영토만큼은 엄청난 강국이 되길 바라면서 고민하고 기획하며 실행했던 일들의 기록이기도 하다. 지식재산을 때 놓고는 미래의 어떤 분야도 상상할 수 없는 날을 우리는 살고 있다. 늦으면 뒤쳐지고, 모르면 당한다. 남과 다르고 남보다 새로워야 남을 앞설 수 있다. 지식재산이 기반이 되는 창조경제 시대. 미래를 준비하는 이들이라면 눈에 보이는 것 안에 존재하는 보이지 않는 것의 무한한 가치를 잊지 말아야 할 것이다.

특허청장으로 재임하는 동안 나와 함께 정책적 상상력과 열정을 같이했던 특허청의 모든 후배들에게 감사드린다. 지식재산권 중심의 기술획득전략을 검증,확산하는 데 도움을 주신 한양대 박재근 교수, 엘지화학 유진녕 부사장, 조폐공사 전용학 사장님께도 감사드린다.

아울러, 재임기간 저의 모든 활동에 전폭적 지원을 아끼지 않으신, 허진규 발명진흥회 회장님, 윤종용 전 공학한림원 회장님, 차세대IP영재기업인 프로그램을 이끌고 계신 카이스트 이민화 교수님, 포스텍 김광수 교수님, 공직입문 이래 테크노크라트로서 실질적인 문제 해결역량을 키우도록 지도해 주시고, 격려해 주신 오원철 前 경제2수석님께도 감사드린다.

2011년 여름
고정식

| 차례 |

·1장·
스티브 잡스와 경쟁하려면?

· 4장 ·

길목을 막고 준비하라

· 5장 ·

지식의 브랜드화

· 6장 ·

지식재산 강자로 살아남는 길

지식재산 전쟁의 승리에
반드시 필요한 무기

호랑이는 죽어서 가죽을 남기고(豹死有皮),

사람은 죽어서 이름을 남긴다(人死有名).

그렇다면 기업은 죽어서 무엇을 남기는가?

그 답은 특허이다(企業死有特許).

2011년 7월, 캐나다 노텔의 특허자산은 애플을 중심으로 한 컨소시엄에 무려 45억 달러로 매각되었다. 인수 경쟁사였던 구글은 9억 달러 정도면 노텔의 특허를 손에 넣을 수 있을 것이라 생각했지만, 뒤늦게 인수에 뛰어든 애플이 엄청난 금액을 제시했던 것이다. 노텔은 한때 통신기기산업의 강자로서 화려한 시절을 누렸지만 최근 실적 부진의 영향으로 더 이상의 경영이 무의미하다는 판단 하에 사업을 접기로 결정했다. 그러나 불행 중

다행으로 사업은 접게 되었으나, 보유특허 덕분에 거액의 보상 가치를 얻게 되었다.

왜 구글은 노텔의 특허를 9억 달러라는 큰 돈을 주고 인수하고자 했으며, 무엇이 애플로 하여금 45억 달러라는 천문학적인 금액을 제시하게 했는가? 그것은 '특허전쟁'이라는 상황으로만 설명이 될 것이다.

전쟁에서는 반드시 승리해야 한다. 기업 간 전쟁이나 지식재산 전쟁에서도 마찬가지이다. 지식재산을 확보하는 것은 전쟁에서 무기와 같다. 그 무기의 값이 얼마인지는 중요하지 않다. 노텔의 특허는 구글에게는 9억 달러, 애플에게는 45억 달러의 가치가 있는 것이다. 똑같은 무기라도 누구 손에 있고 어떻게 쓰이느냐에 따라 가치가 달라진다.

특허는 분쟁을 전제로 하기 때문에 공격용인지, 방어용인지의 분명한 전술적 가치를 가져야 한다. 전략적, 전술적으로 의미 없는 특허는 단지 병력이 많아 보이는 효과일 뿐, 막상 전쟁이 발발하면 아무런 도움이 되지 않는 경우와 같다. 적을 제압할 수 있는 무기라면 반드시 손에 넣어야 한다. 또한 적에게 넘어가 획기적으로 전투력을 향상시킬 가능성이 있는 무기라면 적이 획득하는 것을 차단해야 전쟁에서 이길 수 있다는 것은 누구다 아는 사실이다.

한때 국내 컴퓨터 업계의 강자였던 S컴퓨터는 저가정책을 기반으로 1998년 미국시장에 진출해 연 100만 대 이상의 판매고를 올리며 순위 3위까지 랭크되었다. 그런데 같은 해 컴팩이 PC 보안 및 시스템 속도 향상기술 등 13개 특허를 침해했다며 S컴퓨터를 미 텍사스 남부 법원에 제소했다. 미국에서 특허를 한 개도 보유하지 못했던 S컴퓨터는 상대의 공격에 속절없이 당한 끝에 결국 시장에서 철수하였다. 이 분쟁에서 컴팩 측 변호사들은 S컴퓨터가 보유한 특허가 전혀 없다는 사실을 두고 '무방비 회사Defenseless Company'라는 별명을 지어줬다는 여담이 있다.

지식재산은 기업의 생사를 결정짓는 중요한 경영 자산이자 권리이다. 즉석카메라 시장의 경쟁사인 코닥과 폴라로이드의 특허분쟁에서 진 코닥은 폴라로이드에 9억 2,500만 달러의 손해배상을 했다. 또한 15억 달러를 투자한 공장을 폐쇄하고, 그간 시장에 판매했던 즉석카메라를 사들이기 위해 5억 달러, 14년의 법정공방에 소요된 1억 달러의 변호사 비용을 지불했다. 결국 코닥은 총 30억 달러에 달하는 손해를 입고 즉석카메라 시장에서 퇴출될 수밖에 없었다. 또 일개 벤처기업이었던 퀄컴이 CDMA에 대한 확고한 지식재산을 바탕으로 이동통신업계의 핵심이자 글로벌 기업으로 성장한 것은 대표적 성공사례이다. 잘 알려진 바와 같이, 우리나라 통신기기 제조기업들이 퀄컴의 원천기술이었던 CDMA를 최초로 상업화시켰다. 그럼에도 불구하고 우리 기업들은 퀄컴에 과거 10년간 5조 원이 넘는 천문학적 금액의 로열티를 지불해왔다. 상업화의 성공 전에 퀄컴과 좀 더 형평성 있는 지재권 공유계약을 체결하지 못했기 때문이다.

시장의 승자가 되기 위한 기업들 간의 전쟁에서 특허, 디자인 같은 지식재산권이 왜 강력한 무기인가를 말해주는 이야기가 있다. 어느 마을에서 사제와 판사가 서로 자신의 권위를 내세우며 신경전을 벌이고 있었다. 먼저 사제가 판사에게 "판사 당신은 죄인들을 처벌한다 해도 기껏 감옥에 보내고, 벌금이나 매기는 것 아니오? 나는 사제로서 악인들을 지옥에도 보낼 수 있소." 그러자 판사가 답했다. "예, 맞습니다. 그런데 제가 말하면 그것이 말한 대로 확실히 이행되는데, 당신의 징벌은 이행되었는지 알 수가 없다는 차이점이 있지요."

지식재산권은 법원에서 침해가 인정되면 침해자로부터 피해를 배상받을 수 있음은 물론 생산, 판매를 중지시킬 수도 있는 강력한 수단이기 때문에 가히 경영자들에게는 강력한 무기라 할 수 있다.

우리 눈앞에서 펼쳐지고 있는 비즈니스 전쟁에서 필승하기 위한 지식재산에 대한 이야기를 시작해보자.

1장

스티브 잡스와 경쟁하려면?

2010년에 TGiF라는 말이 유행했다. 'Thank God It's Friday'
가 아니라 Twitter–Google–iPhone–Facebook의 앞 글자를

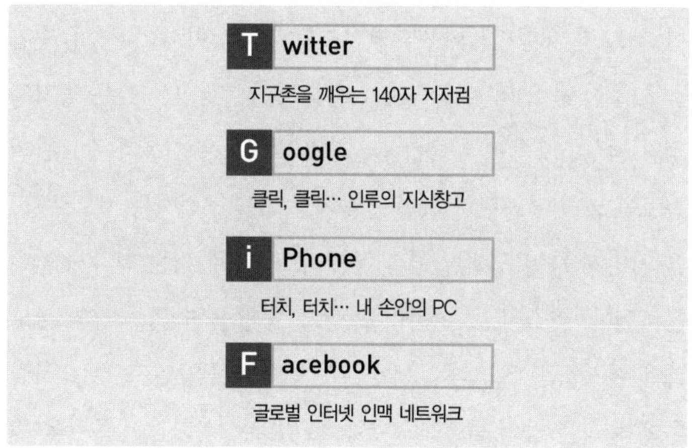

따 붙인, 우리가 살고 있는 시대의 단면을 명확하게 표현한 단어다. TGiF는 또 이렇게 해석되기도 한다.

트위터를 통해 수많은 사람들과 생각을 공유하고, 구글을 통해 전 세계에 흩어져 있는 방대한 자료를 손쉽게 접하고, 아이폰을 통해 손안의 인터넷 환경을 누리고, 페이스북을 통해 잠시 잊고 지냈던 인연들과의 끈을 다시 이어가는 세상. 그 이면에는 창의성이라는 마법이 자리하고 있다.

한국의 아이디어 부자들

달탐사 로봇을 꿈꾸는 아이디어맨

"우리나라가 물 부족 국가라는 기사를 읽고 물을 절약할 방법을 생각하다 수도꼭지가 머릿속에 떠올랐습니다." 특허청이 주최한 제22회 대한민국학생발명전시회에 기어비Gear Ratio와 수압을 이용한 물 절약 수도꼭지를 출품해 대통령상을 받은 경기도 성남 낙생고 2학년 이득기 군. 그의 발명품은 기어가 수도관의 통로를 넓혔다 좁혔다 하면서 물의 압력을 조절하는 것으로, 물을 약하게 틀어도 센 압력 덕분에 수도꼭지에서는 힘차게 물이 분사된다. 호스 끝에 손가락을 막고 물을 틀면 적은 양의 물도 세게 분사하는 원리와 같다. 무조건 세게 물을 틀고 보는 사람들에게 적은 양의 물로도 충분히 씻었다는 심리적 만족감을 줘

보통의 수도꼭지보다 절반가량 물을 절약할 수 있게 된다. 발명부 교사의 도움을 받아 자신이 생각한 원리가 맞는지 이론적인 검증을 했고, 자신이 발명할 물 절약 수도꼭지가 국내외 특허출원이 되지 않은 것을 확인했다. 1차 서류심사에서 본선을 통과하자 이 군은 서울 청계천 금형 전문가에게 부탁해 만든 기어로 물 절약 수도꼭지 완제품을 만들어 발명전에 출품, 당당히 1등을 차지했다.

"발명이란 사람의 생활을 편리하게 해주는 것"이라고 생각한다는 이 군은 "물 절약 수도꼭지로 창업하고 싶다"고 말했다. 하지만 그 꿈은 원대한 계획의 시작일 뿐이다. 이 군은 "스스로 생각하고 움직이는 달탐사 로봇을 만드는 게 최종 목표"라고 밝혔다.

사소한 것에서 아이템을 찾는 벤처사업가

〈비즈니스위크〉가 선정한 '아시아를 대표하는 젊은 기업가 25인'에 당당하게 이름을 올린 위자드웍스 표철민 대표. 중학생 시절, '비즈니스닷컴'이라는 도메인이 70억 원에 팔렸다는 뉴스를 듣고는 7개의 도메인을 구입해 도메인 대행사를 창업했지만 어리고 미숙한 운영으로 1억 원에 달하는 부채를 안고 말았다. 고등학교 때는 모바일 관련 특허를 4건이나 출원했고, 창업을 하는 학생들에게 도움을 주기 위해 '대한민국청소년벤처

포럼' 단체를 만들기도 했다. 또 IT컨설팅회사에서 근무하다가 미국에서 위젯사업이 성행한다는 소식을 접하고 위자드웍스를 창업했다. 그는 국내에 웹 2.0 개념을 도입하고 위젯의 수익 모델을 제시하며 위자드웍스를 매출 10억 원 규모의 사업체로 키워냈다.

표철민 대표가 무엇보다 중요하게 생각하는 원칙은 '도전'. 안정적인 취업의 길을 버리고 창업을 결심하기 위해서는 두려움을 극복하는 과정이 필요하며 처음은 어렵지만 일단 시작하고 보면 훨씬 더 큰 세상을 만날 수 있다는 것이다. 앞으로 10년 뒤에도 새로운 아이템으로 창업에 도전하고 있을 것이라는 그는 창업을 꿈꾸는 후배들에게 "버스 한 대가 지나가도 그 노선의 수익률을 따져보는 등 주변의 작은 현상도 수익 모델 개념으로 관찰하면 사소한 것에서 사업 아이템을 찾는 감을 키울 수 있다"면서 "겉치레를 버리고 과감히 도전한다면 사업체를 일구는 것이 단지 꿈으로만 그치지는 않을 것"이라고 조언한다.

평범한 가정주부에서 CEO로

도요타자동차와 차량내장형 공기청정기 공급계약을 따내고 연 매출 50억 원을 올리는 에어비타Airvita의 창업자는 자동차 딜러의 아내이자 두 아이의 엄마인 이길순 대표다. 그녀는 지하방에서 생활하던 이웃의 아이가 늘 아파 병원에 다니는 것을 안타깝게 여겨 값싼 공기청정기를 만들 방법을 궁리하기 시작했다고 한다. 게다가 방에 놓기 부담스러운 대형 공기청정기들이 넘치는 시장에서 유지비도 거의 들지 않는 소형 음이온 공기청정기를 개발해 창업 8년 만에 세계 20개국 수출, 매출 100억 원을 노리는 회사로 거듭났다. 에어비타의 강점은 전자제품이 습기에 부식되지 않도록 해주는 '고분자 진공코팅'이라 불리는 코팅 기술이다. 독자 개발한 이 기술은 전자제품을 물에 넣어도 계속 작동하게 해준다. 또 음이온과 오존을 조절해 동시에 방출할 수 있게 해주는 AICI 공법도 있다. 이 같은 기술력을 인정받아 미국, 유럽, 일본 등 주요국에서 제품 인증을 받았고, 국내 대기업들도 기술력을 인정, 냉장고와 전자레인지 탈취 부품으로 에어비타 제품을 사용하고 있다.

영재도, 전교 1등도 아닌 특허왕

대한민국의 젊은 지식재산 인재 황성재 씨. 카이스트 문화기술대학원 인간중심컴퓨팅Human-Centered Computing 박사 3학기 과정인 그는 2011년 현재 모두 64개의 특허를 보유한 특허왕이다. 그의 존재를 세상에 제대로 각인시킨 것은 이른바 가상손가락 Virtual Thumb 기술. 스마트폰을 사용할 때 두 손가락을 동시에 움직여 화면을 늘리고 줄이는 데 유용하게 사용하는 '멀티터치'

기술로, 이를 특허 등록해서 5억 원을 받고 국내 휴대전화 제조업체에 넘기기도 했다. 올해 갓 서른 살 나이의 그는 2010년 특허청의 '지석영 특허기술상'을 비롯해 2009년 IP오션 공모전에서 '올해의 IP상', 2009년 대한민국발명특허대전KINPEX에서 '특허청장상', 2008년 카이스트의 미래 웹서비스아이디어 공모전에서 '금상'과 '은상' 등의 굵직한 상을 휩쓰는 등 화려한 경력을 이어가고 있다. 한편으로 '영상 기반 터치강도 측정 방법, 장치, 이를 위한 기록매체 및 이를 포함하는 모바일 기기', '어안렌즈 및 안면 추적을 이용한 전자기기 디스플레이 표시 장치 및 그 방법, 이용하는 모바일 기기' 등의 첨단 특허기술들을 개발해 출원한 상태이기도 하다.

경영자보다 발명 엘리트로!

중학교 시절부터 발명을 시작해 13세에 전국우수발명품 전시회에 나간 이후 각종 상을 휩쓴 아롱엘텍의 김진국 대표. 발명 엘리트로서 성장한 그가 등록한 특허만도 10여 건에 달한다. '일체형 젓가락', '포토홀더' 등은 그가 발명업계에서 히트를 친 작품들이다. 그는 대학 시절부터 자신의 아이디어를 사업화하기 위해 기업체를 직접 찾아다니며 특허를 팔고자 노력했다. 1998년에는 20대의 나이에 자신의 상품을 사업화하기 위해 아롱엘텍을 창업했으며, 그간의 공을 인정받아 중소기업청, 기술

신용보증기금 등의 지원을 받아 창업했다. IMF 직후에 창업을 해 어려움도 많았다. 국내 소비시장은 말할 것도 없고, 수출에 대한 개념이 부족했지만 제품 개발에서부터 해외 시장을 겨냥해 만든 원적외선·음이온, 초음파 마사지기 세트가 일본, 싱가포르 등지에서 큰 호응을 얻으면서 성장할 수 있었다. 10대에 발명, 20대에 창업, 이제 30대 중반에 접어든 김진국 대표는 언제나 "오늘은 당신의 남은 생애에서 가장 첫날입니다"라는 말을 명심한다. 그래서 후배들에게도 진실로 하고 싶은 일에, 처음부터 올인All-in하라고 당부한다. "늦었다는 생각이 들 때가 가장 빠른 법입니다. 절대 지금이라도 늦지 않았습니다."

안정이 아닌 도전

마흔 살이 채 안 된 트위터의 공동 창업자 겸 최고경영자 에번 윌리엄스Evan Williams는 창의성을 이렇게 정의한다. "최고의 아이디어라 해도 지나고 보면 너무 빤한obvious 것들뿐이다. 빤하지만 남들이 보지 못하는 것을 보는 눈, 바로 그게 창의성이다." 그런 이유에서였을까, 2006년 윌리엄스가 개명한 회사명은 아비어스Obvious Corp.였다. 그는 최초로 '블로거Blogger'라는 단어와 프로그램을 만든 사람이다. 그의 회사가 개발했던 애플리케이션 '블로거'는 2003년 구글에 매각되면서 대박을 터뜨렸다.

트위터의 공동 창업자 에번 윌리엄스

당시 매각금액은 5,000만 달러(약 550억 원)로 추정된다.

트위터는 140자 이내로 자신의 생각을 전달해야 하는, 한계가 분명한 커뮤니케이션 도구다. 그러나 짧은 분량 안에 담긴 메시지의 명확성과 그 강력한 전달력은 순식간에 엄청나게 많은 사람들을 사로잡았다. 트위터 특유의 신속한 정보전달력은 이 서비스를 사회적 이슈에 대한 개개인의 의견이 자유로이 표현되는 공론의 장으로 만들기도 했다. 트위터가 널리 퍼지면서 새로이 나타난 사회적 현상들을 사람들은 트윗볼루션twit-volution이라고 일컫는다. 개인들이 써서 올리는 140자의 문장이 새로운 세상을 만들고 있는 것이다.

페이스북의 창업자 마크 저커버그Mark Zuckerberg는 천재 컴퓨터 프로그래머이며 하버드대학교 중퇴생이라는 이유로 종종 제

2의 빌 게이츠라 불리곤 했다. 그러나 페이스북이 급격히 성장한 뒤로, 저커버그는 에릭 슈미트 구글 회장이나 스티브 잡스 애플 회장처럼 실리콘밸리의 거물 CEO 리스트에 빠지지 않는 유명인사 대접을 받고 있다.

불과 5~6년 전의 그는 하버드대학 심리학과에 다니는 사고뭉치 괴짜 학생에 지나지 않았다. 2010년 개봉해 작품상, 감독상, 각본상, 음악상 등 골든글로브 4관왕에 오른 데이비드 핀처 감독의 영화 〈소셜 네트워크〉의 내용처럼, 저커버그는 기숙사 '얼짱' 여학생의 사진을 자신이 만든 실시간 인기투표 사이트에 올린 사건으로 퇴학을 당할 위기를 겪으며 유명세를 탔다. 이 사건 이후 하버드대 재학생을 온라인으로 연결하는 페이스북을 개설한 것이 2004년도. 개설 두 달 만에 페이스북은 가입자가 미국 전역의 대학으로 확산되는 폭발적인 인기를 누리게 된다.

페이스북은 미국에서 가장 실용적인 소셜 네트워크 서비스로 평가받고 있다. 인적 네트워크를 유지하고 확대하고자 하는 현대인의 마음을 정확하게 파고든 페이스북은 급성장을 거듭하며 급기야 2010년 3월 인터넷 접속 횟수에서 구글을 제치기에 이르렀고, 2010년 6월 현재 약 4억 명의 액티브 유저에게 선택받고 있다. 2009년 2억 명에 비해 두 배가 성장한 수치다.

페이스북의 놀라운 성공은 창업자인 저커버그를 우리 돈 7조 원 규모의 거부로 만들었다. 강력한 검색엔진을 무기 삼은 구글이 포털을 밀어내고 인터넷 세상을 통일했던 것처럼, 이제는 페이스 북이 구글의 아성을 밀어낼 거라는 기대마저 하게 만들고 있다.

국내에도 창의성을 바탕으로 기업을 일군 위자드웍스의 표철 민 사장이 있다. 2006년 출범한 위자드웍스는 위젯 및 소셜 미디 어 마케팅 전문기업이다. 위젯 제작과 마케팅 분야에서 국내 시 장점유율 1위를 달리며 현재 네이버, 다음, 싸이월드 등 국내 대 형 포털사이트에 위젯서비스를 제공하고 있다. 2007년 미국 IT 전문지 〈레드헤링〉으로부터 '아시아 100대 유망 벤처기업'으로 선정됐으며, '웹 어워드 코리아 2007'에서 인터넷 정보서비스 부문 최우수상 및 인기상 기업으로 2관왕을 차지한 바 있다.

그는 얼마 전에 소셜네트워크게임 사업체인 루비콘게임즈를 출범시켰다. 위자드웍스의 한 사업부였던 것을, 채 1년도 안 돼 별도 자회사로 세운 것이다. 표철민 대표가 제시하는 창업의 원 칙은 '안정이 아닌 도전'이다. 안정적인 취업의 길을 버리고 창 업을 결심하기 위해서는 두려움을 극복하는 과정이 필요하다. 처음은 어렵지만 일단 시작하고 보면 훨씬 더 큰 세상을 만날 수 있다는 것이다.

그러나 창조성 있는 모든 개인이 기업을 일구고 성공하는 것 은 아니다. 개인에 따라서는 기업을 세우는 것보다 연구자·발 명가로서의 삶이 더 체질에 맞는 사람들도 있다. 개인은 막대한 자본과 조직을 보유한 기업과 경쟁하기가 쉽지 않다. 특히나 담

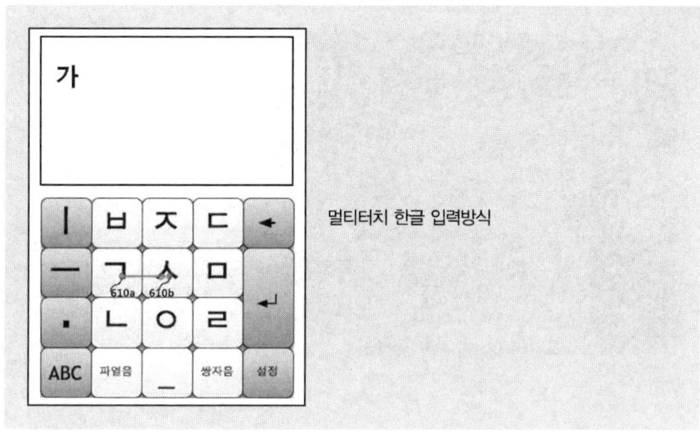

멀티터치 한글 입력방식

보를 잡지 않고는 벤처기업에 대한 투자를 기피하는 우리의 척박한 투자환경에서, 창의성만 가지고 기업을 키워나가기란 무척 힘들다고 할 수 있다. 실패보다는 안정적인 이자수익률이 리스크 관리를 잘한 것으로 평가받는 사회라면 말이다.

역사상 경제적으로 가장 성공한 개인발명가 중 한 명으로 꼽히는 제롬 레멜슨Jerome Lemelson. 그는 1956년 바코드 스캐닝에 관한 발명을 한 인물로, 미국의 CIP제도Continuation in part application(일부 계속 출원 제도)를 활용해 1993년까지 지속적으로 개량발명을 출원하며 모두 16건의 바코드 관련 특허를 등록받았다. 이 특허들을 기반으로, 레멜슨은 1997년 사망할 때까지 로열티로만 약 15억 달러의 수익을 거두었다.[1]

우리나라에도 저커버그나 레멜슨에 버금갈 발명 영재들이 많

가상손가락 기술을 통한
객체 회전 명령의 예

이 있다. 그 중 한 명이 카이스트의 황성재 씨다. 학교에서 아이디어맨으로 통하는 그가 개발한 멀티터치 한글 입력방식을 보자. 최소의 터치 동작으로 한글 입력 행위를 단순화해 입력 시간을 단축할 수 있고, 제한된 터치스크린 영역을 효과적으로 활용할 수 있으며, 사용방식이 직관적이라 사용법을 익히기도 무척 쉽다. 그는 이 기술로 2009년 특허청 대학 IP오션 공모전 '올해의 IP상'을 수상했으며, 상당한 기술료를 받고 기업에 기술을 이전했다.

또 그는 사람들이 휴대전화를 대부분 한 손으로 사용하는 것에 착안해 한 손으로도 줌인, 줌아웃, 회전 등 명령을 자유로이 수행할 수 있는 가상손가락 기술을 개발했다. 터치스크린의 사용자 터치 지점에 가상터치 위치가 생성되고, 가상손가락이 실제 사용자의 드래그 동작에 대응하는 움직임으로 줌인, 줌아웃, 회전 등 다양한 명령이 가능한 UI기술이다.

잘 키운 창의적인 직원이 임원보다 낫다

2002년, 일본 시마즈제작소의 연구원 다나카 고이치가 노벨화학상을 수상하는 업적을 이뤘다. 누구도 기대 못 한 성과였고, 이로써 기업들의 직무발명에 대한 사회적 관심이 크게 높아졌다. 다나카 연구원의 수상 발표 이후 시마즈제작소의 주가는 11일 동안 82%가 상승했으며 시가총액은 478억 엔(약 5,000억 원)이 증가했다.[2]

> ● **시마즈제작소** | 1875년 설립된 일본의 계측기기 및 의료기기 제조업체로, 이 분야 세계 1위이다. 창업자는 시마즈 겐조, 2008년 매출은 2,900억 엔이며, 종업원은 9,617명이다.

이보다 1년 앞선 2001년 4월, 시마즈제작소는 연구원의 전문성과 연구 활동을 보장하는 펠로Fellow 제도를 도입한 바 있다. 당시 다나카 연구원을 포함해 3명이 임명되었다. 본디 펠로는 임원급이었는데, 다나카 본인이 부장급을 희망했다고 한다. 노벨상 수상 인터뷰에서 다나카는 "자신이 노벨상을 탈 수 있었던 것은 회사의 배려 덕분"이라고 공을 돌렸다. 시마즈제작소가 연구원으로 하여금 창의적인 연구에 전념할 수 있도록 펠로 제도를 운영하지 않았다면 다나카의 노벨화학상 수상이 가능했을까?

시마즈제작소의 다나카와 극단적으로 대비되는 경우로 니치아화학의 나카무라 슈지의 사례를 들 수 있다. 나카무라는 청색 LEDLight-Emitted Diode(발광 다이오드)의 발명자다. 적색과 녹색 LED는 오래전에 개발됐지만 청색이나 백색은 소재 가공이 어려워 실용화가 어려웠다. 그런데 니치아화학은 세계 최초로 청색 LED(1993년), 백색 LED(1996년) 개발에 성공했다. 청색과 백색 LED가 주목받는 이유는 소비전력이 적지만 밝고 수명이 길어 대형 화면이나 휴대전화의 디스플레이 등 응용범위가 넓기 때문이다.

청색 LED 개발에 주도적인 역할을 한 나카무라 덕분에 니치아화학은 급성장할 수 있었고, 몇 년 만에 종업원 수 2,300명, 매출액 700억 엔, 영업이익률 27%를 올리는 우량기업(2000년 기준)으로 성장했다. 그러나 니치아화학은 나카무라에게 급여와 상여금, 특허출원·등록 보상금 각각 1만 엔 외에는 어떤 보상도 하지 않았다.

이러한 처우에 불만을 가진 나카무라는 1999년 12월 니치아화학을 퇴직하고 캘리포니아 주립대학교의 교수로 이직했다.[3] 퇴직 이후인 2001년 8월 나카무라 교수는 니치아화학을 상대로 도쿄 지방법원에 소송을 제기했다. 청색 LED 발명의 대가로 20억 엔을 지불하고 일부 특허를 양도하라는 내용이었다. 오랜 공방 끝에 나카무라 교수는 2심에서 8억 4,000만 엔(약 80억 원)의 화해금을 수용하고 소송의 막을 내렸다.

◼ 최근 우리나라의 직무발명 추이

구분	2001	2002	2003	2004	2005	2006	2007	2008	2009	2010
개인발명(A)	20,850	19,662	21,275	22,104	24,368	27,062	32,189	33,443	35,588	33,267
직무발명(B)	83,762	86,474	97,377	118,011	136,553	139,127	140,280	137,189	127,935	136,834
계(C)	104,612	106,136	118,652	140,115	160,921	166,189	172,469	170,632	163,523	170,101
직무발명 비중(B/C)	80.1%	81.5%	82.1%	84.2%	84.9%	83.7%	81.3%	80.4%	78.2%	80.4%

나카무라 교수에 대한 보상금 판결이 알려진 뒤, 우리 기업에서도 이른바 직무발명에 대한 관심이 높아졌다. 기업이 직무발명에 합당한 보상을 하지 않는다면 핵심 인력들이 외부로 빠져나갈 가능성이 높아진다. 직무발명 보상을 둘러싸고 갈등을 일으키고 소송마저 벌일 경우, 직원들의 사기 저하와 기업 이미지 악화 등의 부작용을 초래할 수도 있다. 합리적인 직무발명 보상제도는 기업과 직원 모두를 위해 꼭 필요하다.

국내에서도 혁신적인 성과를 올린 연구원과 회사 간의 갈등이 빈번해지고 있다. 2003년 7월, 모 제약회사 연구원의 직무발명 보상금 청구소송에 3억 원의 지급판결이 내려졌던 게 비근한 예다.[4] 법원에서 최초로 직무발명 보상을 인정한 이래 전체 특허출원 중 직무발명 비율은 80% 수준을 유지하고 있다.

크게 증가하는 직무발명 비율과는 달리 관련 보상제도를 실

◼ 직무발명 보상실시율

구분	2005	2006	2007	2008	2009	2010
실시율(%)	20.1	32.3	38.3	36.	39.6%	46.4%

구분	계	2004년	2005년	2006년	2008년	2009년	2010년
건수	244건	26건	29건	31건	42건	43건	41건
예방액 (추정액)	약 437조 4,500억	32조 9,270억	35조 5,000억	13조 5,730억	79조 8,000억	92조	92조

시하는 기업은 2010년 현재 46.4%로서 아직 절반에 못 미치는 수준이다. 지난 몇 년간 꾸준히 늘어나고 있기는 하지만, 일본의 보상제도 도입률이 2002년 당시 62.1%였던 것과 비교할 때 크게 미흡한 실정이다.

휴대전화 문자 입력방식에 대한 소송 등, 퇴직 발명자들의 보상금 청구소송 등이 줄을 잇고 있다. 2004~2010년도에 적발된 기술유출 244건 중에서 기술유출 시도자의 절대다수가 전·현직 직원이며, 주요 원인은 주로 금전적 보상에 대한 불만이었다고 한다. 이 역시 기업의 보상이 혁신적인 성과의 가치에 크게 못 미친다는 반증일 것이다.

직무발명 보상제도의 중요성이 인식되며 파격적인 보상제도를 실시하는 기업이 생겨나고 있다는 점은 다행스럽다. 2004년 직무발명 보상제도를 처음 도입한 SK는 기술을 외부에 처분해 발생한 이익의 5%를 포상하기로 했다. LG전자는 디지털 인센티브를 도입, 핵심 기술을 개발한 직원에게 횟수에 관계없이 1인당 최고 1억 원까지 지급하고 있다. 또한 현대자동차는 일정 조건에 합당한 발명에 대해 최고 5,000만 원까지 실적 보상금을 지급하고 있다.

　한 명의 핵심 인력이 수만 명을 먹여 살리는 시대다. 우수 인력에 대한 보상은 기업 생존이 걸린 문제다. 기업은 가치 창출의 핵심인 우수 기술 인력을 어떤 식으로 보상할 것인가?

　미국의 경우, 연구 성과에 대한 금전적 보상은 물론 연구원들의 명예와 인정욕구를 충족시킬 수 있는 '비금전적 보상 시스템' 역시 체계적으로 운영하고 있다. IBM은 탁월한 성과를 올린 연구원들에게 파격적인 보상금을 지급하는 것과 별개로, 15~20년간 생산적이고 창조적으로 근무한 엔지니어·과학자 등을 펠로로 선정해 임원 수준의 급여를 지급하고 있다. GE는 특허취득 건수가 많은 연구원을 선발해 그들의 이름을 명예의 전당Hall of Fame 현관에 게시하고 있다. 일본 역시 최근 들어 보상 한도를 폐지하는 등 기술 성과에 대한 금전적 보상을 강화하는 중이다. 혼다의 경우 2002년 라이선스 계약에 대해 최대 50만 엔의 보상 상한을 폐지하고, 대신 건별로 보상액을 산출해 지급하고 있다. 소니는 우수 기술을 개발한 연구자에 대해 연간 200만 엔을 최장 10년간 지급하고 있다.

　세계 최고를 향한 기술혁신을 추구하는 국내 기업들도 불확실성에 대한 투자, 창의적 성과에 대한 보상제도를 서둘러 정비해야 한다. 여기서 꼭 필요한 것이 CEO의 지속적인 관심과 인정이다. CEO가 적극적으로 나서야 하는 것이다. 첫 번째로 창의적이고 혁신적인 성과를 낳은 직원들이 주요 의사결정 과정에 참여하고 이로써 폭넓은 시각의 연구 활동을 할 수 있도록 배려해야 한다. 두 번째로 기술혁신 성과에 대한 운영원칙을 정비해 개인과 회사가 상생하는 시스템을 구축해야 한다. 직무발명에 대한 보상 산정기준을 명확히 해 공정성과 객관성을 확보하는 게 중요하다. 보상 시스템 운영에 대해 기술 인력들이 공감할 수 있도록 의견을 수렴하고 기업 내 문화로 정착시켜 나가야 한다. 세 번째로 비금전적인 측면에서의 보상 가이드라인을 만들어 운영해야 한다. 이를테면 연구에만 전념할 수 있도록 펠로 제도, 안식년 제도, 연구 주제의 재량권 부여 등 연구원이 선호하는 제도들을 적극 수용하고 이것이 투명하게 운용될 수 있도록 가이드라인을 만들어야 한다. 네 번째로 소송 등 잠재적 위험에 대비해야 한다. 직원과 기업 간의 보상을 둘러싼 소송이 장기화될 경우 기업에는 이로울 것이 하나도 없다. 이미지가 악화될 뿐 아니라, 소송에 패했을 경우 막대한 보상금을 지급해야 하며, 차후에 우수 인력을 확보하는 데에도 어려움을 겪게 될 것이다. 직무발명 보상 등의 시스템을 전담하는 부서나 인력을 운영하는 방법도 고려해볼 필요가 있다.

정품 사면 바보? 짝퉁 사면 더 바보!

사실상 국내 시장의 80~90%를 장악하고 있는 건설 설계 프로

그램 나모소프트. 그러나 설립한 지 20년 가까이 되는 이 회사
는 아직도 영세성을 면치 못하고 있다. 건설 설계 프로그램 시
장이 작아서가 아니라, 나모의 소프트웨어 정품을 제값주고 구
매해서 사용하는 기업이 매우 적기 때문이다. 나모의 핵심 제품
인 '로드 프로젝터'는 도로 등 건설 설계를 할 때 도로 기하구
조의 계산·분석 기능을 전산화하고, 도면과 각종 수량 산출서
를 자동으로 저장·출력할 수 있는 소프트웨어다. 이 제품은 현
재 오토데스크의 오토캐드 서드파티 제품으로 유명하다. 대부
분의 매출도 오토캐드와 연관돼 발생하고 있다.

그러나 이 제품이 처음부터 오토캐드에 의존했던 것은 아니
었다. 나모소프트는 당초 'NS캐드'라는 독자적인 캐드 솔루션
을 개발했었다. 큰 비용을 들여 개발한 캐드 솔루션이지만, 불
법복제를 견뎌내지 못했다. 결국 이 회사는 캐드엔진 개발 부서
를 없앴다. 캐드엔진을 계속 개발하기 위해서는 많은 시간과 비
용의 투자가 필요한데, 불법복제 때문에 그에 맞는 매출이 발생
하지 않았던 것이다. 회사 관계자들은 토로한다.

"현재 대부분의 건설회사들이 오토캐드를 어쩔 수 없이 쓰고
있다. NS캐드 락Lock이 깨지지 않았다면 오토캐드의 대안이 될
수 있었을 것이다."

이 말처럼 소프트웨어 불법복제가 없었다면 막대한 개발비
용을 회수할 수 있었을 것이다. 그리고 지금쯤 글로벌 소프트웨

어 회사인 오토데스크에 맞서 국산 소프트웨어 회사가 충분히 선전하는 모습을 볼 수 있었을지도 모른다.

게임산업에서는 불법 사설서버[5] 문제도 골칫거리다. 불법 서버란 게임 운영권한이 없는 사람이 불법적으로 운영하는 서버로 해킹으로 얻은 게임 소스코드가 무단으로 배포돼 누구나 손쉽게 불법 서버를 운영할 수 있게 된 것이다. 불법 서버가 확산되면 게임 개발사들은 수년 동안 공들여 개발한 게임에 대해 정당한 대가를 얻을 수 없다. 엔씨소프트의 자체 조사 결과에 따르면, '리니지' 시리즈는 모두 331개의 불법 서버가 있으며, 그 회원 수는 15만 명에 달하고, 피해액은 약 200억 원으로 집계됐다. 게임회사뿐 아니라 재투자와 신작 게임의 개발이 불가능해진다는 점에서 게임산업 전체로도 큰 손실이다.

게임산업협회에 따르면, 불법 서버로 비롯되는 국내 게임업체들의 피해액은 연간 1,500억 원에 달한다. 불법 서버는 국산 게임의 수출도 가로막는다. 외국 업체들은 국내의 불법 서버를 문제 삼아 수입을 거부하거나, 계약조건을 자신들에게 유리하게 내걸기도 한다. '열혈강호'의 엠게임과 중국 CDC게임즈 사이에 오간 분쟁도 불법 서버 때문이었다. 불법 사설서버를 통한 열혈강호 이용이 증가하면서 CDC게임즈 매출이 감소했고, CDC게임즈는 이런 이유를 들어 기존 계약조건을 대폭 수정할 것을 요구해왔던 것이다.

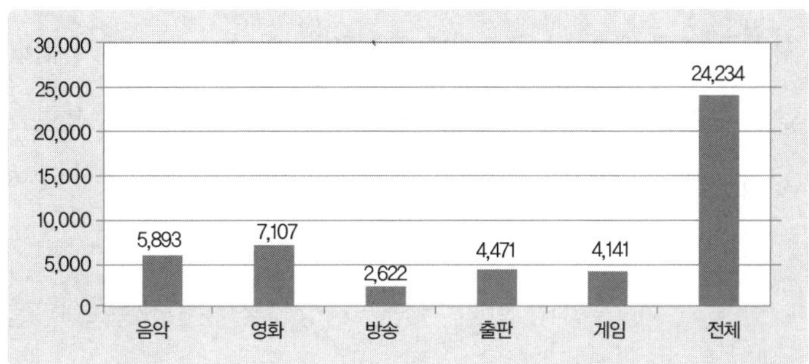

'깨진 유리창 이론Broken Window Theory' 이라는 게 있다. 낙서나 유리창 파손 같은 경미한 범죄를 방치하면 큰 범죄로 이어진다는 범죄심리학 이론이다. 어떤 건물의 유리창 하나가 깨진 채로 방치돼 있다면, 주변 사람들로서는 그 건물이 관리되지 않고 있다고 받아들일 수밖에 없다. 또한 처음에는 한 장의 유리창이 깨진 것에 불과했던 상황이, 연이어 다른 유리창이 깨지면서 건물뿐 아니라 주변 지역까지 피해를 입힐 수 있다.

소프트웨어 불법복제 행태에서도 깨진 유리창 이론을 실감할 수 있다. 처음에는 한두 곡의 MP3 음원 불법 다운로드로 시작되지만, 어느 순간부터 다양한 디지털 콘텐츠를 아무 거리낌 없이 불법복제하는 수준에 이르게 된다. 이러한 사회 분위기 속에서 정품을 사용하면 '바보'가 되고, 단속에 걸리면 '재수 없고 억울한 일'이 되기도 한다.

2008년 국내 소프트웨어 불법복제율[6]은 43%. 30개 OECD 회원국 가운데 23위이며, 그 피해액만 6억 2,000만 달러에 달한다고 한다. 국내 소프트웨어 불법복제율을 2.5%씩 4년간 (2008~2011년) 총 10% 절감시킬 경우, 13억 달러(약 1조 1,700억 원)의 국내 산업 성장이 예상[7]된다는 보고도 있다.

방송, 영화, 출판 등 합법 저작물 시장의 침해 규모는 2008년 기준 2조 4,234억 원[8]으로 조사됐다. 콘텐츠별로는 영화가 7,107억 원, 음악 5,893억 원, 출판 4,471억 원, 게임 4,141억 원, 방송 2,622억 원 순이었다.

이러한 현실을 반영하듯 닌텐도 USA는 브라질, 중국, 한국 등 6개국을 저작권 침해가 심각한 국가로 선정, 이들 국가에 '슈퍼 301조'를 토대로 제약을 가할 것을 미국 통상대표부에 요청하기도 했다.

이른바 '짝퉁'도 이와 다를 바가 없다. 소프트웨어와 저작물에 불법복제가 기승을 부리듯 의류 등에는 짝퉁이 문제다. 얼마 전에는 여주인공의 직업이 '짝퉁 명품 핸드백 디자이너'로 설정

■위조 상품 단속 실적 (단위 : 건)

구분	2004년	2005년	2006년	2007년	2008년	2009년
입건	198	88	128	116	34	122
시정 권고	425	749	966	1,066	1,147	2,849
소계	623	837	1,094	1,182	1,181	2,971
적발물량(점)	149,555	17,742	14,852	35,366	97,751	84,580

된 드라마가 방송을 탄 적도 있다. 그만큼 위조 상품이 생활 속에 깊숙이 관계를 맺고 있는 게 현실이다. 검·경 합동으로 위조 상품을 단속해 적발한 건수 추이를 보더라도 쉽게 개선될 조짐은 보이지가 않는다.

우리나라 지재권 보호 지수 순위는 33위(IMD, 2009년)로, 이 분야의 저수준 국가로 인식되고 있다. 이로써 국가 이미지는 물론이고 한국산 제품에 대한 신뢰도가 하락하며 코리아 디스카운트 효과마저 나타나고 있는 상황이다. 또 보안 솔루션 전문업체 맥아피Mcafee에 따르면, 우리나라는 세계 5위의 기술유출 위험국(중국 1위)으로, 기술보안이 취약해 투자가 기피되는 7번째 국가로 나타났다. 이처럼 낮은 수준의 지재권 법질서가 국내외 기업의 투자를 저해하는 등 경제성장의 걸림돌로 작용하고 있다.

> ● **코리아 디스카운트 효과** | 한국 경제의 불투명성, 불확실성을 근거로 외국인들이 한국의 주가를 실제 가치보다 낮게 평가하는 일. 한국산 제품은 일본, 유럽, 미국 등 선진국 제품 대비 70%의 가격을 받는 것으로 조사됐다.

빌 게이츠가 한국 사람이었다면?

개방경제일수록 지식재산권과 혁신 간의 관계가 밀접하다. 그리고 지식재산권이 보호를 받으면 받을수록 더 많은 혁신이 촉진된다. 반면에 지식재산권 제도가 약한 국가일수록 기술집약적인 산업에 외국인 투자를 끌어들이기가 어렵기 마련이다. 이처럼 지식재산권의 보호 정도는 경제발전에 직간접적인 영향을 끼치는 중요 요인인 것이다.

"특허출원 1% 증가가 국내총생산GDP 0.11%의 증가에 기여한다"는 말이 있다. 지재권 강화는 기술혁신 활동을 촉진하고 기업의 부가가치 생산에 기여[9]하며 국내 기업의 생산성을 증대[10]시키는 중요 전략이다. 지재권 강화가 한국의 연구개발 집약도(연구개발 투자의 GDP 비중) 증가에 기여했다는 분석도 나온 바 있다.

빌 게이츠가 한국에서 소프트웨어 개발을 했다면 현재와 같은 마이크로소프트가 존재할까? 우리나라의 PC 사용자 절반가량이 불법복제물을 사용하고 있는 것으로 추정된다. 국내의 대표적인 소프트웨어 기업 한글과컴퓨터(한컴). 이들 제품의 2009년 불법복제 건수는 1만 1,452건, 피해액은 20억 원으로 조사됐다. 한컴은 '흔글'이라는 초히트 상품을 개발하고도 아직 중소기업 규모를 넘어서지 못하고 있다. 이처럼 낮은 수익은 지속적인 연구개발 투자를 위축시켰고, 국내 워드프로세스 시장은 결국 마이크로소프트에 넘어갔다.

나모인터랙티브(나모)도 불법복제에 발목이 잡힌 대표적인 기업이다. 나모는 지난 2000년 초 웹페이지 제작 소프트웨어인 '나모 웹에디터'로 시장을 평정했다. 한때 시장의 80%를 장악하며 성공신화를 써갔다. 그러나 시장점유율이 높다고 수익이 많아지는 것은 아니었다. 대다수의 이용자가 불법복제를 통해 나모 웹 에디터를 사용했기 때문이다. 결국 나모는 여행사에 인수되는 등 우여곡절을 겪어야 했다. 심각하게 행해지는 불법복제는 국내의 소프트웨어 산업의 성장을 더디게 만들었다. 이것이 지식 기반 경제의 발전에 악영향을 끼쳐왔음은 명백하다.

"영업을 통한 매출 신장보다 불법 소프트웨어 단속이 훨씬 효과적이다."

국내의 한 소프트웨어 업체 관계자의 말은, 불법복제로 업체들이 얼마나 신음하고 있는지를 단적으로 보여준다. 게다가 중소기업과 벤처기업이 받는 피해가 더욱 크다는 점에서 문제가 심각하다.

지식재산을 보호하는 사회 시스템은 국가경쟁력 확보에 필수적인 요소다. 국가의 지속적인 경제발전을 위해서는 지재권 보호강화 정책을 지속적으로 실시해야 한다. 이를 통해 기업의 창의적인 활동을 촉진시키는 사회·경제 환경을 조성해야 한다.

기업의 경쟁력을 강화할 특허전사

지식재산 전쟁에서 승리하기 위해서는 무엇보다 연구원의 특허에 대한 인식이 중요하다. 한국 지식재산연구원의 조사에 따르면 국내 연구인력의 69.7%가 지식재산교육이 필요하다고 응답하고 있으나 기업에서 이들 인력을 대상으로 교육기회를 정기적으로 제공하고 있는 기업은 불과 7.9%에 지나지 않고 있다.[11] 실정이 이러다보니 2007년 7월 대한상공회의소는 이공계 대학생의 특허지식이 부족하여 기업은 이들 인력채용 이후 특허교육을 해야 하므로 시간적 · 경제적 손실을 초래하고 있다고 우려를 표명했다. 산업계의 이러한 의견에 따라 특허청은 지난 몇 해 전부터 이공계 대학에 특허강좌 개설을 지원하고 있다. 그러나 이공계 대학의 특허교육은 이제 걸음마 단계로 전체 이공계 학생 대비 특허교육 이수자 수는 전체 공과대학 학생의 2% 내외에 불과한 실정이다. 또한 교육내용 면에서 보면 특허검색을 하고 특허출원서 작성하는 등의 실습보다는 특허제도 개론 등 기초 교양적 성격이 강하여, 대학의 특허교육이 실용성이 떨어져 기업에는 크게 도움되지 않는다는 부정적 평가가 지배적이었다.[12]

특허청장 내정 후, 부임 전까지 잠시 시간 여유가 있을 때, 주요 기업의 특허담당 임원들로부터 여러 가지 이야기를 들었다. 그 자리에서 다수의 임원들이 "많은 연구원들이 자신들의 연구결과를 제대로 특허권으로 변환시키는 능력이 결여되어 있어, 특허명세서 작성법을 교육시키는 데에도 무척 힘이 든다"는 하소연을 들었다. 그때 나는 대학교육단계에서 기업이 필요로 하는 실질적인 특허역량을 학생들에게 길러주자는 목적하에 '캠퍼스 특허전략 유니버시아드'를 구상하게 되었다. 나는 먼저 특허청장 부임 인사차, 공학한림원의 윤종용 회장을 만나고 '기업이 특허전략에 대한 문제를 내고 학생들이 팀을 만들어 해결하는 산학협동프로그램을 특허청과 공학한림원이 공동으로 추진할 것을 제안했다. 윤 회장은 즉석에서 좋은 아이디어니 같이 해보자고 했고, 그 자리에서 비서관을 불러 공학한림원 집행위원회를 소집해 필자가 보고하고 추인을 받도록 하라고 지시하였다. 아마도 윤종용 회장이 그와 같이 신속한 결정을 내리신 배경에는 윤 회장 자신이 삼성전자의 CEO로 근무하면서 특허경영을 주도한 경험이 크게 작용했기 때문일 것이다.

이렇게 해서 대학과 기업의 개방혁신Open Innovation 프로그램이자 신 산학협력 프로그램인 '캠퍼스 특허전략 유니버시아드'가 탄생되었다. 그 이후 문제출제 방법이나 평가방법 등 세부적인 실행방안을 마련하기 위해 기업과 대학의 의견을 여러 차례 들어 보았다. 일부 기업은 학생의 답안 수준이 낮아 기업에 도움이 되지 못하고, 문제출제와 심사부담에 따른 업무부담이 가중되어 대회가 원활하게 진행되기 어려울 것이라며 부정적인 의견을 내놓았다. 한편, 대학의 일부 교수들은 일부 유명 대학을 위한 대회가 될 것이라며 불신감을 표명했다. 대회의 성공적 출범을 위해서는 이들 기업과 대학의 요구사항을 해결하는 것이 급선무였다. 먼저 기업의 우려사항인 답안의 수준이 낮을 것

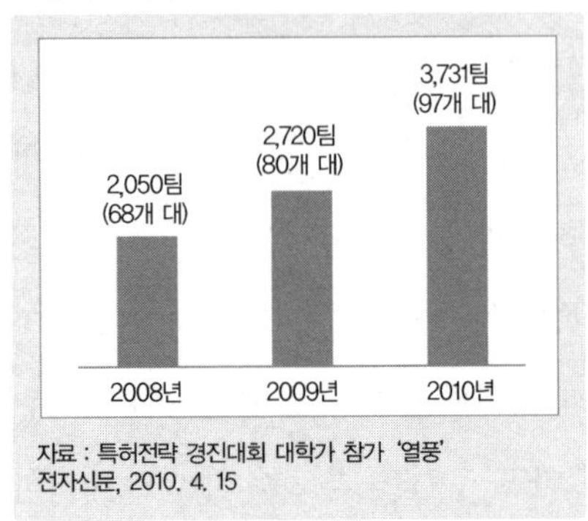

자료 : 특허전략 경진대회 대학가 참가 '열풍'
전자신문, 2010. 4. 15

이라는 문제점을 해결하기 위하여 지도교수를 필수로 하고 아울러 교수의 관심과 지도를 유도하기 위해 지도 교수상을 마련했다. 그리고 참가신청을 한 대학생들을 대상으로 주요 대학과 지역을 순회하면서 특허검색 방법 등도 교육했다. 다음으로 일부 유명 대학의 프리미엄을 없애고 공정한 평가를 위해 논문의 표지나 발표 시에 소속 학교가 드러나지 않도록 하고 만약 이 사항을 위반할 경우 실격처리하도록 했다.

마침내 2008년 9월, 대회 첫 해에 대회의 취지와 필요성을 공감하는 21개[13] 기업이 기꺼이 문제를 출제해 주었다. 첫 대회라 홍보기간이 짧았지만 대회 참가 접수결과 참가자는 68개 대학 2,050팀이었다. 첫 대회치고는 성공적이었다. 이듬해 2회인 2009년 참여기업은 36개 기업으로 늘어났고[14] 참가팀도 80개 대학 2,720팀으로 증가하여 불꽃 튀는 경쟁을 벌였다. 3회째인 2010년에는 36개 기업 이외에 6개의 정부출연(연)과 1개의 은행이 새롭게 문제출제에 동참했고 대학의 참가자는 전년도에 비해 무려 37.2%가 증가한 3,731팀으로 늘어났다.

이러한 양적 확대와 더불어 이 대회에 참여하여 학생이 제출한 답안은 기업으로부터 좋은 평가를 받았다. J기업의 CEO는 학생의 답안으로부터 경쟁기업의 특허공세를 무력화시킬 수 있는 방법을 찾을 수 있었다며 시상식에 참여하여 그 학생에게 직접 상을 주고 격려했다. T기업은 학생의 아이디어가 너무 참신하여 그 학생을 회사로 초청하여 전 임원이 참여한 가운데 세미나를 개최했다고 한다.

학생들 또한 이 대회를 통해 부쩍 성장한 자신을 발견할 수 있었다고 한다. 학생들의 다수가 "특허 실무 능력이 높아졌다", "대학에서 배운 전공지식이 어떻게 현장에 적용되는지 알 수 있었다", "기술의 발전방향에 대한 통찰력과 대안 제시 역량이 높아졌다", "취업 면접에서 대회의 참여 경험을 강조하여 면접관들로부터 좋은 평가를 받아 취업에 성공했다" 등의 답변을 했다. 학생들의 답안을 종합해 보면 이 대회가 학생들의 특허역량을 높여주었을 뿐만 아니라 창의적이고 실용적인 공학교육과 산학협력으로 발전할 가능성을 제시했고, 해를 거듭함에 따라, 참여 지도교수들로부터도 학생들이 스스로 창의적으로 문제해결능력을 키워나가는 교육적 효과가 엄청나다는 평가를 받고 있다. 이 대회는 공학한림원의 대표적 산학협동 성공사업으로 자리매김했고, 최근에는 대회 수상학생들로 하여금 '차세대 IP 지도자 클럽'을 결성하여 활동하도록 지원하고 있다.

특허가 많다고 안심할 수 있을까?

지식재산에 관한 국가경쟁력을 양적인 측면과 질적인 측면으로 나눠보면, 우리나라는 양적인 수준과 질적인 수준의 불균형 상태에 처해 있다고 할 수 있다. 연구개발 투자와 마찬가지로 말이다. 지식재산의 양적인 측면에서는 특허 선진 5개국(미국, 일본, 한국, 유럽, 중국)으로서의 위상을 확립했지만 질적인 측면에서는 양적인 성과에 걸맞은 성과를 얻지 못하고 있는 것이다.

■ 국가별 특허협력조약(PCT) 출원 현황[15]

순위	국가명	2008년(건)	2008년 점유율(%)
1	미국	53,521	32.7
2	일본	28,744	17.5
3	독일	18,428	11.3
4	한국	7,908	4.8
5	프랑스	6,867	4.2
6	중국	6.089	3.7

■ 출원인 국적별 특허출원 건수[16]

순위	국가	2006년(건)
1	일본	514,047
2	미국	390,815
3	한국	172,709
4	독일	130,806
5	중국	128,850

■ 인구 100만 명당 국내 특허출원 건수[17] (단위 : 건)

구분	일본	한국	미국	독일	영국	프랑스	러시아	중국
2000년	3028.3	1549.3	583.9	629.3	374.5	235.5	160.6	20.1
2006년	2720.7	2591.5	741.8	582.6	289.7	238.0	195.9	93.2

이 같은 현상은 기술혁신·연구개발 정책과 지식재산 정책의 연계가 과거 어느 때보다 중요한 의미를 갖게 된 현시점에서 우리가 가야 할 길을 알려주는 중요한 단서이기도 하다.

지식재산의 양적인 측면에서 우리나라는 세계 어느 나라보다 빠른 속도로 지식재산 선진국을 따라잡고 특허 선진 5개국(IP5) 국가로서의 위상을 확립했다. 국내 특허출원 건수 및 특허협력조약Patent Cooperation Treaty, PCT에 따른 국제특허출원 건수는 세계 4위(2008년), 출원인 국적별 특허출원 건수는 세계 3위(2006년)를 차지하는 등 양적인 측면에서의 지식재산 경쟁력은 세계 최상위 수준에 와 있다고 할 만하다.

그러나 질적인 측면에서는 이에 걸맞은 성과나 경쟁력을 보여주지 못하고 있는 점이 문제다. 지속적으로 확대되는 기술무역수지 적자 규모가 그 현실을 말해주고 있다. 2007년에 29억 2,500만 달러의 적자를 기록했던 것이, 2008년도에는 31억

◼ **연도별 기술무역 추이**[18]

(단위 : 백만 달러)

순위	기술무역 규모 (A+B)	기술 수출액(A)	기술 도입액(B)	기술무역수지 (A−B)
2001	3,262	619	2,643	−2,024
2002	3,360	638	2,721	−2,083
2003	4,053	816	3,236	−2,420
2004	5,564	1,416	4,147	−2,731
2005	6,150	1,625	4,525	−2,900
2006	6,734	1,897	4,838	−2,941
2007	7,282	2,178	5,103	−2,925
2008	8,200	2,530	5,670	−3,140

4,000만 달러의 적자를 기록하며 그 규모가 처음으로 30억 달러를 넘어선 것이다. 기술무역수지 적자의 주요 원인은 간단하다. 선진 기업이 보유한 핵심·원천 기술에 대한 국내 기업의 의존도가 높기 때문이다. 결국 우리나라의 지식재산 경쟁력이 질적인 부분에서 취약하다는 의미다.

20세기 세계 최강 10대 특허를 보아도, 미국과 유럽은 각각 4건의 특허, 일본은 1건의 특허가 선정됐지만 우리나라에서 개발된 특허기술은 없었다.

● **VSB 특허** | LG전자가 보유한, 디지털TV에 사용되는 신호전송기술로, LG전자가 자체개발한 것이 아니라 미국 제니스(Zenith)에서 개발했다. LG전자가 1995년 인수합병을 통해 제네스를 인수하면서 보유하게 된 특허다.

■ 특허청 심사관이 선정한 20세기 10대 특허

미국	기술명	분야	소유 기업
	CDMA (코드분할다중접속)	ICT	Qualcomm
	LIPITOR (고지혈증 치료제)	BT	Pflzer
	NORVASC (고혈압 치료제)	BT	Pflzer
	RFIO Radio Frequency Identiflcaion	ICT	Symbol Technologles

EU	기술명	분야	소유 기업
	LNG 운반선의 Cargo ontainment Systems(CCS)	조선	GTT (프랑스)
	블루투스 (Bluetooth)	BT	Erlcsson (스웨덴)
	PLAVIX (고혈압치료제)	BT	Sanofl-Aventls (프랑스)
	G-PON (초대역 광 네트워크 기술)	ICT	Alcatel-Lucent (프랑스)

일본	기술명	분야	소유 기업
	벽걸이 TV용 영상장치 (PDP)	ICT	Fulttus

한국	기술명	분야	소유 기업
	DTV방식 VSV기술 (디지털 방송 전송 기술)	ICT	LG전자

구분	구분	Pipeline Power	전체 순위 (총 319개 기업)	기술 분야 순위	2007 미국 특허 건수
삼성전자	Semiconductor Manufacturing	2,096	4	2	2,749
LG전자	Electronics	412	71	8	702
LG필립스 LCD	Electronics	288	94	10	419
삼성SDI	Electronics	223	113	12	315
삼성테크윈	Aerospace & Defense	29	288	19	23
SKT	Telecom Servies	10	313	17	16

특허의 경쟁력을 측정하는 지표로 자주 활용되는 〈IEEE 스펙트럼IEEE Spectrum〉의 'Patent Pipeline Power'에서도 우리나라의 특허 경쟁력이 양적 성과에 비해 현저히 떨어지는 것으로 나타났다. 2009년 국제전기전자기술자협회IEEE는 19개 기술 분야에서 특허 경쟁력이 우수한 기업 319개사를 발표했다. 이 순위 안에 포함된 국내 기업은 6개사인데 이는 2%에도 미치지 못하는 수치다. 그나마 IT 분야를 제외한 기업 중 순위 안에 포함된 기업은 한 곳도 없었다.

● **Patent Pipeline Power** | IEEE(Institute of Electrical and Electronics Engineers)가 발표하는 특허 경쟁력 측정 지표. 전 세계 기업의 각축장인 미국에서 특허취득 건수가 10건 이상인 기업만을 대상으로 출원 건수, 출원 성장률, 임팩트 등 다양한 요소를 고려해 기술 분야별로 기업의 특허 경쟁력을 산정한다.

창의적 미래 인재를 키워라

우리나라는 지난 2000년 전체 인구 중 65세 이상 고령자가 전체의 7~14%인 고령화 사회에 진입했다. 그리고 2018년에는 고령 사회(14% 이상), 2026년에는 초고령 사회(20% 이상)에 진입할 전망이다.

반면에 고령자 1명을 부양해야 하는 생산가능 인구는 2010년 6.7명에서 2020년 4.6명, 2030년 2.7명, 2040년 1.8명, 2050년 1.4명으로 급속히 감소해, 초고령 사회 진입에 따른 사회적 비용이 급증할 것으로 예상된다. 2009년 1조 9,028억 원의 정부 보전액을 받은 공무원연금도 매년 적자 폭이 커지고 있으며, 그나마 사정이 나은 국민연금도 2060년이 되면 완전히 고갈될 전망이라 한다. 사회의 급속한 초고령화와 세계 최저 수준의 출산율로 휴대전화, 반도체, 조선 등 우리의 1등 제품이 세계 시장에서 경쟁력을 잃게 된다면, 더 이상 국민의 세금으로 공무원연금 적자를 보전할 수 없게 되는 날이 올지도 모른다.

우리나라 출산율은 1.22명으로, 유엔 151개 회원국 가운데 149위다. 홍콩(1.02명)과 타이완(1.02명)보다 조금 높은 수준이다.

IMF 금융위기 이후 우리 사회에서 이공계 기피현상이 심화됐고, 현행 교육제도로는 국가의 미래를 낙관할 수 없다는 우려

■노인 1명당 부양자 수 추이(통계청, 장래인구추계, 2006년)

구분(년)	생산가능 인구(천 명)	고령 인구(천 명)	노인 1명당 부양자 수(명)
1970	17,540	991	17.7
1980	23,717	1,456	16.3
1990	29,701	2,195	13.5
2000	33,702	3,395	9.9
2010	35,852	5,354	6.7
2020	35,838	7,821	4.6
2030	31,892	11,899	2.7
2050	22,755	15,793	1.4

가 커지고 있지만 별다른 대책을 세우지 못하는 현실이다. 게다가 중국, 인도 등이 무서운 속도로 우리를 추격하고 있다. 사회 전반의 트렌드가 바뀔 때까지 가만히 기다리고 있을 여유가 없다. 이제는 20년, 30년 뒤를 내다봐야 한다. 휴대전화와 반도체의 뒤를 이어 우리 경제의 지속적인 성장을 이어갈 미래 신성장 산업의 핵심 인재를 발굴·육성해야 한다.

과거 전통적인 기술 중심 산업사회와 달리, 미래는 기술보다 독창적인 지식재산권이 더 중요한 사회로 바뀌어가고 있다. 창의적 아이디어를 지닌 미래형 인재를 발굴해 육성하는 일은 국가경쟁력을 좌우하는 핵심 요소다.

지식재산은 고객의 요구needs로부터 창조된다. 지식기반 경제에서는 고객의 요구와 지식재산권의 선순환 관계를 통해 새로운 부를 창출해야 한다. 이즈음 세계는 이러한 선순환 관계의 시발점이 될 기업가형 인재를 집중적으로 육성 중이다. 미국의 발명가 겸 미래학자인 레이 커즈와일Ray Kurzweil 박사. 그는 미국 항공우주국NASA, 구글 등과 함께 "10년 안에 10억 명의 사람들에게 혜택을 줄 수 있는 기업을 만들자"는 모토 아래 '싱귤레리티 대학Singularity University'이라는 창업사관학교를 운영하고 있다. 10주의 교육과정은 각 분야별 첨단과학을 경험하고 미래학을 통해 첨단 미래기술을 그려볼 수 있도록 구성돼 있다.[19] 이러한 인재 육성 시스템은 미국의 매사추세츠 공과대학교MIT, 캘리포니아 공과대학Caltech, 스탠퍼드대학교에서도 찾아볼 수 있다. 구글과 야후를 창업한 브린, 페이지, 제리 양 등이 바로 이들 대학에서 배출된 브레인웨어Brainware형 인력.[20] 이들은 미국의 실리콘밸리, 매사추세츠 주의 케임브리지 바이오 클러스터Cambridge Bio Cluster, 보스턴의 혁신 클러스터에 속속 투입되고 있다.

소수 인재의 뛰어난 창의성이 국가의 경제혁신을 이끌 수 있는 시대다. 창조적 지식재산을 만들 수 있는 인재들이, 혁신적인 기업가 정신을 가진 젊은 인재들이 마음껏 자기 기량을 발휘할 수 있는 사회구조가 형성돼야 한다. 그것이야말로 미래를 위해 국가가 준비해야 할 궁극의 생존전략일 것이다.

이러한 인식 아래 2009년 1월 초, 특허청에 '차세대 IP 영재기업인 육성팀'이 설치되었고, KAIST · POSTECH(포항공대)과 공동으로 'IP-기반 차세대 영재기업인 육성' 프로젝트를 추진할 것을 제안했다. 이는 소수정예의 창의적인 잠재력을 지닌 중·고 발명영재를 발굴하여, 암기위주의 입시교육에서 벗어나, 창의력을 최대한 키우면서 대학에 입학하여, 이들이 10년, 20년 후 우리나라의 신성장 동력을 창출할 영재기업인으로 성장할 수 있도록 특별한 교육기회를 제공하겠다는 것이다.

이는 조선, 반도체, 휴대전화 같은 우리나라 주력 수출품들이 세계시장에서 경쟁력을 잃는 순간 우리의 국가재정도 크게 어려워진다는 우려에 기초한 것이다. 또한, 초고령화 사회는 눈앞에 다가오고 그동안 의존하던 제조업의 현장 경쟁력만으로 더 이상의 경제발전은 불가능하다고 할 수 있다. 이제 우리에게도 실물이 아닌 두뇌만으로 세계적 기업을 만들어낸 세르게이 브린이나 래리 페이지 같은 새로운 형태의 기업인이 필요하다. 지금의 교육제도로는 우리나라에서 그런 차세대를 길러내는 것이 불가능에 가까우니, 작은 규모라도 우리가 할 수 있는 일을 선도적으로 해야겠다는 취지로 벤처신화를 만들었던 이민화 전 메디슨 회장과 함께 프로젝트가 시작되었다.

2009년 2월에 두 대학과 MOU를 체결하고, 시작한 지 1년 만에 우리나라 최고의 이공대학인 KAIST와 POSTECH이 참여하여 2010년부터 학생들을 뽑아 교육시키기 시작했다는 사실은 교육프로그램 역사상 가장 빠른 사업 중 하나가 아닌가 생각된다. KAIST와 POSTECH에 설치된 차세대영재기업인교육원에서는 2010년부터 매년 150여 명의 소수정예의 영재들을 선

▣ KAIST 교육원 교육체계

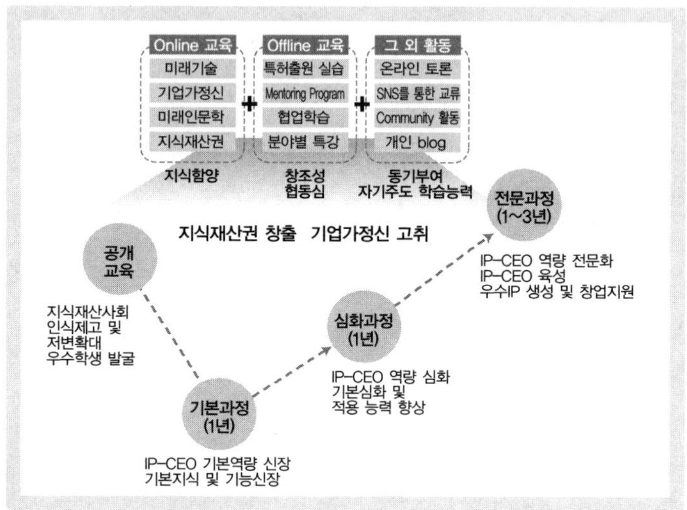

▣ POSTECH 교육원 교육체계

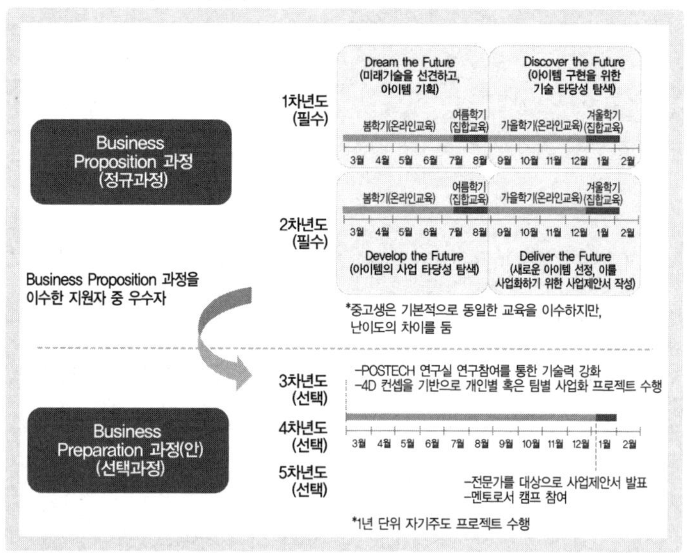

발하고 있으며, 2011년 현재 300여 명의 중·고생들이 영재기업인의 핵심역량인 창의적 문제해결력·리더십·기업윤리·지식재산전문성 등을 함양하는 교육을 받고 있다. 특히, 두 대학의 교육원은 선발된 학생들이 미래사회가 요구하는 융합형 인재로 성장하는 데 필요한 공학·인문학·예술 등 다양한 분야를 두루 접하는 교육 기회를 제공하는 것은 물론, 실패를 극복하는 불굴의 정신력, 남과의 협조, 공동체에 대한 헌신과 같은 훌륭한 기업가로서 갖춰야 할 덕목도 키우고 있다.

영재기업인 육성 프로젝트가 시작된 지 아직 2년도 채 지나지 않았지만, 곳곳에서 희망적인 메시지가 보이는 것 같다. 2010년에 선발된 학생 및 그 학부모를 대상으로 실시된 설문조사에서, 설문에 참여한 학생의 52.5%가 장래직업으로 기업경영인을 희망했으며 학부모도 45.1%가 기업경영인을 희망했다는 것이다. 2010년도에 교육을 받은 학생들 중 8명은 고등학교 2학년을 마치고 이미 KAIST, 서울대에 진학했으며, 2011년 현재 몇몇 학생들은 이미 자신의 비즈니스를 창업한 상태여서 이들의 활약이 기대된다.

그리고 우리나라 벤처기업 효시라 할 수 있는 메디슨의 이민화 전 회장이 KAIST의 초빙교수가 되어 다수의 성공한 후배 벤처기업인들의 도움을 받아 이 사업의 멘토로서 사업을 진두지휘하고 있다. 또한 POSTECH에서도 공학교육과 차세대 영재 기업인

교육을 접목시키고자 다년간 노력해온 김광수 교수가 헌신적으로 사업을 추진하고 있어 이 땅의 재능 있는 많은 젊은이들이 지식재산으로 세계적인 기업을 만드는 날이 반드시 오고야 말 것이라는 기대를 높이고 있다.

책 도둑은 도둑일까?

무역위원회[21]에 따르면, 국내 산업재산권을 보유한 총 4만 4,780개 기업이 지재권 침해로 입은 국내 총 피해 규모가 총 1조 4천억 원에 달한다고 한다. 2008년도 GDP 1,024조 원의 0.14%를 차지하는 액수다. 또 국내 기업의 해외 기술유출액은 80조 원,[22] 중국산 '짝퉁' 제품 등에 따른 해외 피해 규모는 2008년 전체 수출액의 6%인 약 253억 달러(약 31조 9,500억 원)에 이르는 것으로 각각 추정됐다.

국내 기업을 보호하기 위해 정부는 더욱 활발한 대외 정책을 펼쳐야 한다. 먼저 중국·동남아시아 등 주요 지재권 침해국들에 지재권 통상 정책 기능을 강화하고, 지재권 침해 물품의 국경조치 강화 등을 강력하게 추진할 필요가 있다.

기업들 스스로도 자구책을 찾아야 한다. 해외 수출 시 경쟁 기업 및 수출국가에 대해 자사 기술과 유사한 특허를 검색하고 라이선싱 관련 현황을 미리 알아보는 등 지재권 조사를 철저히 실시해야 한다. 또 지재권 관련 전담 인력을 보유할 필요가 있다. 특허청이 2010년에 실시한 지재권 피침해 실태 조사에 따르면, 조사 기업 중 5.6%만 전담 부서가 있었다.

외국에 지재권 보호를 요구하려면 우리 스스로 적극적으로 노력을 해야 한다. 선진국 수준의 지재권 존중 풍토는 어떻게 만들어질까? 단속을 통한 법질서 확립도 중요하지만, 그보다 불법행위에 관대한 국내 소비자의 인식 자체가 바뀌어야 한다. 이를 위해 다양한 교육과 홍보 등을 통해 '제값을 주고 제품을 구입하는 문화'를 정착시켜야 한다.

몇 해 전부터는 소비자시민모임을 비롯한 시민단체들이 지식재산 보호 문제에 적극적인 관심을 갖게 됐고, '내 장바구니에서 짝퉁 빼기', '내 숙제에서 표절 지우기' 같은 생활 속 건전한 소비실천운동도 펼쳐나가고 있다. 직접적인 단속에 비해 효과는 더디지만, 장기적인 차원에서 기업과 국민들의 인식 변화를 이뤄낼 수 있다는 점에서 주목할 만하다.

"책 도둑은 도둑이 아니다"라는 말이 있다. 지식재산권에 대한, 우리네의 안일한 인식을 보여주는 속담일지도 모른다. 하지만 지식은 경제와 사회 발전을 위한 소중한 자원이다. 지식은 정당한 대가를 지불해야 하는 상품이다. 새로이 창조된 지식을 적절히 보호해주는 환경이 마련돼야 질 높은 지식재산이 활발하게 창출될 수 있다. 이야말로 기업이 성장할 수 있는 최적의

조건이다. 지재권을 존중하는 소비자가 많아질수록 우리 기업
들이 세계적으로 성장해 대한민국이라는 국가브랜드를 높일 수
있는 것이다.

성공적 기업의 핵심경영자산

애플의 CEO 스티브 잡스는 2007년도에 혜성과 같이 아이폰을
들고 나타나 스마트폰의 시대를 열며, 휴대전화 시장 전통의 강
자인 노키아를 침몰시켰다. 전 세계 휴대전화 메이저 기업 중
우리나라의 삼성전자만이 스마트폰시장에서 경쟁자다운 경쟁
자로서 치열한 선두 다툼을 벌이고 있다.

위의 그림은 2010년 3월 일본에서 개최된 JPO/WIPO 공동

■ 지식기반 경제에서의 기업 경쟁력 핵심 자산

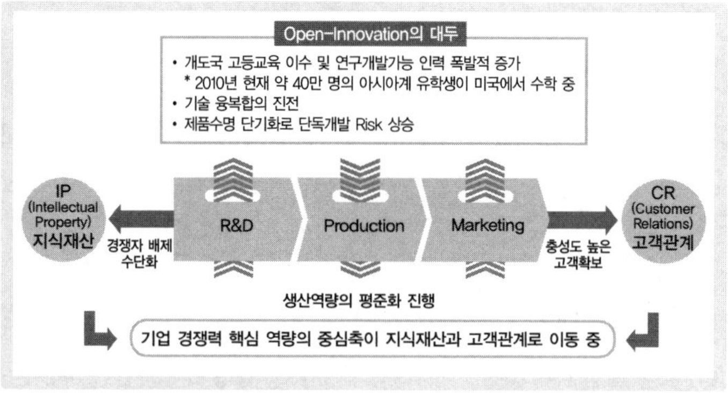

국제심포지움 발표자료로서 21세기 지식재산 전쟁시대에 기업 성공의 필수적 핵심경쟁요소가 무엇인가를 잘 표시해주고 있다.

산업사회에서 기업경영의 핵심자산은 누가 뭐래도, 생산과 연구개발 역량이었다. 어떤 제품들은 그것을 만들 수 있는 기업 자체가 극히 제한적이었고, 세계적 메이저 기업들은 자신의 영역에서 뛰어난 연구인력으로 막대한 재원을 투입하여 연구개발을 주도함으로써 새로운 성장동력을 지속적으로 창출해왔다.

그러나 최근에 여건이 급격히 바뀌고 있다. 물론 산업의 특성에 따라 상당한 차이가 있기는 하지만, 아무리 좋은 최신 제품이더라도 6개월 이내에 지구상 어딘가에서 진품보다 더 좋은 짝퉁을 만들 수 있는 시대라고 하는 것처럼 이제 생산역량은 전 세계적으로 많이 평준화되었다. 여기에는 지난 20여 년 세계의 공장으로서 그 역할을 키워온 중국제조업계의 성장이 큰 요인이 되었다. 따라서 애플의 예처럼 자사의 대표상품도 자사가 직접 생산하지 않고 외주 생산하는 것은 이제 상당히 흔한 경우가 되었다.

한편, 연구개발마저도 최근에는 개방혁신이 진전됨에 따라, 기업이 100% 내부에 보유해야 할 핵심역량은 아닌 것으로 성격이 변해 가고 있다. 많은 경우 제품의 라이프 사이클이 예전에 비해 현저히 단축되어, 기업이 필요한 모든 연구개발을 전부 자체부담으로 추진할 경우 실패에 따른 리스크도 매우 클 뿐 아니라, 연구개발 자체도 융복합화되어 필연적으로 다양한 전문성이 있는 기관의 협업을 요구하게 되었다. R&D Market의 공급자적 측면에서도 최근에는 중국, 인도 등 개발도상국을 중심으로 미국 등에서 뛰어난 고등교육을 받은 엄청난 규모의 연구인재들이 존재하여 벤처를 창업하고, 대학에 몸담으면서 산학협동에 활발하게 참여하고 있어 개방혁신의 생태계가 정착되고 있다 하겠다. 현재 미국에만 약 40만 명의 아시아계 유학생들이 공부하고 있는 것으로 알려졌는데, 이들 중 많은 숫자가 미래 연구개발 인력으로 개방혁신 생태계의 일익을 담당할 것으로 예상된다.

그렇다면 현재 기업의 가장 중요한 핵심경쟁력은 무엇인가? 소비자들을 자사제품의 충성도 높은 구매자로 확보할 수 있는 뛰어난 고객관계Customer Relation가 그 첫째라 할 것이다. 소비자들은 애플의 아이폰에 열광했다. 소비자들을 열광하게 만드는 능력은 어디에서 오는가? 생활양식과 문화의 변화에 따른 소비자들의 니즈를 읽고 거기에 부합하는 새로운 제품을 창조하는 능력이 바로 고객관계의 핵심 역량이라 할 수 있다. 새로운 제품의 컨셉을 만들고, 필요한 R&D를 개방혁신 시스템Open Innovation system으로 수행하고, 생산은 가장 경쟁력 있는 제조 전문기업에 위탁생산하는 전략이 바로 애플이 취하는 전략이며, 새로운 제품시장에서는 상당히 효과적인 전략으로 평가되고 있다.

그러나 누구도 피해갈 수 없는 마지막 핵심자산은 지식재산이다. 경쟁기업을 견제하는 최후의 수단은 지식재산권IPR이다. 자사 특허를 침해했다고 법원의 판결로 인정될 경우, 생산·수입·판매를 금지시킬 수 있고, 금전적 손해배상을 받을 수 있고, 경우에 따라서는 시장에서 퇴출도 시킬 수 있는 최후의 최강의 경쟁자산은 지식재산권인 것이다. 새로운 제품이 등장하고 시장 구조가 근본적으로 바뀔 때마다, IP 분쟁이 대규모로 발생하는 것은 매우 자연스러운 현상이다.

그동안 우리는 패스트팔로워Fast Follower로서 꽤 성공적이었다. 생산역량의 확충과 R&D에 전력을 기울이면서, 반도체·가전·조선·자동차 등 몇몇 분야에서는 세계적 경쟁력을 갖추게까지 되었다. 그러나 이제 우리는 세계시장을 선도해야 하는 입장이 되었다. 즉, 생산역량 확충, 자체연구개발에 지나치게 비중을 두는 종전의 전략을 답습해서는 중국·인도 등 후발 거대 공업국들과의 경쟁에서 우위를 유지하기도 쉽지 않을 뿐 아니라, 국민경제의 성장은 사실상 한계에 봉착할 것이다. 현재 우리는 상상력과 창의력에 기반하여, 새로운 상품과 시장을 창출하는 역량을 키우는 동시에, 강력한 지식재산권을 체계적으로 창출하여 미래 비지니스영역을 선점하는 전략적 각성이 시급히 요청되는 변곡점에 도달해 있는 실정이다.

2장

총성 없는 전쟁

2010년에만 1,000억 달러 규모를 웃돌았던 초대형 LCD시장. 본
디 샤프Sharp를 비롯한 일본 업체들이 30년 이상 군림해왔던 이
분야에서 뜨거운 경쟁이 시작된 것은 2000년대 들어서였다. 한
국의 삼성전자와 LG필립스, 대만의 AU옵트로닉스AUO, 치메이
옵토일렉트로닉스CMO 등이 과감한 투자와 연구개발로 시장을
장악하고 나섰던 것이다. 한국과 대만에 시장을 빼앗긴 일본 역
시 시장 재탈환을 위해 과감한 투자를 시작해, 샤프는 8세대 제
조 라인 증설 후 10세대 라인을 짓고 있으며 마쓰시타Matsushita
역시 2조 7,000억 원 투자로 8세대 제조 라인을 건설 중이다.

일본 기업들은 뒤처진 경쟁을 만회하기 위해 시설·연구 투
자뿐 아니라 적극적인 특허 소송 전략을 펼쳤다. 이로써 발생한

삼성-샤프의 LCD 특허 분쟁은 총성 없는 전쟁이라 할 만큼 치열했다.

양 사의 특허 분쟁은 2007년 8월 샤프가 "삼성전자의 LCD 제품이 자사 특허권을 침해했다"며 미국 텍사스 주 법원에 소송을 제기하며 시작됐다. 샤프의 제소에 삼성전자는 맞소송으로 대응했고, 소송은 일본과 유럽 등지에서 잇따라 제기되며 본격화됐다.[1]

미국 국제무역위원회International Trade Commission, ITC는 분쟁의 진행이 본격화됨에 따라 사건의 핵으로 부상했다. ITC가 특허 침해를 인정하고 수입 금지를 최종 결정할 경우, 침해 판정을 받은 당사자는 제품을 미국에 수출할 수 없게 되기 때문이었다. 판정 후 2개월 내 대통령 재가로 판정의 효력이 발생하기 전까지, 상대방의 특허를 회피하거나 합의하지 못할 경우 수출이 금지된다.

ITC에서는 삼성전자가 앞섰다. 2007년 12월 LCD 특허 침해와 관련해 샤프를 상대로 ITC에 소송을 제기한 것이다. 이에 샤프는 2008년 1월 ITC에 삼성전자를 맞제소했다. 2009년 6월, ITC가 샤프의 삼성전자 LCD 특허 침해를 인정했고, 삼성이 기선을 잡은 것으로 보였다. 그러나 2009년 11월에 샤프가 삼성전자를 맞제소했고, 이에 대해 삼성전자가 샤프의 특허를 침해하는 것으로 최종 판정됐다. 삼성이든 샤프든 쌍방 합의에 이르지 못하는 한 해당 물품을 미국 시장에 진출시킬 수 없는 상황에 이른 것이다. 실제로 2009년 11월 당시, 삼성전자의 LCD가 대미 수출 규제를 받게 된다는 소문이 돌기도 했다.[2]

ITC의 결정이 효력을 발생하기까지 삼성전자는 샤프의 특허를 회피설계하거나 샤프와 화해합의를 이뤄야 했다. 그러지 않았다간 미국 수출 길이 막힐 터였다. 결국 2010년 2월 5일 양사는 특허상호실시허락(크로스 라이선스Cross License)을 체결하고 화해에 합의, 2007년부터 미국, 일본, 유럽 등지에서 진행해왔던 모든 소송을 철회키로 했다.

지식재산은 창이자 방패다

무역규제의 방편으로 지식재산권 침해 주장을 활용하는 사례는 미국만의 특이 현상이 아니다. 한때 떠들썩했던 후지쓰Fujitsu와 삼성전자의 PDP 분쟁. 후지쓰는 특허권 침해를 이유로 삼성의 PDP에 대한 일본 내 통관 보류 조치를 일본 세관에 신청했고, 이것이 받아들여지며 2004년 4월 22일자로 통관 보류 조치가 내려졌다. 일본의 무역 관련 일반법인 관세정률법 제21조에 근거한 조치였다. 본디 일본의 통관 보류 조치는 특허품에는 미치지 않는데, 2003년 총리직속 범정부적 기구인 지적재산전략본부가 설치되고 관세정률법이 개정되며 특허·실용신안·의장권이 수입금지 신청대상에 추가됐다. 삼성전자의 PDP가 이 개

정법의 적용을 받은 첫 번째 사례였다.

과거 우리나라는 일본과 달리 특허권 등의 침해 물품에 대해 관세법에 근거한 수입금지 조치를 취할 수가 없었다. 그러나 최근 우리나라도 관세법 제235조를 개정하여, 저작권이나 상표권을 침해하는 물품뿐만 아니라 특허나 디자인권을 침해하는 물품에 대해서도 수입금지 등 제재조치의 근거를 마련한 것은 때늦은 감은 있으나 다행이라 하겠다. 한편, 지식경제부 산하 무역위원회의 무역구제 신청제도를 이용해 특허권 침해 물품의 수입을 중지케 하는 방안도 있다. 이 제도를 이용할 경우 특허권 침해에 대한 과징금 부과 등 제재조치가 가능하지만, 그 이전에 침해 판정을 위한 조사 과정이 따라야 한다. 구제의 신속성 측면에서 세관에서의 통관 조치에 미치지 못하는 것이다.

일본이 특허권 침해를 이유로 자국회사의 경쟁기업인 우리나라 기업제품에 대하여 신속하게 통관 보류 조치를 취했다는 것은 무엇을 의미하는가? 2004년의 삼성전자-후지쓰, LG전자-마쓰시타의 PDP 분쟁사례를 봐도 알 수 있듯이, 주요 산업국가 간 경쟁기업들이 벌이는 무역 전쟁에서 지식재산권은 강력한 무기로 자리하고 있는 것이다.

LG전자-마쓰시타 간에 크로스 라이선스 협상이 결렬된 후 마쓰시타는 특허권 침해로 도쿄 세관에 LG전자의 PDP 통관 보류를 신청했다(2004년 11월 1일). 마쓰시타의 신청이 받아들여져 LG전자 PDP가 도쿄 세관에서 통관 보류 지식재산권을 통한 무역전쟁은 박람회, 전시회에 참가하는 단계부터 발생할 수 있다. 유럽 최대 가전 전시회인 IFA Internationale Funkausstellung는 전시회 자체의 명성뿐 아니라 독일 단속반이 벌이는 대대적인 지식재산권 단속으로도 유명하다. 2008년 합동단속반 220여 명은 50여 개 업체의 부스를 급습해 유럽형 지상파 디지털방송 규격인 DVB-T와 MP3 소프트웨어가 장착된 TV, DVB-T 수신기, MP3플레이어 등을 압수했다. 이 단속으로 현대종합상사 등 한국 업체들도 전시에 차질을 빚을 정도였다.[3] 2006년에는 당시 상당한 명성을 자랑하던 샌디스크 SanDisk도 특허 분쟁 중이던 시스벨 Sisvel의 요청에 따른 단속으로 전시 제품이 압수되며 영업·홍보 활동에 큰 타격을 입기도 했다.

지식재산권을 통한 경쟁기업의 공격과 견제는 오늘날 세계 모든 기업이 맞닥뜨리고 있는 현실이다. 본격적인 제품 수출 단계에 있는 기업부터 박람회에 처음 참가한 중소업체까지, 선발 기업이 지식재산을 이용해 구사하는 견제 전략에 노출돼 있다고 할 수 있다. 기업은 이 같은 실상을 충분히 인식할 필요가 있다.

경쟁기업의 시장 진입을 막아라

"지식재산은 미국 내에서 1,800만 개 일자리와 5조 달러 이상의 국내 생산을 창출하는 한편, 미국 수출의 절반 이상과 미국 경제성장의 40%를 차지하고 있다."[4]

얼마 전 미국 상공회의소가 언급한 것처럼, 지식재산은 한 나라의 일자리 창출과 경제성장에 핵심적 역할을 하고 있다. 실제로 미국은 상공회의소 내에 지식재산을 전담하는 별도의 센터 GIPC를 구성하고 이를 중점 관리하고 있을 만큼 지식재산을 중요하게 생각하고 있다. 오바마 행정부 출범에 앞서 미국 특허상표청의 정책개혁 아젠다를 제시했던 기관도 미국 상공회의소다.[5]

● GIPC Global Intellectual Property Center | 미국 상공회의소가 "일자리 창출, 생명 보호, 세계 경제성장 발전 및 기후 변화, 에너지 안보와 건강 관리 등의 세계적 문제 해결을 위한 돌파구 생성의 주요한 수단으로 지재권의 중요성을 강화"하기 위해 2008년 초 상공회의소 내 설립한 지재권 담당기관. 리더십 센터, 국제부 등 11개 상공회의소 하부 조직 중 하나다.

특허로 대변되는 지식재산은 이제 단순한 연구개발 결과물에 대한 권리를 넘어서 기업의 생사를 가르는 중요한 무기로 자리 잡았다. 특허가 기업의 생사에 중요한 의미를 지니게 된

산업혁명	리처드 아크라이트의 방적기(No 제931호, 1769년)
	제임스 와트의 증기기관(No 제913호, 1769년)
반도체	윌리엄 쇼클리의 트랜지스터(US 제2569347호, 1951년)
	잭 킬비의 집적회로(IC)(US 제3138743호, 1964년)
컴퓨터	존모클리의 에니악(ENIAC)컴퓨터(US 제312006호, 1964년)
생명과학	코헨–보이어의 DNA 재조합기술(US 제4237224호, 1980년)
	이언 윌머트의 복제양 돌리(GB 제2318578호, GB 제2318792호, 1997년)

것은 최근의 일이 아니다. 산업혁명 이래 방적기와 증기기관 등, 인류의 삶에 커다란 진보를 가져온 발명에는 어김없이 특허번호가 부여되곤 했다.

지식재산은 경쟁기업의 시장 진입을 차단하는 가장 효과적인 수단이다. 그 유명한 이스트먼코닥과 폴라로이드 사건에서, 특허 침해가 인정된 코닥은 9억 2,500만 달러의 손해배상금을 폴라로이드에 지불하고 15억 달러를 투자한 공장을 폐쇄해야 했다. 거기에 더해 그간 시장에 풀었던 즉석카메라를 도로 사들이는 데 5억 달러, 14년간 법정공방을 하는 데 변호사 비용 1억 달러가 들었다. 결국 코닥은 총 30억여 달러의 막대한 손해를 입고 즉석카메라 시장에서 퇴출될 수밖에 없었다.[6]

예전의 특허 소송이 기본적으로 로열티를 받아내는 목적이었다면, 최근에는 단순히 손해배상금 요구 수준을 넘어 경쟁기업의 시장 진입 자체를 차단하는 형태로 진화하고 있다. 앞서 소개한 2009년 삼성전자와 샤프의 특허 침해 분쟁은, 특허 분쟁이 경쟁사를 배제하기 위한 수단으로 활용되고 있음을 보여주는 대표적인 사례다.

1980년대 이후 미국은 슈퍼 301조(미국 통상법 제301조의 보복조항을 크게 강화한 개정 조항)를 교역 상대국에 대한 강력한 무역압박 수단으로 사용해왔다. 자국의 통상 우위 유지를 위해서였다. 일단 301조가 발동되면 대상 국가는 불공정 무역국가로 낙인찍혀 무역협정 폐지, 관세 및 비관세 장벽 부과 등 다양한 무역보복조치를 당했다. 따라서 미국의 슈퍼 301조 발동은 자동차 등 대미 수출 비중이 높은 우리나라와 일본에 큰 위협이었다.

WTO 출범과 함께 세계무역기구가 분쟁 해결절차를 마련함에 따라 일방적 무역조치인 301조는 사실상 무력화됐다. 이에 대체수단으로 부상한 것이 관세법 제377조에 근거한 ITC의 불공정 행위 제재활동이다. 관세법 제377조는 교역 상대국의 불공정 무역행위를 규제하는 슈퍼 301조와 달리 특정 수출업체의 불공정 행위를 제재한다는 차이가 있다. 불공정 행위의 대상으로 특허 등 지재권의 침해 행위도 포함하고 있으며, 수입금지 등의 조치를 취할 수도 있다. 이처럼 기업들에 직접적으로 영향을 끼치는 측면이 강하다.

관세법 제337조를 잘 살펴보면 그 실질적인 용도가 '지식재산권의 침해를 이유로 외국 제품의 미국 내 반입을 금지하는 것'임을 알 수 있다. ITC를 이용할 경우 일반 법원을 이용할 때

구분		2004	2005	2006	2007	2008	2009
AD(반덤핑), CVD(상계관세), SG(긴급수입금지조치) 제소		2	7	3	15	10	11
IPR 침해 관련 제소 전체	전체	26	29	33	35	41	35
	한국 (기타 포함)	1 (1)	5 (5)	4 (5)	4 (7)	9 (10)	10 (10)

● **ITC** | 준사법기관 지위를 갖는 대통령 직속의 독립규제위원회다. 관세법 제337조에 따른 지식재산권 침해 등 불공정 무역관행에 대한 조사 외에도, 관세법 제7편에서 규정하는 반덤핑과 상계 관세제도에 대한 조사, 농업조정법 제22조에 따른 농무성의 농업 프로그램의 진행을 방해하는 수입에 대한 규제, 관세법 제332조에 근거한 산업경쟁력 조사 등을 수행한다.

보다 절차가 신속하고 제품의 미국 수입을 원천적으로 차단할 수 있는 것이다.

경쟁사를 견제하는 전략으로 경쟁기업의 지재권 침해를 주장하며 ITC에 수입 금지 요청을 하는 세계적 기업들이 많아지고 있다. 실제로 지식재산권의 침해와 관련한 ITC 제소 건수는 가파르게 상승하는 추세다. 국내 기업을 상대로 한 제소 건수도 예외가 아니다.

최근 들어 국내 기업을 견제하는 ITC 제소가 크게 늘고 있다는 것은, 우리 기업들이 외국의 견제를 받을 만큼 성장했다는 의미이기도 할 것이다.

ITC를 통한 특허 침해 분쟁이 미국에서의 일반적인 특허 침

해 사건의 진행 방식이라고 보기는 어렵다. 그러나 ITC의 판단
이 기업 경영에 끼치는 영향력을 감안했을 때, 기업 입장에서는
ITC에 적극적으로 대응하지 않을 수 없다. 삼성전자와 샤프의
LCD 특허 분쟁에서도 알 수 있듯 ITC에서 침해 판정을 받을 경
우 미국 시장으로의 상품 반입금지, 즉 시장 접근 자체가 차단
되는 결과로 이어진다. ITC에 제소된 기업들이 사활을 건 투쟁
을 전개하는 이유다.

ITC에 상대 기업을 제소하는 주된 이유는 특허 침해다. 또 정
부의 불합리한 보조금 지급에 대한 상계관세 부과 판정을 ITC를
통해 이끌어내는 경우도 있다. 2001년 부도 위기에 직면했던 당
시 현대전자(지금의 하이닉스반도체)에 대해 당시 채권단은 1조
5,000억 원의 채무를 면제하고 약 1조 원 전환사채 인수를 포함
한 신규자금 대출, 3조 원가량의 채무를 전환사채로 전환하는
채무조정 결의를 단행했다. 이에 대해 미국의 마이크론테크놀
로지는 하이닉스반도체와 삼성전자에 대한 한국 정부의 재정
지원이 WTO 무역 관련 지적재산권에 관한 협정TRIPs 위반이라
며 상계조사절차 개시를 ITC에 청원했다. 한미 간 반도체산업에

서 정부보조금 지급여부를 둘러싼 분쟁이 시작된 것이다.

이 결과 미국 상무부는 채권단의 채무재조정을 보조금으로 간주, 무역위원회가 자국의 반도체산업에 피해를 준 것으로 판단했다(2003년 7월). 그리고 하이닉스반도체의 D램에 대해 44.29%의 상계관세 부과했고(2003년 8월), 채무재조정을 정부보조금으로 판단해 상계관세율을 58.11%로 수정해 부과했다(2006년 3월).

하이닉스반도체는 미 상무부에 매년 연례재심을 신청해 2009년 11월 0%까지 상계관세율을 낮춰왔으며, 2010년 현재 2008년 초과 납부된 관세 환급을 위한 마지막 6차 연례재심을 진행했다. 한국 정부도 미 상무부의 상계관세 부과에 대해 WTO에 제소했다. 정부보조금 지급 위반이라는 미 상무부의 판단에 부당성을 제기한 것이다.

WTO에서 한국 정부는 절반의 승리를 거뒀다. 또 하이닉스반도체는 2008년 7월 상계관세 유지여부 결정을 위한 일몰재심 Sunset Review을 ITC에 요청, 미 상무부는 ITC에 상계관세 철폐 의사를 통보했다(2008년 8월). 비로소 상계관세라는 엄청난 재정적 압박에서 벗어나게 된 것이다.

하이닉스에 대한 ITC의 상계관세 철폐로, 한국 정부가 기업에 불합리한 보조금을 지급하지 않는다는 것이 입증됐다. 이는 향후 우리 기업을 대상으로 외국의 경쟁기업들이 상계관세 부과 등을 요청하려 할 때 신중을 기하지 않을 수 없는 사례가 될 것이다.

또한 ITC를 놓고 전개된 삼성전자와 샤프의 특허 분쟁 역시 특정 산업에서의 기업 간 치열한 경쟁이 특허 침해 분쟁이라는 형태를 통해 드러난 전형적 사례일 것이다. 기업의 임직원들은 향후의 잠재적 분쟁에 대비하기 위해 관련 사례들을 충분히 이해해야만 한다.

퀄컴, 지식재산과 기업 경영의 융합을 이끌다

디즈니는 '미키마우스'라는 캐릭터 하나로 연간 60억 달러를 벌어들이고 있다. 영국의 브랜드 컨설팅 그룹 인터브랜드 Interbrand가 조사한 2008년 최고의 글로벌 브랜드인 코카콜라의 가치는 약 667억 달러에 이른다. 2위는 590억 달러의 브랜드 가치를 보유하고 있는 IBM으로 특허 라이선스를 포함해 매년 20억 달러에 달하는 기술료 수익을 기록 중이다.

2008년 들어 약 80%에 육박하는 무형자산[7] 중에서 '특허' 라는 지식재산이 차지하는 비중은 30%에 달한다. GM의 유형 자산은 마이크로소프트의 20배가 넘지만, GM의 시장가치는 마이크로소프트의 1/3에도 미치지 못한다.

세계화, 개방화, 정보화의 21세기 시장에서 지식재산을 비롯

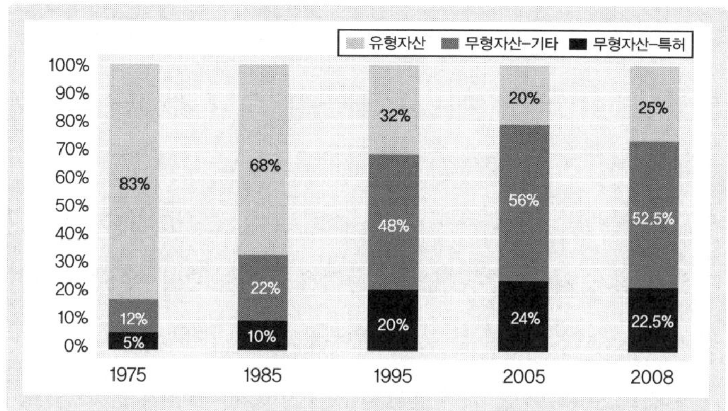

한 무형자산은 기업의 성패를 결정짓는 최고의 가치가 됐다. 지
식재산을 어떻게 창출하고 관리할 것이냐가 기업의 가치를 결
정짓게 된 것이다.

CDMA 기술로 우리나라에도 잘 알려져 있는 퀄컴은 1985년
미국 캘리포니아 주 샌디에이고에서 벤처기업으로 출발한 기업
이다. 퀄컴은 미국 내에 1,900건과 전 세계적으로 3,200건의 특
허를 출원하는 등 기술혁신을 통해 강력한 특허 포트폴리오를
구축했고, 이를 통해 탄탄한 수익기반을 형성하며 고속 성장했
다. 현재 전 세계에 30곳 이상의 지사를 가지고 있을 정도다.

1960년대부터 개발돼온 다중접속 이동통신 기술은 셀룰러
네트워크에서 발생되는 신호의 강도 조절과 통화 중 기지국이
변경되며 통화가 끊어지는 핸드오프 같은 문제로 상용화에 어

러움을 겪어왔다. 그러던 1986년, 퀄컴은 하나의 기지국을 통해 여러 사람이 함께 시간과 주파수 자원을 공유하며 이동 중에도 통신할 수 있도록 하는 시스템을 최초로 구현하고 이를 특허 출원했다(US 제4901307호). 이후 퀄컴은 CDMA 상용화의 핵심이라고 할 수 있는 전력제어 기술, 소프트 핸드오프 기술, 개선된 수신기 설계 기술 등 특허를 지속적으로 확보했다. 훗날 막대한 라이선스 수익을 창출할 특허 포트폴리오를 확보한 것이다.

퀄컴의 2006년도 회계보고서를 보면, 전체 수익 75억 3,000만 달러 가운데 27억 9,000만 달러(37%)가 라이선스를 통한 기술료 수입이다. 우리 돈으로 3조 원이 넘는 돈을 라이선스 수익으로 획득하고 있는 것이다. 2008년 현재 우리나라의 제조 기업의 평균 영업이익률은 5%.[8] 3조 원이라는 수익을 확보하려면 60조 원의 매출을 달성해야 한다. 라이선스를 통해 손쉽게(?) 수익을 올리는 퀄컴의 상황과 비교해볼 만하다.

퀄컴이 보유한 특허 포트폴리오가 라이선스에만 활용되는 것은 아니다. 초창기에 퀄컴은 휴대전화 단말기와 기지국을 직접 생산했다. 그러나 현재는 더 이상 휴대전화 단말기를 제조하지 않는다. 퀄컴은 부가가치가 높은 CDMA칩만 제조할 뿐 단말기의 제조와 판매는 퀄컴이 아닌 삼성, 노키아 등의 기업들이 수행하고 있다. 퀄컴이 단말기 제조시장을 개방한 것에 대해 업계 전문가들의 평가는 이렇다.

"글로벌 기업들이 CDMA 단말기 제조에 참여하면서 퀄컴의 CDMA 방식은 단시간에 세계 시장의 표준으로 자리 잡을 수 있었다. 또한 퀄컴은 CDMA 단말기 제조에 참여하지 않음으로써 단말기 판매 저조로 야기될 수 있는 기업 경영의 리스크를 제거했다."

퀄컴은 단말기의 핵심인 CDMA칩 제조를 통해 경쟁우위를 유지하면서도, 거대 기업을 파트너로 맞이해 안정적인 라이선스 기반을 확보할 수 있었던 것이다. 발명을 창출하는 기업과 시장을 개척하는 기업의 분업이 성공적으로 이뤄진 퀄컴의 사례를, 헨리 체스브로Henry Chesbrough는 오픈 비즈니스의 대표적인 모델로 언급하기도 했다.

기업의 경영혁신은 기술혁신만큼이나 중요하다. 그러나 경영혁신은 기술혁신에 비해 그 변화와 발전의 속도가 일반적으로 느리기 마련이다. 경쟁기업을 누르고 승리하려면, 이제 기술과 시장의 변화 속도를 뛰어넘는 경영의 발 빠른 진화와 혁신이 필요하다.[9] 지식재산이 기업경쟁력에서 중요한 비중을 차지하는 오늘날, 지식재산 전략과 결합된 경영혁신은 안정적이고 지속 가능한 수익 창출과 성장을 이끌 수 있다.

IBM, 비핵심 특허의 전략적 활용

주력 분야의 강력한 특허 포트폴리오를 통해 지속적이고도 높은 부가가치를 올리고 있는 퀄컴과 달리 비핵심 주변 특허를 전략적으로 활용해 로열티 수익을 올리는 기업이 있다. 바로 IBM이다. 1990년대 초반만 해도 IBM의 라이선스 수익은 연간 3,000만 달러에 불과했다. 그러나 IBM은 지식기술의 특화 전략이라는 마법을 통해 2008년에만 약 23억 달러의 라이선스 수익을 올렸다.

개인용 컴퓨터의 역사를 이야기할 때 빼놓을 수 없는 IBM.[10] 연간 50억 달러에 달하는 연구개발비를 지출하고 있으며, 15년 전부터 미국 특허 등록 1위를 내주지 않고 있는 기업이다. 또한 연구소 8곳과 제품개발 연구소 24곳, 연구진 3,000명을 보유한 거대 연구개발 기업으로 노벨상 수상자를 5명이나 배출함으로써 미국을 대표하는 기업으로 자리 잡았다.

이러한 IBM도 1990년대 들어 한 차례 위기를 맞은 적이 있다. 개인용 컴퓨터가 급격히 보급되는 시장 흐름에 빠르게 대응하지 못하고 마이크로소프트, 인텔 등에 PC사업의 주도권을 내주면서 막대한 누적적자를 기록했던 것이다. 회사의 총체적 위기상황 속에 CEO로 취임한 루 거스너Louis Gerstner는 강력한 구조조정을 통한 비용절감과 함께 'IBM이 보유한 특허자산'을 활용해 수익을 창출하는 전략을 전개했다.

IBM의 연구개발은 본디 자사 제품에 활용하기 위한 것이었다. 그래서 다른 회사에 기술을 제공하는 문제에는 그다지 관심이 없었다. 하지만 거스너는 방침을 전환했다. IBM이 보유한 핵심 기술과 1등급 기술은 자신들이 사업화하고, 주변 기술과 2~3등급 기술은 적극적으로 다른 기업에 이전해준 것이다. 로열티 수익 창출과 우호세력 구축이라는 두 마리 토끼를 잡기 위

● **특허상호실시허락Cross License** | 계약 시부터 5~10년 동안 출원하는 모든 특허를 서로 자유롭게 사용하는 동시에 과거에 취득한 모든 특허에 대해 침해했는지 여부를 묻지 않기로 합의하는 계약

● **균형지불Balancing Payment** | 양 기업의 지니고 있는 특허 포트폴리오 내의 특허 수량과 질을 비교해 평가한 내용을 기초로 삼는다. 만일 평가 결과 IBM이 10, 상대가 7이라면 그 차이인 3을 메우기 위해 실시허락 기술료 수입을 받는다.

한 사업 전략이었다. 그리하여 거스너 취임 이전에 연간 3,000만 달러에 불과하던 IBM의 라이선스 수익은 2000년에 무려 17억 달러까지 증가하게 됐다.

IBM의 특허 라이선싱은 포괄적인 특허상호실시허락과 균형 지불이라는 두 가지 방식으로 이뤄졌다. 또한 사업을 독점적으로 전개하고 싶은 주력 제품 분야가 있을 경우, 그와 관련된 특허를 라이선싱 대상에서 제외해 시장에서의 독점적 지위를 유지할 수 있도록 했다. 이렇듯 대상이 되는 특허와 계약을 체결하는 상대에 따라 전략적 실시허락 계약을 다양하게 체결한 IBM은 주력 분야의 독점적 이윤과 비주력 분야의 라이선싱 수익 창출이라는 두 배의 성과를 올리게 됐다.

최근에 모토롤라, 노키아 등도 수익 창출을 위해 자신들이 보유한 특허를 시장에 매각하거나 라이선싱 전문기업에 권리를 이관하고 있다. 핵심 특허에 대해서는 자사 제품에 일차적으로 라이선스를 부여하고, 다른 기업으로부터 로열티 수익을 창출하기 위해 전략적으로 특허를 활용하려는 것이다.

삼성, 특허경영으로 세계 일류기업이 되다

전 세계 기업들의 특허경쟁력을 평가하는 IEEE의 〈스펙트럼페이튼트스코어보드Spectrum Patents Scoreboard〉에 따르면, 오늘날 삼성전자는 반도체 제조업부문에서 미국 인텔에 이어 2위로 평가받고 있다. 최근 들어서는 전자통신분야의 글로벌 기업들조차도 삼성과의 특허분쟁은 어지간하면 피하고 싶어 하는 분위기도 감지 되고 있다 한다. 그런데, 삼성전자가 오늘날의 특허 경쟁력을 갖추게 된 것은 그리 오래된 이야기가 아니다.

삼성전자에 특허파트가 마련된 것은 1979년으로 '특허파트'라는 명칭으로 반도체부문에 2명, 가전부문에 10명이 담당하고 있었다. 당시 국내 기업 중 특허전담부서를 두고 있는 곳은 삼성을 제외하고는 단 3곳뿐이고 전담요원 수도 전국을 통틀어 채 20명에 못 미쳤다는 사실을 고려하면 당시 국내 기업들의 열악한 상황을 짐작할 수 있을 것이다.

초창기의 삼성전자는 선진국이 개발한 기술 수준을 쫓아가기에도 버거운 수준이었기에 특허전략과 같은 문제에는 신경을 쓸 수 있는 상황이 아니었다. 그러나 TI와의 소송을 겪으면서, 삼성은 엄청난 수업료를 지불하게 된다. 미국 국제무역위원회ITC는 삼성전자의 64K와 256K D램의 미국 내 수입을 금지하는 수입금지명령을 내렸다. 1987년 1월 삼성전자는 결국 이 요구를 받아들일 수밖에 없었다. 1985년 당시 삼성전자의 전체 영업 이익은 1039억 원이었으니 결국, 삼성전자는 전체 영업이익의 80%를 넘는 금액을 TI에게 로열티라는 수업료로 지불한 셈이었다. 이 사건을 계기로 삼성전자는 비로소 특허의 중요성을 절감하고, 본격적인 특허강화 전략을 추진하기 시작했다. 이 시기에 미국 변호사로서 삼성전자 특허팀에 합류한 김광호 전 부사장은 이후 20년간 삼성전자의 특허부문이 세계적 수준의 경쟁력을 갖추는 데 많은 기여를 한 것으로 평가받고 있다.

삼성전자가 세계 최초로 개발한 디지털TV를 내놓기까지 탄생한 특허가 무려 1,600건에 육박했을 정도였다. 제품을 개발하고 특허기술을 분석하는 것이 아니라 제품 개발 단계에서부터 특허에 관한 철통같은 대비책이 세워졌다. 삼성전자는 2000년 '특허 내실화 방침'을 선언하며 특허경영의 고삐를 바투 잡았다. 삼성전자 내 사무실 곳곳에는 'No Patent No Future' 즉, '특허가 없으면 미래도 없다' 는 문구가 새겨진 포스터가 붙었다.

2008년 일본 도쿄東京 지방법원은 "샤프가 생산하고 판매하는 LCD TV 제품이 삼성전자의 특허를 침해했다"라고 판정을 하게 된다. 삼성전자는 샤프사와의 LCD 특허전쟁에서 가장 강력한 경쟁자의 심장부라 할 수 있는 곳에서 승리를 거두게 된 것이다. 국내 기업이 일본법원에서 일본기업을 상대로 승리한 최초의 사건이었다. 연달아 삼성전자는 미국 국제무역위원회 ITC로부터 샤프가 삼성전자의 특허 2건을 침해했다는 예비판정을 얻어냈다. 삼성전자가 지난 20여 년의 특허 후발기업으로서

고된 풍파를 이겨내며 누구도 쉽게 무시할 수 없는 특허 권력을 구축했다는 사실이 전 세계에 알려지게 된 것이다.

〈하버드비즈니스리뷰Harvard Business Review〉는 윤종용 전 삼성전자부회장을 애플의 스티브 잡스에 이어 IT업계에서 가장 뛰어난 업적을 남긴 경영자로 선정한 바 있다. 윤 부회장은 1980년대 삼성전자의 VTR사업부문을 맡고 있었는데, 당시에는 주요 특허 보유가 전무하여 로열티만 매출액의 10% 이상을 지불하는 악조건 속에서 도저히 흑자를 낼 길이 없었고, 그로 인해 한때 삼성전자를 떠날 수밖에 없었다. 이때 특허의 중요성을 절감한 그는 훗날 삼성전자의 CEO가 된 이후 특허 경쟁력 향상을 위한 제반 노력을 지속적으로 추진했다. 특히 2005년도에 '특허중시경영'을 선포한 이후 삼성전자의 특허 경쟁력은 획기적으로 발전하여 오늘날 동종업계에서 세계시장을 선도하는 지위를 굳히게 되었다.

삼성의 반도체부문 대표제품 중 하나인 플래시메모리 특허에 얽힌 이야기는 특허전략의 중요성을 단적으로 보여주는 좋은 사례다. 플래시메모리의 원천특허인 소자구성과 작동원리에 대해서는 일본 도시바가 특허를 보유하고 있으나, 상업화단계에서 작동 시 인가전압을 획기적으로 낮추는 기술을 삼성전자가 개발, 특허권을 보유함으로써, 양사간 전면적 크로스 라이선싱Cross Licensing에 이르게 하는 지렛대 역할을 했다. 원천특허기술을 보유한 우월적 지위의 경쟁자도 실제 시장에 들어가기 위해서는 나의 특허기술을 필요로 하게 만듦으로써 세계적 선도 기업에 대해서 동등한 교섭력을 확보했다는 면에서 높은 평가를 받고 있다.

삼성전자는 2010년 말 기준 우리나라 특허청에 등록된 전체 특허 64만 건의 약 7%인 4,5000여 건의 특허를 보유하고 있으며, 미국청에서도 2006년도 이후 최근 IBM에 이어 지속적으로 2위의 특허 등록건수를 기록하는 등 전 세계에 약 10만여 건의 특허를 보유하고 있는 것으로 알려졌다. 한편 2000년대 중반 이후에는 특허의 양적성장정책을 지양하고 이른바 의미 있는 강한 특허만을 출원하는 질적 성장으로 IP정책을 전환했다. 한편, 〈페이튼트프리덤〉의 조사결과에 의하면, 삼성전자는 2006~2010년간 이른바 특허괴물들의 공격대상으로 51건을 기록함으로써 세계 7위로 알려져 있다. 특허권에 대한 로열티는 결국 생산자가 소비자에게 판매한 대금의 일부에서 지출될 수밖에 없기 때문에 제조부문의 절대 강자이긴 하나, 상대적으로 선발 외국기업에 비하여 원천기술, 특허보유가 열악한 우리 기업들은 NPE들의 공격대상이 될 확률이 높은 실정이다. 그러나 삼성전자는 그간의 수많은 분쟁을 통해 전략적으로 대응함으로써, 삼성으로부터 돈을 받아내려면 그렇게 간단치 않고, 상대방 또한 많은 비용과 시간을 들여야 한다는 이미지를 구축하는 데 성공했다. 이는 향후 NPE들의 무분별한 제소를 상당히 억제하는 효과가 있을 것으로 기대된다.

현재는 엔지니어이자 미국 변호사인 안승호 부사장이 550명 안팎의 특허 전문인력을 이끌고 삼성전자의 IP경쟁력을 제고하는 CIPO의 역할을 수행하고 있으며, 세계적 IT기업인 IBM사 등과의 적극적인 특허권 상호사용협력 등을 통해 전 세계 시장에서 입지를 넓혀나가고 있다. 동시에 연구개발의 사전 기획, 실행, 완료 단계에서 강력한 특허권이 창출되도록 '특허 포트폴리오 매니저Patent Portfolio Manager'를 적극 운용하는 등 우리나라 대표기업으로서 특허전략도 선도하고 있다.

LG전자, M&A를 통해 강력한 특허를 확보하다

지식재산 전쟁이 뜨거운 오늘날, 시장경쟁에서 뒤처지지 않으려면 자사의 지식재산권뿐 아니라 타사의 지재권도 적극적으로 획득하는 개방형 혁신Open Innovation이 필요하다.

1990년대 LG전자는 미국 제니스를 인수했다. 한국 기업의 해외 인수합병M&A 사상 최대 규모였고, 순수 미국 자본의 가전업체를 한국 업체가 인수했다는 점에서 큰 화제를 모은 사건이었다. 그러나 지속된 실적 부진으로 1998년, LG전자는 제니스의 기업회생 계획을 미국 법원에 제출하고 구조조정에 돌입했다. 2004년까지 구조조정 비용 등에 10억 달러가 투입됐으며, 회사와 기술을 당장 팔아버리라는 주변의 조언도 끝없이 제기됐다. 그러나 제니스는 디지털TV 원천기술에 대한 'VSB Vestigial Side Band' 특허를 갖고 있었다. LG전자는 실적 부진이라는 스트레스에도 불구하고 특허의 수익성을 믿고 회사를 지켰다.

2004년 제니스가 보유하고 있던 VSB 전송방식이 미국 디지털TV의 전송표준으로 채택됐다. 디지털TV의 판매가 늘면서 제니스의 기술료 수익은 2006년 2,000만 달러에서 2008년 9,000만 달러로 급증했고 2009년에는 1억 달러에 달했다. 이제 시장에서는 LG전자를 '디지털TV 업계의 퀄컴'이라고 부르기도 한다. 뿐만 아니라 LG전자와 제니스가 공동 개발한 차세대 디지털TV 전송기술 EVSB가 미국식 디지털TV 표준으로 채택됨에 따라 LG전자는 세계 디지털TV 시장에서의 영향력을 더욱 확대할 수 있게 됐다. 향후 15~16년간 수십억 달러의 로열티 수입까지 올릴 수 있을 전망이다.

● **EVSB** | 제니스가 1995년 개발해 특허를 받은 전송기술인 VSB 기술을 한 단계 업그레이드한 것. 기존 수신신호 세기의 1/4에 불과한 환경에서도 방송신호를 수신할 수 있다는 점이 특징이다. 또 고화질 HD방송 서비스만 가능했던 기존 기술과는 달리 음악방송, 인터넷 데이터서비스 등 부가 서비스도 전송할 수 있다.

이제 미국식으로 디지털TV를 제조하는 업체들은 LG전자에 로열티를 지불하고 시장에서 경쟁해야 한다. 경쟁기업 입장에서는 로열티라는 원가부담을 안아야 하고, 반면 LG전자는 지식재산을 바탕으로 선도적인 입지를 확보한 것이다. 세계 최고의 미국 시장뿐 아니라 세계 시장을 개척함에 있어서도 경쟁기업들에 비해 우위에 서게 된 셈이다.

LG전자의 제니스 M&A는 원천특허가 부족한 우리 기업이 시장에서 승리하기 위해 무엇을 해야 하는지 말해주고 있다. 지식재산을 획득하는 하나의 방법, M&A를 통해 좋은 특허를 확보할 수도 있다는 것이다.

OLED디스플레이는 기존의 LCD, PDP 등에 비해 무게와 두께를 줄일 수 있고, 화면이 선명하며 화질과 색의 왜곡 변화가 거의 없어 넓은 시야각을 제공한다는 장점이 있다. 또한 빠른 응답속도로 역동적인 동영상 재생이 가능하며, 소비전력도 낮아 차세대 디스플레이로 각광받고 있는 소재다.

● **OLED** | Organic Light(ing) Emitting Diode의 약자로, 양극과 음극에서 주입된 정공과 전자가 내부의 유기발광층에서 만나 빛을 발하는 최첨단 디스플레이를 의미한다. 자체발광소자인 OLED는 LCD와 달리 백라이트(Back Light)가 필요 없기 때문에 아주 얇고 가볍다. 또한 유기물질을 이용해 만들어서 디스플레이를 두루마리처럼 휘거나 구부릴 수 있고, 투명하게도 구현이 가능하다.

코닥은 OLED 재료를 최초로 개발한 기업이다. 1970대 후반부터 지속적인 연구개발과 특허출원을 해온 코닥은 OLED 원천기술에 2,000여 건의 특허 포트폴리오를 확보하고 있다. OLED 디스플레이 시장에 진출하려는 기업이라면 광범위한 코닥의 특허 포트폴리오를 피해가기 어려울 것이라고 전문가들은 예측한다. 일례로 미국 ITC는 2009년 삼성전자가 코닥의 특허를 침해하고 있다는 잠정 판결을 내린 바 있다.

LG필립스와 코닥은 때로는 협력하고 때로는 상호 견제하는 미묘한 관계를 유지해왔다. 양 사는 2006년 AMOLED 상호기술평가 협약을 체결했고, 2008년에는 TFT 및 OLED 기술의 크로스 라이선스 계약을 체결하기도 했으며, 서로 특허권 침해를 주장하며 ITC에서 다투기도 했다.

코닥은 OLED 원천기술을 가졌음에도 가슴 아픈 문제가 있었다. 이미 디스플레이 시장을 평정하고 있는 삼성, LG 등과 겨루며 제품을 제조하고 경쟁하기가 쉽지 않았던 것이다. 결국 코닥은 (TI가 D램 판매보다는 핵심 특허를 주요 생산기업에 라이선스하는 전략을 택했듯) OLED 특허를 활용해 수익을 창출할 수밖에 없었다. 시장에서는 코닥이 가장 무서운 NPENon-Practicing Entitles(지식재산관리회사, 이하 NPE) 중 하나로 부상할 것이라는 전망도 있었다.

그리하여 LG전자는 2009년 12월 31일, 코닥의 OLED 사업부를 인수했다. 그리고 LG전자, LG디스플레이, LG화학 등 계열 3사와 공동 출자해 미국에 설립한 합작법인은 OLED 사업부 및 특허권을 양수했다고 공시했다. 결국 LG는 코닥의 사업부를 인수, OLED 관련 핵심 특허를 확보하고 잠재적인 리스크를 제거해 향후 OLED 시장의 주도권을 확보할 전략을 세운 것이다.

LG의 코닥 OLED 인수가 제니스의 경우처럼 성공적인 결과를 가져온다면, 이 역시 IP 분야에서 또 하나의 인수합병 성공 사례로 기록될 것이다. LG전자의 특허부문은 현재 300여 명의 전문가들이 일하고 있으며, 이정환 부사장이 CIPO로서 이끌고 있다. 이 부사장은 1970년대부터 30여 년을 특허부문에 종사한 전문가로서 오늘날 LG전자를 탁월한 특허경쟁력을 갖추게 만든 주역이라는 평가를 받고 있다.

대학의 NPE화, 프랑스의 INRIA

민간뿐 아니라 공공부문에서도 지식재산 전략은 점점 중요해지고 있다. 대학 내 연구개발로 지식재산이 생산될 경우, 이 라이선스를 통해 연구자에게 보상하는 시스템이 보편화된다면 어떨까?

대학 등이 보유한 지재권을 바탕으로 한 창업은 경제적 수익이라는 관점뿐 아니라 새로운 기업의 탄생과 일자리 창출이라는 측면에서 사회적으로 의미가 크다. 아울러, 이공계 전공자들에게 그들의 뛰어난 연구업적에 상응하는 부와 명예를 가져다

줄 수 있음으로써 이공계 기피를 해결하고 우수한 인재를 많이 끌어들여 우리 경제의 지속적 성장을 담보할 수 있는 선순환 모델인 것이다.

스탠퍼드대학교에서 창업된 세계 최강의 인터넷 검색 사이트 구글. 대학이 지식재산을 활용해 수익을 창출한 가장 유명한 사례일 것이다.

스탠퍼드대학교에 기술이전 조직이 설립된 것은 1970년도다. 이때부터 2009년까지, 스탠퍼드대는 8,000여 건의 기술을 이전해 총 12억 7,000달러(한화 약 1조 4,000억 원)의 수익을 얻었다. 이전한 기술 가운데 100만 달러 이상의 수익을 얻은 것은 60개인데, 이 중에서 아래의 3가지 특허기술로부터 8억 2,100만 달러의 수익을 거뒀다. 이는 스탠퍼드가 지난 40년간 획득한 전체 기술이전 수익의 약 64.6%를 차지하는 액수다.

- 1974년의 Recombinant DNA 기술
  2억 5,500만 달러(약 2,800억 원)
- 1984년의 Functional Antibodies 기술
  2억 2,900만 달러(약 2,520억 원)
- 1996년의 Improved Hypertext Searching–Google TM 기술
  3억 3,700만 달러(약 3,710억 원)

특히 구글은 이로써 세계적인 기업으로 발돋움했다는 점에서 더욱 큰 의미가 있을 것이다. 구글 기술의 핵심이 되는 검색기술

의 경우, 기술이전 비용을 현금으로만 받았다면 스탠퍼드는 고작 몇 십만 달러를 챙기고 말았을 것이다. 그러나 스탠퍼드가 기술료의 일부를 주식으로 받았고, 2004년 8월 구글이 나스닥에 상장되면서 스탠퍼드로서도 기술료 수익이 눈덩이처럼 불어나게 됐다. 이처럼 기술의 가치를 내다보고 기술료의 대가를 어떤 방식으로 징수하는지에 대한 전략적 판단 역시 중요할 것이다.

그러나, 대학의 기술이전전담조직TLO은 어차피 대학의 R&D가 총체적으로 수익사업이 될 수는 없는 만큼 금전적 수익의 극대화만을 목적으로 단기적으로 운영되기보다는 장기적 안목에서 산업생태계에 어떤 기여를 해야 할 것이냐에 중점을 두어야

▣ INRIA의 기술사업화 모형

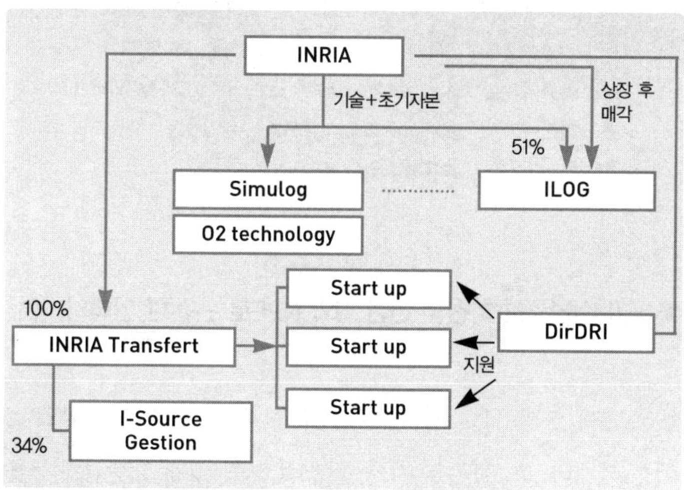

한다는 의견도 강하게 존재하고 있음을 언급하고 싶다.

대학뿐 아니라 공공연구소도 지식재산을 경영해 수익을 창출하고 있다. 연구소에서 개발한 핵심 기술과 관련 특허를 활발히 사업화하고 있는 프랑스의 INRIA Institute National Research of Information and automation(국립 정보기술·자동화 연구소) 가 좋은 사례이다.

INRIA는 기술 이전 부서와 투자펀드와 같은 사업화 지원 조직을 통해 분사한 기업들을 적극적으로 보육하고 있으며, 이 가운데 하나 가격비교 쇼핑 사이트인 켈쿠 Kelkoo는 유럽 최대의 쇼핑 사이트 비교 전자상거래 업체로 성장했다. 켈쿠는 2004년 3월 야후에 4억 7,500만 유로(약 5억 7,500만 달러)로 인수되었다.

> ● INRIA | 1967년에 설립된 프랑스의 공공 연구기관으로, 1,700명의 연구원이 근무하고 있는 정보통신 분야 연구소다. 이를 위해 INRIA는 기술이전 관련 부서인 DirDRI, 특수목적 자회사 INRIA-Transfert, 투자펀드 I-Source Gestion(벤처캐피털 회사인 AXA-Private Equity와 CDC PME와의 합작으로 만들어진 뮤추얼 펀드)을 두고 있다. INRIA-Transfert는 이 펀드의 최대 주주로서 지분 34%를 보유하고 있다.

특허권 수입으로 파산을 면한 TI와 NPE로 변신한 인터디지털

1980년대 중반 TI는 경영실적 악화로 파산 위기에 직면했다. 이를 타개하고자 TI는 후지쓰, 삼성전자 등 19개 경쟁업체 등을 향해 공격적인 라이선싱 정책을 펼쳤다. TI가 경쟁기업들로부터 거둬들인 기술료는 이후 TI 회생에 밑바탕이 됐다. 1992년에 기술료로만 3억 9,000만 달러를 얻어냈을 정도다. TI는 제조업체에서 NPE로 경영 전략을 선회한 대표적인 사례이다.

1972년 미국 펜실베이니아 주에 설립된 International Mobile Machines Corporation에 그 뿌리를 두고 있는 인터디지털. 초기에 디지털 무선통신 시스템을 위한 시간 분할 다중 접속TDMA 기술을 개발했던 이 업체는 1992년 SCS Telecom, SCS Mobilecom을 전략적으로 인수하고 이 회사가 갖고 있던 광대역 코드 분할 다중 접속Broadband Spread Spectrum Code Division Multiple Access(일명 'B-CDMA') 기술을 보유하면서 회사 이름을 인터디지털로 변경했다.[11]

기술기반 기업으로 출발한 인터디지털은 제조 기업으로 두각을 나타내지 못했다. 그러다가 특허에 관심을 가지게 됐다고 한다.[12] 인터디지털의 인력 구조를 살펴보면 2007년 기준으로 총 380명의 직원(정규직원은 275명) 가운데 기술 및 제품 개발 인력이 278명, 특허 관리 및 라이선싱 인력이 20명이었다. 연구개발 인력이 전체 직원의 73%를 차지할 정도로 특허획득을 위한 기술개발에 주력한 셈이다.[13] 그 결과 인터디지털의 수익구조는 거의 대부분이 특허권 라이선스를 통한 것이었다. 한마디로 NPE의 전형인 셈이다.

■ 인터디지털의 수익구조[14]   (단위 : 백만 달러)

수입 내역	2007년	2006년
특허 라이선스 로열티 총액	230.8	473.6
기술 솔루션에 따른 수입	3.4	6.9
총수입	234.2	480.5

인터디지털은 강력한 특허 포트폴리오를 바탕으로 이동통신 단말기 제조업체들에 전 방위적인 특허 공세를 취하고 있다. 2세대 GSM과 3세대 WCDMA 기술과 관련, 모든 판매 단가의 1.5% 정도의 로열티를 요구하는 수준이다.

인터디지털이 취하고 있는 전략 중 뛰어난 것은 전 세계를 대상으로 우수 연구집단을 발굴해 이를 잘 활용하여 강력한 특허권을 창출해내는 것이다. 즉, 본사차원에서 R&D를 기획하고, 이를 유럽 각국, 우리나라, 중국 등 연구 역량이 있는 소규모 벤처들에게 여러 조각으로 나누어 연구프로젝트를 주고 본사에서 종합하는 전략을 취함으로써 원천성 있는 IP를 선점한다. 그다음 추후 다양한 후속 연구개발을 통해 최소한의 비용으로 강력한 지재권 포트폴리오를 구축하는 매우 스마트한 전략을 구사하고 있는 것이다.

과거에는 첨단기업이었지만 더 이상 제조업 경쟁력을 유지할 수 없게 되면서 보유 지식재산을 활용해 수익을 창출하려는 기업들이 늘어나고 있다. 선진국에 기반을 둔 많은 기업들의 경우, 임금 및 제반 비용이 상승하면서 저임금을 앞세운 중국 등 후발국에 시장을 뺏기는 사례들이 많다. 바로 이런 기업들이 자신들의 보유 지식재산을 이용해 경쟁기업으로부터 로열티를 얻어내려 하는 것이다.

연구개발을 통해 시장을 개척했던 선진 기업들은 통상 해당 제품의 원천특허를 보유하고 있는 경우가 많다. 그러나 수익을 보다 많이 추구하고 지출을 최소화하려는 기업의 속성상, 시장을 잠식한 상황에서 협상에 따라 로열티 계약을 체결하는 사례는 많지 않다. 기업들이 주요한 방법으로 활용하는 것은 소송이다. 그리고 이와 같은 기업들을 특허괴물NPE이라고 부르기도 한다.

어떤 면에서는 대학·공공 연구기관도 이 범주에 포함될 수 있다. 차이가 있다면 대학·공공 연구기관은 소송 같은 공격적 수단을 적극적으로 활용하지는 않는다는 것과, 수익 극대화보다는 공정한 범위 내의 수익 활동을 원한다는 점 등일 것이다.

기업의 목표는 이윤 창출이다. 그리고 지식재산 경영전략은 기업 수익 창출의 훌륭한 수단 중 하나라고 할 수 있다.

램버스, D램 업계의 다윗

삼성전자는 2004년까지 램버스의 독자 메모리 반도체인 램버스Rambus D램 기술을 사용해왔다. 그러나 2004년 이후, 삼성전자는 DDR 기술이 국제반도체표준협의기구JEDEC 규격임을 들어 계약을 갱신하지 않았다. 이에 램버스는 삼성이 판매하는 DDR 제품이 자사의 특허 18건을 침해했다며 2005년 6월 6일 미국 캘리포니아 주 연방법원에 소송을 제기했다. 또한 램버스는 세계 주요 D램 반도체 생산업체인 삼성전자를 비롯해 하이닉스, 마이크론, 인피니온 등이 담합을 했다는 내용의 소송도 제기했다.

하이닉스는 이보다 앞선 2000년 8월, 미국 캘리포니아 주 새너제이 법원에 램버스 특허 무효 소송과 덧붙여 램버스의 반독점법 위반에 대한 소송을 제기한 바 있다. 하이닉스와 램버스의 1차 공판 결과 하이닉스 무효 소송이 기각됐다(2006년 1월). 2차 공판에서는 하이닉스의 특허 침해로 판단돼 램버스에 3억 650만 달러 배상 판결(2006년 4월), 3차 공판에서는 하이닉스가 특허 침해로 램버스에 약 3억 9,700만 달러의 손해배상 결정(2009년 2월)이 났다. 이에 하이닉스는 연방고등법원에 항소했고, 2011년 5월 마침내 승소하여, 램버스와의 11년에 걸친 특허권 분쟁에서 최후의 승자가 되었다.

반면에 같은 내용의 소송에서 삼성전자는 2010년 1월 선급금 2억 달러와 5년간 매 분기 2,500만 달러를 지급하는 조건으로 반도체 전 제품 관련 특허기술을 사용하는 내용의 특허 라이선스를 계약했고, 램버스는 관련 소송을 모두 취하하기로 합의했다. 삼성전자는 이와 함께 램버스 발행 신주를 총 2억 달러에 인수, 8%의 지분을 확보했다.

결국 램버스는 지분매각을 포함해 5년간 약 9억 달러의 수익을 얻게 됐으며, 삼성과의 합의를 통해 주요 메모리 제조사들에 램버스 기술 채택을 가속화하는 데 긍정적인 영향도 기대할 수 있게 됐다. 최근 휴대기기용 절전형 고속 메모리 인터페이스에 초점을 맞추고 있는 램버스로서는 삼성을 파트너로 맞이하며 모바일 시장에 보다 수월하게 접근하고 전략적 우위를 점하는 등 많은 이득을 얻어낸 것이다.

코닥을 퇴출시킨 폴라로이드

1976년 폴라로이드가 주도해온 즉석사진 시장에 코닥이 진입했다. 치열한 경쟁을 앞두고 폴라로이드는 연방법원에 코닥을 상대로 특허 침해 소송을 제기했다. 특허 분쟁은 15년간 이어졌고, 마침내 1990년에 코닥이 폴라로이드의 즉석카메라 원천특허를 침해했다는 판결로 종결됐다. 코닥은 손해배상금 9억 2,500만 달러를 폴라로이드에 배상했고, 15억 달러를 투자한 생산공장을 폐쇄했으며, 700명의 직원을 해고했다. 또한 이미 판매한 1,600만 개의 즉석카메라를 회수해 5억 달러의 손실을 입었다. 15년간의 소송비용이 1억 달러에 달했고, 10년 동안의

■LG전자 vs. 월풀 소송 개요

제소일	원고	피고	내용	제소 법원	비고
2008년 1월	월풀	LG전자	LG전자 냉장고에 대해 특허 5건 침해 주장	미 국제무역 위원회	4건 자진 취하 (2008년 6월, 9월) LG전자 승소 판정 (2010년 2월)
2008년 4월	LG전자	월풀	월풀 냉장고에 대해 특허 4건 침해 주장	델라웨어 주법원	진행 중
2008년 5월	월풀	LG전자	LG전자 냉장고에 대해 특허 4건 침해 주장 추가	델라웨어 지방법원	LG전자 일부 침해 판정(2010년 3월)

연구개발비가 허공으로 날아간 것은 물론 회사의 이미지에도 큰 타격을 입고 말았다. 즉석사진 시장에서 코닥은 이런 쓴맛을 보며 퇴출당하고 만 것이다.

폴라로이드와 코닥의 싸움은 경쟁기업을 시장에서 완전히 퇴출시키기 위해 지식재산권을 앞세운 특허 소송의 대표적인 사례다.

이와 비슷한 특허 소송 전략을 펼쳤지만 경쟁기업에 타격을 입히는 데 실패했던 일화도 있다. LG전자와 월풀Whirlpool의 소송사건이 그것이다.

당시 월풀의 특허 공격은 LG전자에 대한 견제 성격이 강했다. 월풀은 미국 냉장고 시장에서 1위였지만 프리미엄 냉장고(3도어 냉장고) 시장에서는 LG전자(14.4%)에 1위를 내주고 시장점유율은 3.4%로 처쳐 있었다. 선발 기업으로서의 자존심에 큰 상처를 받는 상황이었다.

고심 끝에 월풀은 LG전자가 자사의 특허를 침해했다며 2008

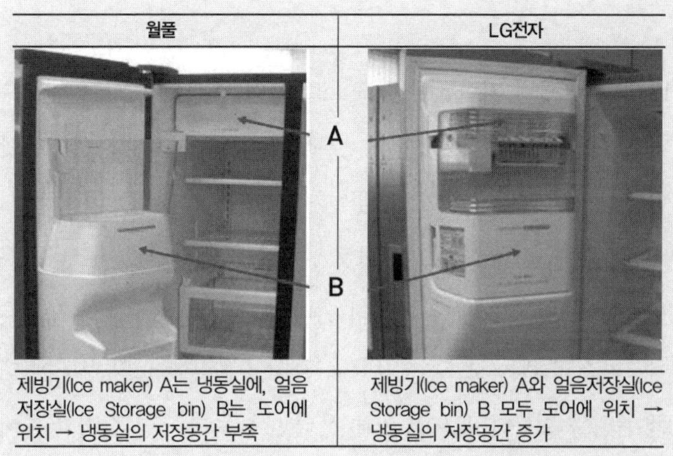

년 미국 국제무역위원회에 LG전자를 제소했다. 그러나 1년 뒤인 2009년 3월, 승소는 LG전자에 돌아갔다. 종래의 '아이스홈바 시스템'은 제빙장치가 냉장고 본체에, 얼음저장실이 냉장고 문에 나눠서 설치돼 있던 것에 비해 LG전자의 아이스홈바 시스템(US 제6904765호)은 제빙장치와 얼음저장실이 모두 냉장고 문에 설치돼 있으므로 양 사의 아이스홈바 시스템 구조에 차이가 인정된다는 내용이었다.

월풀의 입장에서는 경쟁기업에 타격을 입히기 위해 소송을 진행했지만, 소송에서도 패배하고 보유하고 있던 특허의 약점을 전 세계에 공개하는 최악의 결과를 낳은 셈이다.

클릭 하나의 차이, 아마존닷컴과 반스앤노블

1995년 설립된 아마존닷컴Amazon은 온라인 서점이라는 새로운 비즈니스 모델로 시장에서 경쟁우위를 획득한 업체다. 아마존닷컴은 대량의 상품 검색 프로세스, 기존의 온라인 수주 및 발주 시스템과의 연계 등을 주요 마케팅 무기로 삼아 온라인 비즈니스를 시작했다. 또 이러한 아이디어를 바탕으로 한 자신들의 새로운 비즈니스 모델을 보호하기 위해 '원클릭 온라인 쇼핑방법'에 대한 특허를 획득하고(1999년 9월) 온라인 주문에 대한 강력한 특허망을 구축했다.

이러한 아마존닷컴의 성공을 주시하는 업체가 있었다. 미국 내에 1,000여 개의 오프라인 매장을 가지고 있는 미국 최대의 서적 판매기업 반스앤노블Barnes & Noble은 고객 데이터베이스를 활용해 제품을 추천하고 원클릭 쇼핑 시스템을 구축하는 등 아마존닷컴과 유사한 온라인 서비스Express Checkout를 실시했다. 아마존닷컴과 온라인에서 경쟁하기 위한 자구책이었다. 이에 아마존닷컴은 자신들의 특허 포트폴리오 가운데 하나인 '원클릭' 특허를 침해했다며 반스앤노블을 제소했다. 그리하여 1999년 12월, 미국 시애틀 연방지방법원은 반스앤노블로 하여금 "경쟁관계에 있는 아마존사의 특허기술 '원클릭'을 사용하지 못하도록" 하는 예비적 금지명령preliminary injunction을 내렸다. 크리스마스 대목 직전에 내려진 이 판결로 아마존닷컴은 매출이 급증한 반면 반스앤노블은 결정적인 타격을 입었다.

반스앤노블은 1심 명령 후 '투클릭' 기법을 도입하는 한편 항소절차를 밟았는데, 2001년 2월 워싱턴 DC의 연방고등법원은 "아마존이 보유한 특허의 합법성에 대해 반스앤노블이 본질적으로 타당한 법적 이견을 제시했다"며 지방법원의 판결을 뒤집었다. 이 사건은 2002년 11월 아마존닷컴이 돌연 소송을 취하함으로써 해결되었는데 취하 조건은 밝혀지지 않았다. 결과적으로 반스앤노블은 온라인 서점 시장 진입을 위해 투자한 4억 7,200만 달러를 낭비하게 됐다.[15]

적과의 동침, 니치아와 서울반도체

서울반도체와 니치아Nichia의 분쟁이 시작된 것은 2006년 초, 니치아의 선제공격에 서울반도체가 방어와 맞대응을 하는 양상으로 싸움이 전개됐다.

> 서울반도체와 니치아의 분쟁에 대해 전문가들은 "서울반도체의 새로운 아크리치 기술이 불러올 엄청난 시장잠재력을 두려워한 니치아는 자사가 보유한 원천기술을 활용, 서울반도체를 시장에서 축출하려고 했다"고 말한다.
> 서울반도체SSC가 개발해 특허를 획득한 아크리치Acriche는 직류에서만 작동한다는 LED 소자의 고정관념을 깨고 교류 전원에 직접 연결해 사용할 수 있는 획기적인 상품이었다.

■ 서울반도체-니치아 특허 분쟁일지

제소일	원고	피고	내용	제소법원	비고
2006년 1월	니치아	서울 반도체	미 디자인권 침해	캘리포니아 연방법원	2007년 11월 고의침해 인정($62, 배심원 평결)
2006년 4월	서울 반도체	니치아	한 디자인권 무효 심결	특허심판원	무효 심결 2006년 12월
2006년 5월	서울 반도체	니치아	미 디자인권 무효	캘리포니아 연방법원	화해
2007년 5월	니치아	서울 반도체	일 특허권 침해	오사카 지방법원	JP 3511970B JP 2778349B
2007년 9월	니치아	서울 반도체	한 특허권 I 침해	서울중앙지법	KR 0406201B
2007년 10월	니치아	서울 반도체	한 특허권 II 침해	서울중앙지법	KR 0491482B
2007년 11월	서울 반도체	니치아	미 특허권 침해	텍사스 연방법원	US 5075742B
2007년 12월	서울 반도체	니치아	한 특허권 I 무효	특허심판원	KR 0406201B 2008년 7월 무효 심결 확정
2007년 12월	서울 반도체	니치아	미 특허권 침해	서울중앙지법	US 5321713B 2008년 12월 결과 발표
2007년 12월 2008년 1월	서울반도체, 니치아 쌍방 제소		명예훼손	서울중앙지법	미 디자인권 소송 결과 에 대한 허위사실 유포
2008년 3월	서울 반도체	니치아	한 특허권 II 무효	특허심판원	KR 0491482B
2008년 4월	니치아	서울 반도체	일 특허권 침해	도쿄 지방법원	JP 3900144B
2008년 5월	니치아	서울 반도체, Avent EMG.	영 특허권 침해 및 손해배상	영국	EP 599224B1 EP 622858B2
2008년 5월	니치아	서울 반도체	미 디자인권침해 관련 법률비용청구소송	캘리포니아 연방법원	기각(침해에 따른 $62[법정최소금액 $250] 배상은 유효)
2008년 7월	니치아	서울 반도체, Conrad Electro nicSE.	독 특허권 침해 및 손해배상	독일	EP 622858B2
2008년 7월	서울 반도체	니치아	일 특허권 I 무효심결	특허심판원	우선권 부분 인정 및 선행기술에 따라 신규성 의제로 KR 0406201B 무효 심결
2008년 8월	니치아	서울 반도체, Avnet, Inc	미 특허권 침해 및 손해배상	특허심판원	KR 0491482B

니치아는 8건의 특허와 1건의 디자인 등에 대해 서울반도체를 상대로 침해 소송을 전개했다. 서울반도체 역시 4건의 특허에 대한 니치아의 침해, 특허 무효 심판을 통해 전면적인 분쟁에 돌입했다. 이를 위해 유럽, 아시아, 미국 등 세계 곳곳에서 3년간 5,000만 달러가 넘는 비용을 쏟아붓는 총력전을 펼쳤다. 소송은 Epi/Chip 분야에 집중되며 서울반도체가 유리한 상황으로 전개됐다.

결국 국내 소송 2건, 미국 소송 1건 등에서 서울반도체가 승소했고, 2009년 2월 전면적 크로스 라이선스가 이뤄졌다. 미국, 독일, 일본, 영국 및 한국에서 진행돼온 모든 특허 소송과 법적 분쟁이 종결된 것이다.

경쟁사인 서울반도체의 시장점유율 확대를 차단하기 위해 소송을 제기했던 니치아의 전략은 실패하고 말았다. 그러나 서울반도체의 아크리치 기술을 자유로이 사용할 수 있게 돼, 결국 절반의 성공을 거둔 셈이라는 평가도 있다.

서울반도체로서도 수천만 달러에 달하는 소송비용을 지불했지만, 니치아와의 특허전쟁을 크로스 라이선스로 종결함에 따라 많은 것을 얻었다. 니치아의 원천기술 침해 위협에서 벗어나 향후 사업을 적극적으로 촉진할 수 있게 된 것은 물론, 강한 특허 포트폴리오를 보유하고 있음을 세계 시장에 알리게 된 것이다.

서울반도체는 세계적 메이저인 니치아의 특허공세를 이정훈 대표이사의 진두지휘 하에 이겨내어, 우리 중견기업들이 외국 메이저의 부당한 특허전략의 쉬운 먹잇감이 아니라는 것을 보여준 사례로 높이 평가되고 있으며, 동사는 이후 코스닥 시가총액 최고기업으로서의 영예를 한동안 누리기도 했다.

세계 기업들의 지재권 활용 전략은 이처럼 특허 침해 소송을 통해 두드러지게 나타나고 있다. 경쟁기업의 시장 배제, 확고한 시장우위 확보, 경제적 타격, 이미지 훼손 등 다양한 전략을 통해서 말이다.

이러한 전략이 경쟁기업의 완전 퇴출로 이어지는 것은 아니다. 그러나 기술료 획득을 통해 경쟁기업의 비용구조를 악화시키며 가격경쟁에서 어렵지 않게 우위를 점유할 수가 있다. 또한 특허 침해 소송을 통해 상대 기업의 이미지를 훼손시키는 것도 시장 경쟁우위를 점유하는 데 큰 도움이 된다.

현재의 경쟁기업은 아니지만, 미래의 잠재적 경쟁자를 시장에 진입하지 못하도록 자사 제품의 핵심 특허를 확보하고 관련 특허 포트폴리오를 구축하는 것도 기업의 지재권 활용 전략 가운데 하나다. 시장 진입의 장벽을 구축하는 것이다.

스마트폰의 주도권을 잡아라, 삼성과 애플

2011년 4월 15일, 애플은 2010년 3월 출시한 삼성의 갤럭시 S Galaxy S가 2009년 9월 애플이 출시한 iPhone의 외관, 디자인, 상표, 특허 등 동사의 지식재산을 포괄적으로 침해했다는 주장을 하며 삼성전자를 북캘리포니아지방법원Nothern California District Court에 제소했다. 삼성전자는 즉각 반격에 나서, 2011년 4월 22일 한국, 일본, 독일에서 애플이 삼성의 휴대폰 전송기술 특허를 침해했다고 소송을 제기했으며, 2011년 4월 28에는 산호세 San Jose 연방지방법원에 애플이 10건의 삼성 휴대전화 특허 및 디자인을 침해했다고 추가로 제소했다.

두 회사의 지재권분쟁은 스마트폰 시장에서 주도권을 놓고 싸우는 경쟁자인 동시에, 애플이 2010년도 기준으로 삼성전자의 전체 매출의 4%를 차지하는 가장 큰 고객의 하나라는 측면에서 세간의 이목을 집중시키고 있다. 완제품시장에서는 경쟁자지만, 주요부품을 삼성전자로부터 공급받는 비즈니스 파트너 관계이기 때문에 양사의 지재권 분쟁은 스마트폰 시장의 주도권을 상대방에게 주지 않겠다는 강력한 의지를 담고 있다고 생각된다.

2007년 애플이 아이폰을 출시하면서 급속히 성장한 스마트폰시장(IDC는 2010년도 3억 3백만 대 규모였던 스마트폰시장이 2011년도에 49% 성장할 것으로 전망)에서 기존 휴대폰의 절대 강자였던 노키아가 애플을 상대로 2009년 10월부터 2010년 5월까지 5건의 특허침해소송을 제기했으며, 애플도 2010년 3월 안드로이드폰의 선발 제조자인 대만의 HTC를 자사 특허를 침해했다고 제소하는 등 이미 스마트폰시장에서는 기존강자들과 새로운 강자로 등장한 애플 간에 치열한 특허전쟁이 전개되고 있는 실정이다. 따라서 애플의 이번 삼성전자 제소는 이미 진행 중인 타사와의 IP분쟁의 맥락에서 파악해야 한다.

전문가들은 이러한 현상이 기술과 제품의 패러다임이 바뀔 때 발생하는 전형적인 현상으로 이해하고 있다. 과거 PC사장 개화기에 애플, 마이크로소프트, 제록스 간 유저인터페이스User Interface, 디자인을 놓고 전개되었던 지식재산분쟁의 닮은꼴이라는 의견을 가지고 있으며, 결국은 시간이 지나면서 원만히 해결될 것으로 전망하고 있다. 즉, 기존의 시장질서가 급속히 무너지면서 방어 진영에서 특허권 등 지재권을 무기로 신규 침입자를 견제하려 하고, 새로운 강자들 사이에선 절대강자가 되기 위한, 더욱 치열한 지식재산분쟁이 증가하지만, 새로운 시장질서가 형성됨에 따라 점차 소강상태로 접어들게 되는 것이다.

특히 애플과 삼성전자는 상호간에 대체가 쉽지 않은 수급기업관계에 있고, 삼성이 하드웨어와 통신분야기술에 강점이 있는 반면, 애플은 유저인터페이스, 응용소프트웨어에 강점이 있어 이런 상호보완성 때문에 결국에는 양사가 합의하게 될 것으

회사	06	07	08	09	10	계
삼성	103	207	248	154	198	910
M/S	129	91	104	90	108	522
노키아	94	77	72	76	70	389
LG	26	55	43	82	102	308
Apple	5	24	43	70	52	194

로 보는 견해가 우세하다. 참고로 스마트폰 분야에서 2010년도 말까지 최근 5년간 미국특허청에 출원특허를 비교해보면 삼성전자는 1,000여 건에 가까운 반면 애플은 200여 건 남짓하여 특허의 양적 규모에 있어서는 삼성의 우세가 점쳐지고 있다. 세부 기술분야 별로도 운영체제를 제외한 전 분야에서 삼성전자는 애플에 대해 양적으로 우세를 보이고 있으나, 유저인터페이스 분야에서는 애플이 강력한 특허를 다수 보유하고 있는 것으로 알려졌다. 아울러 최근 애플이 노키아와의 특허분쟁에서 2011년 6월 14일자로 엄청난 규모의 로열티를 지불하기로 합의했다고 발표한 사실도 애플이 고객들의 충성심을 확보하는 문화적 영향력이 절대적인 것에 비하여 IP경쟁력은 상대적으로 열세인 반증으로 볼 수 있다.

지나친 경쟁보다 협력이 낫다

PDP와의 차세대 디스플레이 경쟁에서 살아남은 LCD는 기존의 CRT를 대체하며 TV시장의 주력으로 자리를 잡고 있다. 2010년 세계 시장 규모가 1,000억 달러를 상회할 것으로 예상되는 엄청난 시장이다. 이런 LCD산업은 과거 30년간 샤프를 비롯한 일본 기업들이 주도해왔다. 그러나 2000년 이후 삼성전자와 LG필립스 등 한국 기업과 AUO, CMO 등 대만 기업의 공격적인 연구개발 및 시설 투자가 이어졌고, LCD산업의 주도권은 일본에서 한국과 대만 등으로 이동하기 시작했다.

LCD시장의 주도권을 탈환하기 위해 일본 기업이 선택한 전략은 과감한 시설 투자와 특허 소송이었다. 샤프는 8세대 제조 라인을 증설하고 10세대 라인을 건설했으며, 마쓰시타도 2조 7,000억 원을 투자해 8세대 제조 라인 건설에 나섰다. 또한 '상대방이 일본 기업의 특허를 침해하고 있음을 입증'해 경쟁기업을 시장에서 배제시키려 했다.

그러나 특허를 이용한 샤프의 전략은 실패했다. 어떤 소송에서는 샤프가 승소하기도 했지만, 또 다른 소송에서는 삼성이 승소했다. 샤프가 시장에서 삼성을 배제시킬 수도 있었지만, 마찬가지로 삼성 또한 샤프를 시장에서 배제시킬 수 있었던 것이다. 결국 양 사는 2010년 2월 각자 보유 특허의 크로스 라이선스라는 화해를 통해 적대관계를 잠정적으로 중단할 수밖에 없었다.

완벽한 특허 포트폴리오를 구축하는 것은 초일류 기업들에게도 쉬운 일이 아니다. 강력한 특허 포트폴리오를 확보하지 못

한다면 상대 기업을 시장에서 배제시키기란 불가능하다. 이 경우 어쩔 수 없이 경쟁자와의 전쟁을 중단하고 '적과의 동침'을 할 수 밖에 없다.

기업은 시장에서 독점적 지위를 누릴 때 그 이익을 극대화할 수 있다. 물론 하나의 기업이 시장을 지배할 때, 시장의 비효율성은 커지고 소비자 입장에서도 지불한 비용에 비해 그 효용은 감소하기 마련이다. 과거 반특허Anti-Patent 시대에 있었던 AT&T 분할, 제록스Xerox의 복사기 특허를 경쟁기업 및 협력사에 라이선싱하도록 조치했던 것은 이처럼 비효율적인 시장이 국가경제에 부정적인 영향을 끼친다는 판단 때문이었다. 어쨌거나 기업은 최대이윤 추구성향이 있어 가능하다면, 시장을 독점 또는 과점 형태로 가져가려고 한다. 이때 합법적으로 활용될 수 있는 제도가 특허제도다.

그런데 특허제도를 아무리 활용해도 시장에서 독보적인 경쟁우위를 차지하기 어려운 상황이 있다. 반도체, 가전, 통신 등 IT 분야의 경우가 그렇다. 수천 개 이상의 특허가 하나의 제품 안에 모여 있기 때문에, 하나의 기업이 관련 제품의 핵심 특허 및 주변 특허를 모두 확보하기가 쉽지 않은 것이다. 결국 경쟁 기업 간에 협력적 관계를 유지할 수밖에 없다.

시장을 거의 독점하는 두세 개의 기업이 존재할 경우, 상대를 경쟁에서 배제하기 위해 서로 싸우기도 하지만 소수의 기업이 전략적 제휴를 통해 시장을 과점하는 경우도 종종 발생한다. 지식재산권을 통해 시장에서 과점체제를 형성했던 대표적인 사례로 컬러 잉크젯프린터 관련 카르텔을 들 수 있다.

프린터 시장은 사람들의 생각하는 것보다 훨씬 크다. 2007년을 기준으로 40조 원 규모의 메모리 반도체 시장이나 100조 원 규모의 디지털TV 시장보다 훨씬 큰 130조 원 규모에 달하는 게 프린터 시장이다.

프린터는 광학, 재료공학, 화학, 기계공학, 전자공학, 물리학 등 모든 종합기술이 요구되는 첨단기술의 집합체다. 이 때문에 전 세계적으로 제조업체가 10개 정도에 지나지 않으며, 그나마 자체 엔진으로 제품을 만드는 회사는 5개 안팎이다. 휴대전화와 MP3, 심지어 자동차의 경우는 후발 기업들이 제품 생산에 뛰어들 수 있지만, 프린터/복합기는 그렇지 않다. 기술적 난이성이 그만큼 크기 때문이다.

후발 기업들이 프린터 시장에 진입하지 못하는 또 하나의 이유는 HP, 캐논Canon 등의 기업들이 특허 카르텔을 통해 후발 주자의 시장 진입을 견제하고 있기 때문이다. 컬러 잉크젯프린터 시장을 장악하고 있는 HP, 엡손Epson, 캐논, 제록스, 렉스마크Lexmark 등 상위 5개 업체는 보유 특허를 자신들끼리만 공유하고 있다. 다른 기업이 시장에 진입하지 못하도록 특허를 통해 견제하는 것이다.

이들이 보유한 특허는 모두 7,000여 개다. 어느 기업이 잉크젯 프린터를 생산하려고 해도, 독자적인 기술력을 발휘해 7,000여 개의 특허를 피해가기란 사실상 불가능하다고 한다. 프린터 시장에서 후발 주자인 삼성전자가 잉크젯을 포기하고 레이저프린터 시장에 전념한 것도 기존에 형성된 특허 카르텔을 피해갈 수 없었던 까닭이다.[16]

미국의 반독점법, 우리나라의 독점거래금지법 등을 보면 가격 담합을 규제하고 이러한 부정경쟁행위에 대해 과징금 등 법적 제재를 가할 수 있다. 그러나 보유 특허에 대한 기업 간의 크로스 라이선싱은 (결과적으로 새로운 기업의 시장 진입을 차단하더라도) 규제할 방법이 없다는 게 현실이다.

3장

시장을 집어삼킨 괴물

특허를 이용한 라이선스 산업이 급격하게 성장하고 있다. 퀄컴은 매년 20억 달러의 라이선스 수입을 올리고 있는데, 이는 전체 이익의 89%에 달하는 액수다. IBM은 자사가 쓰고 있지 않은 특허를 활용, 매년 15~20억 달러의 라이선스 수입을 올리는 것으로 알려져 있다. 다우케미컬Dow Chemical처럼 광범위한 분야에 많은 특허를 보유한 기업은 자사가 보유한 특허를 검색하고 무형의 자산으로 정리, 지식재산으로 분류한 후 사용하지 않는 특허를 허락해 수입을 올리고 있다.

특허라이선스 시장의 강자가 되기 위해서는, 특허권의 가치를 평가할 수 있는 경제적 감각과 각국의 특허제도와 사법적 특이성에 대해 서도 널리 이해해야 한다. 무엇보다 중요한 것은 산업, 기술, 시장을 전체적으로 조망할 수 있는 역량이다. 미래 인류가 살아가는 세상은 어떠한 것일지, 이때 필요한 산업은 무엇이며 이러한 산업을 뒷받침하는 핵심 기술은 무엇이 될지를 꿰뚫어보는 역량으로써 핵심 기술을 보호할 특허를 미리 선점할 수 있을 것이다.

삼성전자, LG전자, 노키아 등을 상대로 수천 억 원 대의 휴대전화 관련 특허 소송을 제기해 거액을 벌어들인 인터디지털Inter Digital이 그렇듯 '특허괴물Patent Troll'이라는 악명(?)을 뒤집어쓰고 있는 인텔렉추얼벤처스Intellectual Ventures, IV. 이곳에 마이크로소프트에서 CTO를 역임했던 네이선 미어볼드Nathan Myhrvold라는 천재적 엔지니어와 최고 소프트웨어 설계자를 역임한 에드워드 정Edward Jung이 참여하고 있다. 인텔의 변호사로 일하면서 특허괴물이라는 용어를 최초로 사용했던 피터 데트킨Peter Detkin도 이곳 소속이다.

● 에드워드 정 | 마이크로소프트에서 최고 소프트웨어 설계자와 경영진에 대한 고문을 지냈으며, 마이크로소프트에서의 10년 동안 웹 플랫폼, 시멘틱 웹 기술, 지능형 OS, 적응형 사용자 인터페이스와 인공지능 관련 프로젝트를 관리했다. Windows NT, MS Research, Mobile & Consumer product, 웹 서비스를 포함하는 여러 팀을 조직했다. 1990년 마이크로소프트에 입사하기 전에는 학습과 Parallel computation을 위한 Neutral Network Chip을 연구하는 Deep Thought Group을 운영했다. 발명가로서 현재 70개 이상의 특허를 보유하고 있으며, 500개 이상의 특허를 출원 중이다. 현재 하버드 Medical School, Fred Hutchinson Cancer Research Center, Institute for Systems Biology에 대한 전략적 고문으로서 생물학과 정보기술 간의 미래의 시너지 효과에 대해 상담하고 있다.

얼마 전, 최장 100년간 핵연료를 교체하지 않는 차세대 원자로 TWRTraveling-Wave Reactor(진행파 원자로)을 미국의 테라파워와 일본의 도시바가 공동 개발하고, 빌 게이츠가 여기에 수십억 달러를 투자할 계획이라고 보도된 바 있다. TWR이라는 스마트 원자로를 개발한 테라파워의 실소유주는 빌 게이츠가 아니라 IV다. IV가 운영하는 펀드 중 하나인 ISFInvention Sciecnce Fund를 통해 테라파워를 설립한 것이다. IV의 주요 주주로 마이크로소프트가 참여하고 있으니 빌 게이츠가 일정 지분을 소유하고 있다는 해석도 틀리지 않다.

빌 게이츠는 어째서 '일부 사람들은 모험이라고 생각하는' IV의 비즈니스에 주요 출자자로 참여했을까? 아마도 IV를 운영하고 있는 미어볼드와 에드워드 정 같은 인재들이 마이크로소프트 근무 시절 보여줬던 미래에 대한 혜안을, 시장의 흐름과 그 흐름 안에서 중요한 핵심 기술을 짚어내는 역량을 높이 샀기 때문일 것이다.

특허 비즈니스를 위해서는 기본적으로 강력한 특허 포트폴리오와 함께 기술, 법, 특허와 관련된 고도의 전문성을 갖춰야 한다. 이러한 비즈니스에 참여하고 앞서 가기 위해서는 다양한 분야에 대한 다년간의 전문적인 경험이 필수이다. 무엇보다 중요한 것은 미래를 내다보는 혜안과 그를 위해 필요한 핵심·원천 특허를 발굴할 수 있는 능력일 것이다.

머리로 돈 버는 특허괴물

발명과 특허가 돈이 된다는 인식이 확산되면서, 특허자산으로 수익을 창출하려는 새로운 유형의 비즈니스가 나타나고 있다. 이 분야에서 드물지 않게 쓰이는 단어가 특허괴물이다. 그러나 이 명칭은 정당한 특허권 행사에도 부정적 인식을 초래할 우려가 있어 최근 미국 통상위원회Federal Trade Commission를 비롯한 다수의 외국 보고서에는 사용하지 않고 있다. 대신에 '직접 생산·제조·판매하지 않는다'는 의미의 NPE Non-Practicing Entities 나 특허관리 회사처럼, 포괄적이고 중립적인 용어를 사용하는 추세다.

● **특허괴물Patent Troll** | 2001년 인텔의 사내변호사였던 피터 데트킨은 인텔의 소송 상대방이었던 테크서치(Techsearch)를 '특허강도(Patent Extortionist)'라고 칭했다가 명예훼손으로 고소됐는데, 이 문제를 피하기 위해 '특허괴물'이라는 명칭을 사용했다. 이것이 특허괴물이라는 용어의 시초다. 사전적인 의미로 'Troll'은 지하나 동굴에 사는 초자연적인 괴물을 말한다. 일반적으로 "특허권을 바탕으로 물품을 생산·제조·판매하지는 않지만 침해 가능성이 있는 기업 등을 상대로 특허 소송을 해서 막대한 금전적 이득을 꾀하는 권리자"라고 정의된다. 한국지식재산연구원에서 주최한 특허권 남용방지 포럼에서는 특허괴물을 "특허 발명을 취득해 자신은 이를 실시하지 않으면서 특허 침해 금지소송 제기를 위협해 부당한 조건으로 특허 발명의 실시를 허락하는 것을 업으로 삼는 권리자"로 정의하기도 했다.

몇 해 전까지만 해도 특허는 변리사, 기업 특허 담당자 등 소수의 전문가만이 논의할 수 있는 주제였다. 때문에 지식재산이라는 이슈를 신문에서 찾아보는 것이 흔하지 않았다. 그런 의미에서 지난 2009년은 '지식재산'이 주요 일간지의 1면을 장식하면서 우리에게 현실로 다가온 해였다.

국내 언론이 지식재산이라는 이슈를 주요 기사로 다루게 된 배경에는 두 가지 주요한 이유가 있다. 하나는 제조 기반이던 국내 기업들이 이른바 특허괴물이라 불리는 해외 특허관리 전문회사로부터 소송을 당한 현실이었고, IV가 국내 대학들로부터 발명 매입을 시작한 상황이었다. 특허 소송은 1980년대부터 국내 기업이 지속적으로 겪어온 문제였다. 그러나 그 무대가 주로 해외였던 까닭에 심각성을 피부로 느끼지 못했던 것

■2009년 주요 일간지의 특허괴물 관련 기사

매체명	날짜	제목
서울경제	2009년 6월 11일	원천기술 취약 '특허괴물' 먹잇감 전락
동아일보	2009년 7월 17일	특허소송에 치이고 신약개발은 밀리고
조선일보	2009년 7월 17일	"특허괴물" 대한민국 공격
한국경제	2009년 7월 28일	250개 특허괴물, 원천기술 사들여 돈내라 파상공세
디지털타임스	2009년 7월 30일	지식재산관리회사 만든다
서울신문	2009년 7월 30일	특허관리 5천억 규모 회사 설립
파이낸셜뉴스	2009년 7월 30일	특허괴물 공세 정부가 막는다
동아일보	2009년 8월 25일	美 세계최대 '특허 괴물' "삼성-LG에 소송 검토 중"
동아일보	2009년 8월 26일	특허 하찮게 여기던 기업들 발등에 불
서울경제	2009년 9월 29일	특허장벽 넘어야 글로벌 리더 기업
조선일보	2009년 10월 23일	"특허괴물 막아라" 글로벌 기업 뭉쳤다

이 사실이다. 그러나 국내 대학들에 대한 발명 매입은 그 무대가 국내였고, 결과에 대해 많은 사람이 우려를 제기하면서 언론의 지대한 관심을 끌게 됐다.

2006년 한국특허개발회사Patent Development Company of Korea, PDCK라는 모델로 국내에 진입한 IV는 2008년 IV코리아를 개설하고 본격적인 활동을 시작했다. 위기의 목소리가 시작된 것은 2009년 상반기, IV코리아가 서울대, 고려대 등 국내 8개 대학의 이공계 교수들에게서 총 268건의 발명을 매입했다는 사실이 알려지면서부터다. 국내 언론은 외국 기업에 팔려나간 발명이 우리 기업에 부메랑이 되어 날아올 것을 크게 우려했다. 더구나 IV코리아의 모회사 격이라 할 수 있는 IV가 국내에서 발명을 매입함과 동시에 삼성전자와 LG전자를 상대로 수조 원 대의 특허

■IV코리아의 국내 대학 발명 아이디어 매입 현황(서울경제신문, 2009년 6월)

대학명	건수	대학명	건수
서울대학교	114	경희대학교	7
고려대학교	89	순천향대학교	5
서울시립대학교	31	카이스트	5
한국외국어대학교	14	연세대학교	3

사용료 요구를 진행하고 있다는 소문이 퍼지면서 그 반향은 더욱 컸다.

마이크로소프트, 인텔, AT&T, GE, 시스코, HP 등 유수의 기업들로부터 투자를 받아 2000년 설립된 IV는 2009년 말 현재 약 50억 달러의 자금을 운영하고 있다. 펀드 투자금을 활용, 매입된 특허 라이선스 수익을 투자자들에게 배분하는 것이 IV의 기본적인 비즈니스 모델이다. 한 가지 특이한 점은 라이선스 계약을 체결하는 회사들이 IV의 투자자가 되는 구조라는 점이다. 제조 기업들이 IV로부터의 잠재적인 특허 소송을 예방하기 위해 IV의 펀드 또는 지분에 투자하는 형태로 로열티를 지불하고, 로열티는 펀드의 수익으로서 펀드의 투자금을 확대하며, 투자금의 확대로 IV는 더 많은 특허 매입을 통해 라이선스 계약자인 또 다른 투자자를 유치하는 순환 구조다.[1] 또 라이선싱이 가능한 특허 매입 등 기존의 NPE와 유사한 방식이 아니라 IDF, ISF 펀드처럼 IV만의 차별화된 특허획득 전략을 선보이고 있다는 점도 독특하다.

이처럼 IV의 특허 창출 프로세스는 종전의 NPE와는 많이 다르다. IV는 발명회의를 통해 BT·IT·NT 등 다양한 분야에서 미래전략 아이디어를 수집하고, 매입한 아이디어의 실현가능성 및 미래가치를 예측한다. 이렇게 해서 선택된 아이디어는 내부 발명가 그룹과 외부 전문가 그룹의 협업을 통해 특허라는 권리로 확보된다.

IV는 인간게놈의 완전 해독에 성공한 르로이 후드Leroy Hood 교수, MIT의 화학 및 생물공학 교수인 로버트 랑거Robert Langer 박사 등 세계적으로 권위 있는 200여 명의 발명가 그룹과 수백 명의 변호사를 보유하고 있다. 이들 전문가들의 도움을 받아 미래사회의 주력 기술을 효과적으로 예측하고 특허로 선점하는 것이다.

■IV의 펀드 유형

펀드	관리하는 특허	특징	전문 인력 규모2
IIF1 & IIF2 (Invention Investment Fund)	이미 등록된 특허	현재 시장을 염두에 두고, IT 분야에 중점 투자	250
IDF (Invention Development Fund)	외부 발명자와의 파트너십을 통해 얻은 발명	예측 가능한 미래기술 분야로서 추가적으로 요구되는 기술고도화를 위해 IT·BT 등의 분야에 주로 투자	131
ISF (Invention Science Fund)	브레인스토밍3을 통한 IV 내부 발명	미래 기대수익 창출을 위한 투자 모델로 아이디어 매입 등의 활동을 통해 원천기술 개발 분야 등에 투자	70

■IV의 발명 개발 프로세스(www.intellectualventures.com)

Invention Labs (1단계)	Invention R&D (2단계)	Invention Library (3단계)	Market Enablement (4단계)
미래를 예측하고 이에 기반을 둔 발명을 도출	매입한 아이디어의 가치를 평가하고 실현 가능성을 점검	자사 보유 특허들을 분석하고 정리해 포트폴리오를 구성	보유 특허를 활용, 수익을 창출

제조업체들이 절대 피해갈 수 없도록 광범위한 특허 포트폴리오를 구축하고, 이를 기술 분야별로 모아 하나의 패키지로 만든 뒤, 원하는 기업들에 라이선스를 제공하는 게 IV의 궁극적인 사업 전략이다. 2만 7,000여 건[4]의 특허가 패키지로 묶여 있기에 웬만해선 그 범위를 피해갈 수 없다. 2000년 출범한 후 9년 동안 단 한 건의 소송도 진행하지 않았지만, 경고장을 보낸 후의 합의만으로도 내부적으로 만족할 만한 수익률을 올렸다는 소문이다.

IV는 별다른 생산설비나 판매조직 없이 아이디어에 투자해 그것만으로 돈을 벌 수 있는 '발명자본주의Invention Capitalism' 시대를 앞당겼다는 평가[5]를 받고 있다. 그런 점에서 특허권 행사가 힘든 중소기업·국내 일부 대학의 연구자들에게 '엔젤 투자자'로 인식[6]되기도 한다. 반면에 'IV의 비즈니스가 우리의 우수한 기술과 아이디어를 유출한다'는 국내 일부 언론들의 부정적인 해석도 있었다.[7]

IV의 가장 핵심적인 자산은 발명 프로세스 그 자체의 풍요로움에 있다. 광범위한 분야에서 폭넓은 지식을 가진 인재들과, 그 결과를 파악하고 걸러내고 이를 특허로 만드는 내부 직원들의 힘 말이다. 생산직과 영업관리직 등을 직접 고용할 필요도 없고, 기술을 실제로 구현하는 데 필요한 시간과 자원을 최소화할 수 있으며, 기술 구현에 필요한 추가 개발은 다른 기업에 맡기면 된다.

IV의 비즈니스 모델은 아이디어와 기술을 경제적 가치로 변환시키는 것이 핵심 요소다. 이 같은 모델이 발전함에 따라 외부의 아이디어와 기술을 자사의 비즈니스 모델에 도입할 수 있는 기회는 앞으로 더욱 많아질 것이다. 비즈니스 모델을 혁신하는 것은 사업을 차별화해서 경쟁의 장을 뒤바꿀 수 있는 가장 근본적인 방법이다. 그리고 IV는 지식재산을 창출하는 개방형 혁신으로 수익을 창출하는 가장 대표적인 기업일 것이다.

그러나 일부 전문가들은 IV의 시도들이 새로운 비즈니스의 등장을 알리는 것이라고 보기엔 조금 이르다는 견해를 제시하고 있다. 제조업과 분리해 IP만으로 세계적 수준의 대기업을 만드는 일이 과연 가능할 것인가? 시간을 두고 지켜볼 일이다.

특허과물은 어떻게 수익을 낼까

초기 NPE는 주로 스스로 발명한 특허에 기반해 수익을 창출하는 형태였다. 이후 '특허권=수익자산'이라는 인식이 확대되면서 최근에는 타인의 특허권을 적극적으로 매입하거나 제조경쟁력을 상실한 기업이 변모하는 형태의 다양한 NPE가 출현하고 있다.

특허권을 활용해 수익을 창출하는 사업 전략의 NPE가 증가함에 따라, NPE와 연관된 소송도 급증하고 있다. 특허권자를 강력히 보호하는 미국에서는 NPE가 제기한 소송 건수가 지난 10년 동안 지속적으로 증가해 2008년에는 350건에 이르렀고, 2005년 이후에는 전체 특허 소송에서 NPE가 제기한 소송이 차지하는 비율이 전체의 10%를 넘고 있다.

일반 제조 기업의 입장에서 물품을 생산하지 않는 NPE와의 소송은 애초부터 전략적으로 불평등한 게임이다. 같은 제조 기업이라면 상대 역시 자신의 특허를 침해했다는 식의 역공이 가능하지만 NPE는 물품을 생산하지 않기 때문에 특허권 침해로

유형	특징	대표 업체
True Blue Trolls	상품을 생산하지 않으면서 분쟁의 가능성이 있는 특허권을 매입해 타인에게 권리를 행사하는 업체	Intellectual Ventures, Arcacia Research, Rembrandt, ATG
Incidental Trolls	상품 또는 서비스 경쟁력 상실 후 남아 있는 특허자산을 통해 수익을 창출하는 업체	NTP, MOSAID
The Thinking Person's Trolls	상품의 제조 또는 판매를 하지 않으나 라이선싱, 실시권 허여 및 컨설팅 등을 목적으로 특허를 보유하는 업체	대학교의 TLO, Ocean Tomo
Brokerage Trolls	특허권자를 대신해 특허권 행사를 전문적으로 대행하는 특허 중개업자와 같은 유형	IP VALUE
Patent Law Firms	특허권자의 특허권 행사를 도와주고 성공 보수를 받는 로펌의 유형	Robins, Kaplan, Miller & Ciresi L.L.P
Competitors	상대 경쟁업체의 소송에 대비 또는 대항하기 위해 특허를 매입하는 업체	Qualcom의 경쟁업체인 Broadcom

맞설 여지가 없는 것이다. 결국 NPE와의 싸움에서는 상대의 특허를 무효화하거나 유리한 라이선싱 조건으로 계약을 체결하는게 최선의 대응책이다. 특히 미국처럼 침해금지 명령이 쉽게 내려지는 환경에서, 제조 기업으로서는 제품을 생산해 판매하지 못하는 상황보다는 적절한 수준에서 로열티 계약을 체결하는 편이 낫기 때문이다.

NPE들은 수익 창출을 위해 특허 소송을 전략적으로 활용한다. 특허권을 침해하고 있다고 판단되는 수십 개의 업체에 경고장을 발송하는 것은 흔한 일이다. NPE 중 아카시아테크놀로지와 관련된 총 소송 건수는 337건인데, 이 중 2003년 이후에 연

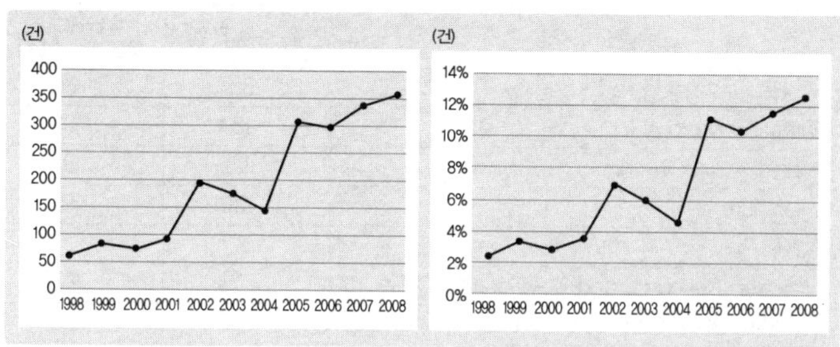

관된 소송이 260건에 이른다. NPE들이 수익 창출을 위해 소송 전략을 얼마나 적극적으로 활용하는지 알 수 있는 대목이다.

NPE들의 적극적인 소송 전략은 어디에서 기인했을까? 앞서 언급한 레멀슨, 텍사스인스트루먼츠Texas Instruments, TI, 인터디지털 등이 소송을 통해 수익을 창출했던 경험이 큰 영향을 끼쳤을 것이다. 예를 들어 인터디지털은 이동통신 관련 특허 소송에서 승소해 노키아로부터 약 2억 5,300만 달러, 삼성전자로부터 약 1억 3,400만 달러의 로열티를 받기로 했으며, LG전자의 경우 특허 싸움에서 승산이 없다는 판단 아래 소송 없이 총 2억 8,500만 달러의 로열티 지급계약을 체결했다.[9] 램버스 또한 삼성전자로부터 메모리 특허 침해 소송에 대한 합의로 9억 달러(지분투자 2억 달러 + 현금 2억 달러 + 분기별 2,500만 달러 등 향후 5년간 5억 달러 조건)를 받기로 하면서 5년간의 특허 소송을 영구 종결했고, 하이닉스반도체와 마이크론테크놀로지

NPE 회사명	총 소송 건수	소송률(%) (2003년 이후)
Acacia Technologies	337	80
Rates Technology Inc	139	33
Ronald A Katz Technology Licensing	129	92
Millennium LP	110	92
Plutus IP	77	100
Sorensen Research and Development Trust	73	88
General Patent Corp International	72	58
Cygnus Telecommunications Technology LLC	69	45
Papst Licensing GmbH	62	55
F&G Research Inc	56	91

를 상대로는 D램 관련 특허권 침해금지 소송을 진행하고 있다. 하이닉스반도체와 램버스 간 특허 소송 1심 법원인 미국 캘리포니아 연방지방법원은 2009년 3월 하이닉스반도체에 대해 3억 9,700만 달러의 손해배상 지급을 결정하고 2010년 4월 18일까지 SDR과 DDR 제품에 대해 각각 1%, 4.25%의 특허료 지급을 결정한 바 있다. 원천특허가 취약한 한국 기업과 NPE와의 관계에 있어, 상황은 우리가 일반적으로 알고 있는 것보다 심각하다. 미국 내 NPE로부터 피소된 현황을 살펴보면, 삼성전자와 LG전자가 2004년부터 2009년까지 누계 건수로 각각 5위, 11위에 올라 있다. 이는 소장이 접수된 사례에 대한 통계이며 실제 경고장을 받거나 협상을 하고 있는 사례까지 따지면 훨씬 더 많을 것으로 추정된다.

구분	2004	2005	2006	2007	2008	2009	합계
애플	4	3	3	12	13	21	56
소니	4	7	5	10	12	17	55
델	4	3	8	10	8	17	50
마이크로소프트	3	5	6	12	13	10	49
삼성	5	4	8	14	11	6	48
H	6	3	5	10	11	13	48
모토롤라	1	6	4	12	14	9	46
AT&T	2	2	6	17	10	7	44
노키아	2	7	3	10	9	11	42
파나소닉	6	8	4	6	5	11	40
LG	–	7	3	12	9	8	39

● **램버스Rambus** | 원천특허를 보유한 미국의 반도체 설계회사. 직접 생산을 하지는 않지만 연구개발을 통해 획득한 제품 설계 기술과 특허권으로 로열티를 받는 고성능 반도체 전문기업이다. 개인 및 기업의 특허를 매입해 소송을 벌이는 특허괴물의 성격을 띠고 있지만, 상당한 R&D 활동을 수행하고 있어 단순히 특허괴물로 단정 지을 수 없다.

사실 2008년까지 삼성전자와 LG전자가 피소된 누계 건수는 각각 1위, 7위였다. 이런 점에서 2009년 들어서는 상황이 다소 나아졌다고도 할 수 있다. 이는 삼성전자 등 국내 기업이 "가치가 없는 특허권에 대한 로열티 계약을 주장하는" NPE에 대해 그간 강력히 대응했던 효과로 보인다.[10]

그러나 우리 기업의 제품들이 IT 분야에 집중돼 있으며 이 분야의 수많은 부품들이 특허로 보호받고 있다는 사실을 고려할 때, 앞으로도 NPE들과 국내 기업의 긴장관계는 상당기간 계속될 것으로 예측된다.

우리는 특허괴물로부터 안전한가

전 세계 국가 중에서 유독 미국에서만 NPE가 활발하게 출현하게 된 배경은 무엇일까? 또 우리나라에서 이러한 NPE들이 출현할 가능성은 없을까?

미국에서 유독 NPE가 활발하게 활동하는 현상에 대해, 전문가들은 미국의 정책·법제상 특수성을 지적한다. 그 첫 번째 이유가 미국의 특허 전문 연방항소법원Court of Appeals for the Federal Circuit, CAFC 설립으로 대표되는 미국의 친 특허 정책Pro-Patent이다. 미 브랜다이스대학교의 지재권 분야 석학인 애덤 재프Adam B. Jaffe 교수에 따르면, "특허 침해 판결 비율이 CAFC 설립 전 60% 수준에서 CAFC 설립 후 90% 수준으로 높아졌다고 한다".[11] 이처럼 특허권자에게 우호적인 환경은, 특허를 통해 수익을 창출하려는 NPE들이 활동하기에 우호적인 환경이기도 한 것이다. 또 미국 특허법은 고의 침해의 경우, 손해액의 3배까지 배상할 수 있도록 한 징벌적 배상제도를 전 세계에서 유일하게 유지하고 있다. 소송을 제기하는 사람이 특허권자에게 우호적 판결을 내리는 법원을 선택해 소를 제기할 수 있는 포럼쇼핑(원고가 법원을 선택할 수 있도록 한 제도)이 가능한 나라 또한 미국이다. 예를 들어 텍사스 주 동부지구 연방지방법원에 제기된 특허소송은 2003년 54건에서 2008년 306건으로 약 6배가 급증했다. 연방지방법원의 평균적인 원고 승소율이 59%인 반면 텍사스에서는 승소율이 77%에 이르는 것이 그 이유였다. 결국 특허권자가 자신에게 유리한 판결을 내려주는 법원을 찾아가는 셈이다.

이쯤에서 언급할 만한 인물이 1990년대 TI가 현대전자를 공격할 때 현대전자를 대리한 변호인이기도 했던 텍사스 주 동부지구 연방지법 마셜 지부의 존 워드 판사다. 특허 소송에서 원고에게 유리한 판결을 내리기로 유명한 그는, 많은 특허권자들로부터 그들의 권리를 강력하게 인정해줄 수 있는 판사로 꼽힌다.[12]

이 같은 법제 및 소송 환경의 특징 탓에, 미국의 특허권자들은 자신들의 징벌적 침해를 입증하기에 유리한 지역의 법원을 선택해 소송을 제기할 수 있게 됐다. 또한 그간 미국 법원은 특허상 명문으로 제시돼 있는 형평의 원칙을 통해, 특허 침해금지 요청이 접수되는 경우 엄격한 검토 없이 자동적으로 금지명령을 내려주기도 했었다.

국내의 법제 현황은 '특허권자에게 우호적인' 미국식 환경과는 상이하다. 우리의 특허법은 '고의 침해'일 경우에도 징벌적 배상제도를 도입하지 않는다. 또 재판이 청구인 또는 피청구인 주소지 관할 법원에서 진행되기에 미국식 포럼쇼핑이 가능하지도 않다. 침해금지 가처분에 있어서 청구인에게 회복할 수 없는 손해가 있는지를 고려하는 법적 관행 역시 NPE가 활발히 활동하는 미국의 환경과는 매우 다르다.

이 같은 우리의 법제는 일본, 유럽의 환경과 흡사하다. NPE가 특허업계에서 이슈로 대두되면서 "적정한 권리행사와 남용을 구분하기 위한 기준"을 제정하겠다고 발표했던 일본. 연구결과 NPE가 활동하기 곤란하고 아직 기준을 제정할 만큼 사회적으로 이슈가 되고 있지 않다는 결론을 내렸던 바 있다.

NPE가 활동하기 어려운 법적 환경이 좋은 것인지 그 반대 환경이 좋은 것인지 일방적으로 이야기하기는 어렵다. 중요한 것은 창조성이 가치를 발휘하는 이 시대에, 연구자들의 창의성을 극대화하려면 NPE의 긍정적 활동이 가능한 환경이 돼야 한다는 점일 것이다.

특허권을 기반으로 수익을 창출하는 NPE들이 활성화될수록, 제조업 기반의 우리 기업에는 경영 리스크가 커질 것으로 보인다. 또 NPE에 지급되는 로열티에 대해서는, 특허권 사용에 대한 정당한 대가라는 인식보다 (일부 언론의 보도 때문인지) 수익을 강탈당한다는 이미지가 큰 것도 사실이다. 제품 생산은 하지 않고 특허권을 행사해 수익을 추구하는 NPE가 특허제도의 기본적 목적에 반한다는 평가[13]도 있고, NPE가 제기하는 소송으로 기업의 소송비용 부담이 늘어난다는 평가[14]도 있다.

어쨌거나 특허권은 국가가 부여한 정당한 재산권으로 보호받아야 마땅한 권리다. 특허권을 활용해 수익을 창출하려는 NPE의 활동은, 자신이 보유한 특허권을 정당하게 행사하는 것이라고 할 수 있다. 부실한 심사 때문에 양산된 부실권리에 대해 합의금을 받을 목적으로만 활동하는 일부 부정적인 사례도 있지만, 그러한 NPE도 분명한 특허권자인 것이다.

NPE는 특허권의 자산적 유동성을 증진시켜, 열악한 재정으로 특허 발명을 상품화할 수 없었던 개인·대학 등 소규모의 발명가들에게 금전적인 보상을 제공할 수 있다. 발명자들에게 정당한 경제적 보상을 함으로써 창의적 노력을 북돋을 수 있는 합법적인 특허시장 구조를 만들어가는 것이다.[15]

1998년 테크서치와의 특허 소송에서 특허괴물이라는 용어를 처음 사용했던 피터 데트킨. 역설적이게도 그는 현존하는 NPE 중 가장 막대한 자본을 보유한 IV의 설립에 참여했고, 인텔은 라이선스 확보를 위해 IV에 투자하기 시작했다. 노키아, 소니

등 적지 않은 제조 기업들이 자사의 특허권을 활용해 수익을 창
출하고자 NPE에 특허를 양도하는 것으로 알려져 있다. 이는
NPE라는 비즈니스가 하나의 산업으로 자리 잡고 있음을 보여
주는 흐름이다. 또한 상황에 따라 누구나 NPE이 될 수 있다는
것을 보여주는 예라고 할 수 있다.

지식재산에도 개방 혁신이 필요하다

지식재산이 돈이 되는 사회로 발전함에 따라 이를 활용하는 비
즈니스가 다양하게 등장하고 있다. 앞서 언급한 바와 같이 제품
을 생산하지 않고 라이선싱이나 소송 등 지식재산권 행사를 통
해 수익을 창출하는 것이 대표적인 사례다. 거기에 더해 지식재
산의 거래, 평가를 통한 투자지침 제공 등 지식재산의 활용성은
매우 넓어지고 있다.

IP와 관련된 법률적 서비스와 기타 자문을 제공하는 회사인
PCT캐피탈의 대표 레이먼드 밀리언Raymond Millien은 FTC 공청회
[16]에서 지식재산권을 활용하는 비즈니스의 유형을 17가지로 정
리해 제시했다.[17] 또 최근 OECD는 지식재산을 기반으로 전개
되는 다양한 유형의 비즈니스들을 보여주는 보고서[18]를 공개하
기도 했다.

특허권 라이선싱을 제외하고, 지식재산을 활용한 새로운 비

즈니스에는 어떤 것들이 있을까?

종전의 기술거래 모델은 공급자로부터 매각하려는 기술을 받아 수요자를 찾는 공급자 주도형 모델이었다. 국내에서 대학에 산학협력단을 설치하고 연구소에 기술이전 조직을 설치한 것이 단적인 예다. 그 배경에는 막대한 자금이 투여되는 연구개발 결과물의 활용성을 제고하려는 목적이 깔려 있었을 것이다.

최근 들어서는 수요자가 원하는 기술, 문제 해결을 위한 아이디어, 연구자를 찾아주는 모델들이 등장하고 있다. 이노센티브InnoCentive, 나인시그마NineSigma, 유어앙코르YourEncore 등이 대

▣ 밀리언의 17개 IP사업 모델19

모델 종류	기업
특허 라이선싱 및 행사	Acacia Research, Lemelson Foundation, NTP
IP 매집 펀드	CollerIP Capital, Intellectual Ventures, RPX
IP/기술 개발 및 창출	InterDigital, Qualcomm, Rambus, Tessera
라이선싱 에이전트	Fairfield Resources, IPValue, Thinkfire
소송자금 조달 및 투자	Altitude Capital, Rambrandt, IP Management
IP 브로커	Bramson & Pressman, Ocean Tomo, Thinkfire
IP기반 M&A 자문	Analytic Capital, Inflexion Point, PCT Capital
IP 옥션	FreePatentAuction, IPAuctions.com
온라인, 포털, 게시판을 통한 거래	InnoCentive, Open-IP.org, The Dean's List
IP 담보대출	IPEG Consultancy BV, Pradox Capital
로열티 유동화	AlseT IP, UCC Capital
특허 분석 소프트웨어 및 서비스 제공	Intellectual Asset, Patent Café, The Patent Board
대학 기술이전 중개	Texelerate, UTEK
IP 거래 및 교환 플랫폼	Gathering2.0, IP Exchange Chicago
방어적 특허풀, 펀드, 동맹	Open Invention Network, AST(Allied Security Trust)
기술/IP 스핀아웃 자금 조달	Altitude Capital, IgniteIP, New Venture Partners
특허기반 주식지표 제공	Ocean Tomo Indexes, Patent Board WSJ Scorecard

표적인 예다.

이노센티브의 비즈니스 모델은 이노센티브의 웹사이트를 이용한 방식이다. 고객 기업이 익명으로 해결해야 할 기술적 과제와 그 대가를 이노센티브의 웹사이트에 공개하면, 전 세계의 '문제해결사problem solver' 들이 해결책을 제안하고, 그 중에서 고객 기업이 바람직하다고 평가하는 해결수단을 채택하게 되는 것이다.

이를 위해 이노센티브는 중국, 미국, 인도, 러시아를 중심으로 세계 175개국에 8만여 명의 문제 해결사와 네트워크를 구축하고 있다. 현재 보잉, 듀폰, 프록터앤드갬블 등 약 40개 기업이 이노센티브의 고객 기업으로 가입했다. 이노센티브의 비즈니스 모델은 기업 외부의 아이디어까지 적극적으로 활용하는 개방형 혁신Open Innovation을 가장 잘 보여주는 사례다.

이노센티브와 유사하게 고객 기업에 솔루션을 제공하고 있는 유어앙코르는 은퇴한 연구원들과 기술자들의 경험을 기업에서 활용할 수 있도록 연결해주는 것이 특징이다. 고령화 사회의

■ 이노센티브의 비즈니스 모델[20]

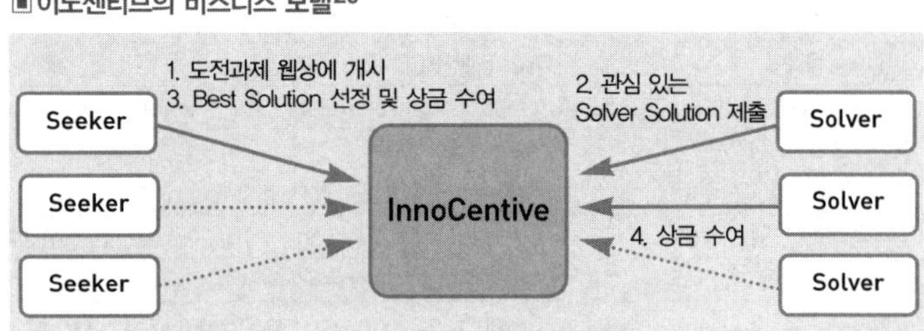

은퇴 기술자에게 일자리를 제공하면서 그들이 보유한 경험도 활용한다는 측면에서 의미 있는 비즈니스 모델이다. 산업화를 일궈온 1세대들이 은퇴하면서 고령화 사회에 접어든 우리나라의 입장에서도 시사점이 큰 모델이라고 할 수 있다.

특허의 가치를 평가하라

기업들은 막대한 연구개발 자원을 투입해 산출되는 특허권의 정확한 가치를 알아야 한다. LG전자는 LG반도체를 현대반도체에 매각하며 16억 원에 인수한 왕컴퓨터Wang Computer 특허를 통해 1,500억 원의 수익을 달성했다. 특허자산에 대한 정확한 평가의 중요성을 단적으로 보여주는 사례다.

특허자산에 대한 평가가 중요한 또 다른 이유는, 기업들이 보유한 특허권이 증가하면서 특허권을 유지 관리하는 데 투입되는 비용 또한 급격하게 늘어나고 있기 때문이다.

특허권을 평가할 때 예전처럼 사람이 전체 특허권을 대상으로 오프라인 평가를 하는 것은 이제 불가능에 가깝다. 자동화된 솔루션의 필요성이 점점 커지고 있는 것이다. 현존하는 온라인 평가 시스템으로 대표적인 것은 미국 오션토모Ocean Tomo의 페이튼트레이닝시스템PatentRatings System이다. 페이튼트레이닝시스템은 특허 명세서상의 35가지 정보(기술 분야Technology Field, 발명가Inventor, 양수인Assignee, 청구항Number of Claims, 등록유지 기록 Maintenance Records, 인용기록Cited Reference 등)를 통계 모델링화하고, 이를 IPQIntellectual Property Quality라는 점수로 지표화한다. 보통 수준의 특허인 100을 기준으로 특허의 가치에 따라 차등해 점수를 산출하는 방식이다. 특허번호를 입력하면 인용트리 및 업데이트 정보를 조회할 수 있다. 오션토모는 페이튼트레이닝 시스템의 특허가치 평가를 활용해 특허 경매, 투자 인덱스 제공, 지식재산 거래소 설립 등 다양한 비즈니스 영역을 개척하고 있다.

일본 유니시스UNISYS도 오션토모와 유사한 서비스를 제공하고 있다. 50년 전통의 IT 솔루션 기반 회사 유니시스는 스트라비전StraVision이라는 특허전략 솔루션을 인테크스트라Intechstra(IP 컨설팅 기업)와 공동 개발했다. 스트라비전은 특허의 질과 양을 고려한 독자적인 수치 지표 모델을 이용해 특허의 중요도를 산출하는 시스템이다. 특허의 중요도 산출에 필요한 수치 정보를 데이터베이스화하고 텍스트 마이닝 기법으로 타깃 포트폴리오 안의 개별 특허 경쟁력을 상대평가함으로써 궁극적으로 기업 간 특허 경쟁력을 비교하는 방식이다.

국내의 특허 자동 평가 시스템에는 한국특허정보원이 2007년 개발한 K-PEG과 한국발명진흥회가 개발한 온라인 자동 평가 시스템이 있다. K-PEG과 온라인 자동 평가 시스템은 국가 R&D 성과 평가 등에도 활용되며 국내 기업의 내부 특허자산의 실사를 위한 툴로도 쓰이고 있다. 그러나 특허 자동 평가 시스템의 경우, 자사가 보유한 특허자산 경쟁력을 비교하거나 투자 참고자료로 제공하는 기업이 아직 없는 현실이다. 미래 지식재산 사회에 대비하기 위해서는 다양한 기술·산업분야 전문가 집단의 육성과 동시에 특허 자동 평가 시스템의 정확성을 높이고 기업의 특허력을 정확히 평가할 수 있는 방법을 개발해야 할 것이다.

산고 끝에 탄생한 국내 1호 창의자본

우리나라에서 지식재산IP 비즈니스를 활성화해야 한다는 것은 기업, 연구자, 지식재산 업계 종사자 모두가 바라는 일이지만, 국내 IP 시장을 감안하면 녹록치 않은 실정이다. 국내 기업들은 응용기술에 기반하여 선진기업을 추격하는 전략으로 연계개발 투자 및 특허출원에서 양적으로 많은 성장을 했지만, IP를 고려한 전략적 접근을 못해 해외 선발기업의 특허공세에 취약하고, 로열티 부담으로 기업 경쟁력 약화를 초래하는 등 특허 전략의 질적 향상이 필요한 상황이다. 또한 기업은 일반적으로 대학·공공기관에서 창출한 지식재산이 실제로 산업계가 활용할 만한 산업적 가치가 있는 것이 매우 적다는 부정적인 시각을 가지고 있다.

지식재산의 창출주체인 연구자의 창의적 노력에 대한 적절한 보상도 문제이다. 국내는 연구자에 대한 보상체계가 미흡하여 이공계 기피 심화나 연구인력의 질적 저하를 초래할 뿐만 아니라, 국내 연구자의 발명과 특허를 매입해 줄 토종자본은 사실상 전무하다.

IP업계 종사자 또는 투자자는 특허를 자산이나 투자대상으로 인식하는 수준이 매우 낮아 지식재산을 거래의 대상으로 하는 자본을 조성하기는 어려운 것이 현실이다. 더군다나 통상 5년 이상이 소요되는 기술개발에서 초기기술에 대한 투자를 목적으로 하는 창의자본에 위험을 무릅쓰고 참여할 투자자는 없으며 지식재산 관련 비즈니스를 수행할 전문인력이 부족한 점, 지식재산 보호수준은 매우 낮은 점 등 국내의 지식기반 비즈니스 활성화를 위한 사회적 시스템이 매우 열악한 수준이다.

국내의 지식재산 거래시장과 달리, 21세기 지식기반 경제시대로의 패러다임 전환이 이미 상당수준 진척된 미국 등 선진국에서는 지식재산을 기반으로 하는 비즈니스가 활발히 전개되고 있다. 미국은 정부의 특허중시정책과 함께 지식재산 관련 제도가 오래전부터 정비되었을 뿐만 아니라, 발명자에 대한 보상체계가 구축되는 등 지식재산의 거래를 위한 사회적 시스템이 잘 갖추어져 있다. 최근, 언론에서 소개되고 있는 인텔렉추얼벤처스[IV]는 대표적인 특허관리회사로 지식재산을 기반으로 새로운 비즈니스 모델이다.

한국형 창의자본을 조성함에 있어 이해관계에 따라 각 기관의 입장이 상이하지만 여러 긍정적인 시각과 부정적인 시각을 고려하여 산업발전에 부합하는 방향으로 정책을 전개할 필요가 있다. 긍정적인 시각으로는 기술시장 활성화를 통해 기술 공급을 촉진시켜 산업발전에 기여하고 특허권의 유동성을 촉진하여 연구 개발자들이 정당한 대가를 받을 수 있는 환경이 조성되어 기술 발전과 혁신을 촉진한다는 점을 들 수 있다. 반대로 부정적 시각으로는 특허관리회사가 거액의 자금을 활용하여 기술을 아이디어 단계부터 매입하여 특허포트폴리오를 구축하고, 소송 등 공격적인 수익화 전략을 활용함에 따라 기업경영에 어려움을 초래할 수 있다는 점이 들 수 있다.

척박한 국내 지식기반 비즈니스 환경에서 창의자본을 조성한다는 것은 하나하나가 새로운 도전이었으며, 산고의 과정이었다. 우선, 특허청 모태펀드 출자금액이 특허관리회사에 출자될 수 있는 근거를 2008년 12월에 마련했으며, 2009년도 7월 제15차 국가경쟁력강화위원회에서 '지식재산강국 실현전략'을 보고한 이후, 후속 조치의 하나로 특허청이 시범사업을, 대규모 펀드는 지식경제부가 맡아 추진케 되었다. 한국형 창의자본의 조성을 위해서는 다양한 이해관계자의 참여를 통해 자본의 규모를 확대하고 수익성을 담보할 수 있는 비즈니스 모델을 수립

할 필요가 있었다. 이에 따라 업무추진 주체로서 특허청에 개방혁신팀Open Innovation T/F을 설치하여, 해외 NPE의 국내활동 등 급변하는 주변상황에 신속히 대응하며 유관 산업계 전문가들과 긴밀하게 협조케 했다.

　개방혁신팀은 내적으로는 IC 규모 확대를 위한 법제도적 타당성 및 실현가능성을 검토하고, 대학·공공연 등 IP 창출 주체로부터 아이디어 확보와 관리 및 사업화에 대한 전문가 포럼을 개최하며, 원활한 IC 조성 및 운영을 위해 참여기관 간의 사업모델에 대한 합의를 도출하는 등 발생 가능한 제반 사항을 검토하며 차질이 생기지 않도록 만전을 기했다. 또한, 외적으로는 2009년 10월 28일에 모태펀드의 특허계정을 운용하고 있는 18개의 벤처 창업투자회사로 결성된 지식재산투자관리자협의회를 발족하고, 2009년 11월 13일에는 대학 및 공공연구기관을 대상으로 하는 R&D IP 협의회를 발족하는 등 지식재산의 발굴(R&D IP 협의회), 투자(창의자본), 사업화(지식재산투자관리자협의회)까지 지식재산의 라이프 사이클 전반을 지원하는 투자환경을 조성하여 창의자본의 성공적 운영 및 활성화를 위한 생태계 조성에도 심혈을 기울였다. 또한 R&D IP 협의회의 성공적 운영을 위해 교과부(한국연구재단)와 특허청(R&D 특허센터)은 협의회 사무국을 설치하여 공동으로 구성·운영하는 등 국가 R&D 지재권의 창출·보호·활용에 협력키로 했다.

이러한 각고의 노력 끝에 2009년 12월, 발명개발이나 특허 투자 업무를 전문적으로 수행하는 특허관리회사에 투자되는 245억 원 규모의 한국형 창의자본을 조성하게 되었다. 한국형 창의자본은 245억 원을 시범 조성 후 단계적으로 확대하여 1천억 원을 목표로 하고 있다. 이를 통해 국내 지식재산 거래시장을 활성화하고 연구자에 대한 보상체계를 강화할 수 있는 토대를 마련하게 되었다. 이처럼 한국형 창의자본이 비교적 빠른 시간에 조성될 수 있었던 것은 산·관·학 등 각계의 전문가들이 국내산업과 토종 창의자본에 애정을 가지고 머리를 맞대며 의견을 개진했기에 가능한 일이었다.

한국형 창의자본을 운영할 운용사로는 산은캐피탈이 선정되었으며, 산은캐피탈은 특허관리회사인 아이피큐브파트너스IP Cube Partners에 투자했다. 현재, 아이피큐브파트너스에는 소수의 변리사, 공학박사, 십수년간 특허 비즈니스 경험이 있는 전문인력들이 일하고 있으나, 아직 업력이 일천하여 이렇다 할 성과는 내지 못하고 있으며, 향후 산업정책적 의미가 있는 소수의 제한된 전문영역에 집중하여 좋은 성과를 낼 것으로 기대한다. .

국내에서 새로운 지식재산 비즈니스 영역을 개척하는 것이 쉽지 않은 상황이지만, 국내기술 유출 및 기업의 경영리스크 증가를 방지하고, 국내 지식재산 투자시장의 활성화를 위해 조성된 한국형 창의자본이 성공적인 비즈니스 모델로 자리잡기를 바란다. 창의자본의 성공적 운영을 통해 지식재산이 지식기반 경제시대에 고부가가치 창출 및 일자리 확대 등 새로운 국부와 고봉을 창출할 수 있는 블루오션Blue Ocean임을 인지하고 국내에서도 지식재산 거래시장이 활성화되어야 할 것이다.

다만, 한 가지 강조하고 싶은 것은 창의자본의 성공적 운영을 위해서는 재원만 확보되면 되는 것이 아니고, 투자대상산업의 시장과 기술과 지재권을 연계시킬 수 있는 투자의사결정을 담당할 전문가집단의 육성이 시급하다는 사실이다. 특허권의 가치를 평가한다는 것이 통상의 금융전문가들이 할 수 있는 일이 아니기 때문에 결국은 그 분야에서 기술로 창업을 해보고, 성공적으로 기업을 경영했던 경험이 있는 경영자가 아니면 투자의사결정을 한다는 것은 사실상 불가능에 가까운 일이기 때문이다.

특허괴물에 대비한 특허포트폴리오를 구축하라

특허자산을 활용해 수익을 창출하려는 특허관리전문 기업NPE이 늘어가는 것에 대비해, 제조 기업들을 위한 방어형 사업 모델도 등장하고 있다. 그 대표적인 기업이 ASTAllied Security Trust와 RPXRational Patents이다.

2008년 창립해 구글, HP, 시스코, 버라이즌앤드에릭슨 등 15개 회원사를 보유하고 하고 있는 AST. 회원사들의 잠재적 특허 소송에 대비하기 위해 회원사를 공격할 수 있는 핵심 특허를 구매하고 회원사에 라이선스를 제공하는 것이 이들의 비즈니스다.

참여 회원사들은 연회비 25만 달러를 내거나 보증금 500만 달러를 납입한다. 이 돈은 특허권 매입 자금 또는 소송비용 등에 활용된다. 참여 기업 입장에서는 특허 매입과 라이선스 비용을 참여 기업이 공동 부담하므로, 독자적으로 매입하는 경우에 비해 매입 원가를 절감할 수 있다.

비슷한 시기에 설립된 RPX 역시 기업들로부터 연회비를 납부 받아 특허를 방어 목적으로 매수하고 고객사에 무상 라이선스를 부여한다는 측면에서 AST와 비슷하다. 다만 AST가 기업 간 연합체의 성격으로 영리를 추구하지 않는 반면, RPX는 주식회사로서 회원들의 회비를 통해 영리를 추구한다는 점은 다르다. 또한 AST는 어떤 특허를 취득할 것인지 결정할 때 회원사 의견을 반영하지만 RPX는 이를 스스로 결정한다는 점 역시 차이가 있다.

재미있는 점은 AST 대표인 댄 맥커디Dan McCurdy가 대표적인 NPE인 IV의 대표 네이선 미어볼드와 함께 IP 거래 등을 주선하는 싱크파이어ThinkFire의 공동 설립자라는 사실이다. RPX의 대표이사 중 한 사람인 제프리 바커Jeffery Barker 역시 과거 한때 IV에 근무한 경험이 있다고 한다. 이러한 이유로 RPX가 또 다른 강력한 NPE가 되는 것은 아닌지 걱정하는 목소리도 있다.

가장 단순한 질문으로 돌아가서, 기업이 NPE에 대응함에 있어서 가장 실효성도 높으면서 또한 합리적인 방법은 무엇일까. 아니, 애초에 그런 NPE에 대응할 수 있는 방법이 대체 있기나 한 것일까? 〈페이튼트 프리덤Patent Freedom〉에 따르면 2010년 4월 1일자 기준으로 파악된 NPE 숫자만도 300개 이상이라고 하니, 만약 이들에 딸린 자회사까지 포함시킨다면 그 숫자는 어마어마한 수준이 될 것이다. 실제로 한 지식재산 컨설팅 회사의 조사는 인텔렉추얼벤처스의 자회사는 1,100개 이상이라고 밝힌 적이 있다.[5]

이토록 수많은 NPE들과 기업이 대응하기 어려운 이유는, 숫자도 숫자이지만, 무엇보다도 NPE가 그 정체성을 특허기술의 비실시non-practicing에 두고 있어 NPE를 상대로 크로스 라이선싱을 통한 협력 등 협상을 전혀 시도해 볼 여지가 없다는 데 있다. 제조업체 간의 분쟁에서는 크로스 라이선싱을 통한 협력으로 분쟁이 종결되는 경우가 빈번하다. 동종 기술분야에서 경쟁관계에 있는 업자 간에는 비록 상대방을 특허침해로 제소했더라도 제소자 역시도 그 상대방의 특허를 침해하고 있다며 소송 상대방이 반소를 제기하곤 하는데, 이렇게 쌍방 간 겨누어진 총을 거두기 위해서라도 크로스 라이선싱을 체결하는 경우가 빈번한 것이다. 나아가 경쟁관계에 있는 업자 쌍방 간에 서로 쌍방의 기술에 대한 포괄적 접근을 허락받으면 특허침해의 부담이 일거에 해소되므로 이러한 목적의 포괄적 크로스 라이선싱도 자주 이루어지곤 한다. 미디어 등을 통해 크게 보도된 바 있었던 삼성 LCD 패널 사건도 전형적인 크로스 라이선싱을 통한 분쟁 해결 사례에 속한다. 삼성전자와 샤프는 2007년부터 LCD 관련 특허로 법적 분쟁을 벌여왔다. 평면 TV 시장에서 삼성과 경쟁하던 샤프는 2007년 삼성전자를 LCD 관련 특허 침해 혐의로 미국 텍사스 법원 및 일본 동경법원에 제소했다. 이에 삼성전자도 미국 텍사스법원에 샤프를 맞제소하여 대응했다. 미국 ITC에서 삼성과 샤프는 서로 1승1패씩을 기록한 바 있다. 두 회사 간의 분쟁은 2010년에 양사가 상대방 사를 상대로 진행 중이던 소송을 모두 취하하고 LCD 패널과 모듈에 관련된 기술 특허에 대한 포괄적 크로스 라이선스를 맺는 것으로 합의하면서 종결되었다.

그런데 NPE를 상대로 한 분쟁에서는 이러한 크로스 라이선싱을 기대하기 어렵다. NPE는 특허를 실시하지 않고 오로지 행사만을 할 뿐이니, 분쟁 상대방의 특허를 실시하거나 실시허락을 받을 이유가 없기 때문이다. NPE를 화해나 협상으로 유인할 수 없으니 NPE로부터 제소당한 기업에게 남는 선택은 결국, NPE의 제소에 응하여 소송에 끝까지 임하거나 아니면 NPE의 요구에 응하는 것처럼 보인다.

유감스럽게도 NPE를 상대로 소송을 하는 것은 많은 액수의 소송비용을 감당하기 어려운 대다수 기업들에게 현명한 선택이 아니다. 우선 NPE가 애초에 적당한 먹잇감을 선택하여 제소했으니 소송물(특허) 자체만으로도 NPE의 청구가 법원의 인용을 얻을 가능성이 높을 뿐 아니라, NPE가 현란한 소송 기술과 전문지식으로 무장한 특허변호사들을 거느리고 있는 상황에서 피고가 복잡한 미국 소송 절차를 무난히 헤쳐나가기는 힘들다. 소송이 지난해질수록 변호사 비용의 부담과 및 심리적 부담에서 불리해지는 쪽은 NPE의 제소 상대방일 뿐이다. 특히 소송 상대방에게 증거자료의 제출을 요청하는 미국의 증거개시제도(디스커버리)는 NPE에게 매우 유리하게 작용할 수 있다. NPE는 특허 기술을 실시하지 않기 때문에 제출 의무가 적용되는 자료의 양이 원천적으로 적을 것이기 때문이다. NPE를 상대로 하는 소송이 이렇듯 소송당사자에게 가하는 부담이 크기 때문에, 기업은 비록 NPE가 요구하는 로열티의 수준이 상당히 높더라도 차라리 이를 감수하고 소송을 회피하고자 하는 경향이 있다.

물론, 무조건 NPE의 요구를 들어주는 것 밖에는 달리 답이 없다는 식의 암울한 결론을 내리는 것은 아니다. 예를 들어 RPX나 AST 등 당하기 전에 미리 NPE의 공격에 대비하려는 특허방어펀드는 기업에게 NPE 대응책으로서 옵션이 될 수 있다. 이러한 특허방어펀드는 특허분쟁이 예상되거나 개시되는 시점에서 분쟁을 상쇄할 수 있도록 필요한 특허를 회원이 공동으로 매입하여 분쟁을 방지한다. 이는 필요한 특허를 싼값에 매입하거나 소송이 진행되고 있는 특허를 매입해 분쟁의 불씨를 끄는 방식으로 운영한다. 실제로 RPX사는 대표적 NPE인 아카시아리서치로부터 분쟁 진행 중이던 특허를 매입함으로써 삼성, LG, 필립스 등을 아카시아리서치의 침해 주장으로부터 벗어나도록 해주었다. 비록 해당 펀드에 가입하기 위한 가입비 부담이 높더라도 건당 50~60억 원씩 소요되는 특허 소송 비용을 감안할 때 단 몇 건의 분쟁이라도 미리 예방될 수 있다면 회원에게는 큰 이득일 것이다. 실제로 삼성전자와 LG전자를 비롯해 소니·노키아·IBM 등 글로벌 기업이 RPX의 회원으로 가입했는데 이러한 사실로부터 미루어, RPX와 같은 방어를 위한 특허 공동구매 방식이 기업에게 의미 있는 혜택을 제공하고 있는 것 같다.

그럼에도 불구하고, RPX 식의 대응방식이 그 자체로서 상당한 NPE 대응효과를 가지고 있다고 쉽게 단정 짓기는 다소 어려운 것 같다. 첫째, 기본적으로 침해가 주장되는 특정 특허의 대응에 필요한 특허를 매번 성공적으로 찾아내고 또한 구매할 수는 없을 것이다. 둘째, 기술의 발전 속도가 계속 가속화되는 IT업계에서, 분쟁이 감지되는 모든 특허에 대응하기에는 방어펀드로 유입되는 회원비나 투자금의 규모가 충분치 않을 것이다. 글로벌 기업들에 대한 RPX 등의 효용가치는 방어펀드의 방어력 외에도, 기업들이 각자 자신의 별도 무기(회피설계능력 등)를 갖고 있는 상황에서 이를 보완할 수 있는 고급의 최신정보를 획득하는 채널 역할에도 상당 부분 있는 것 같다.

삼성과 같이 충분한 자금동원력으로 뒷받침되는 기업과 달리, 평균적 기업이 RPX와 같은 특허방어펀드, 혹은 피소시 손해배상액을 전보해주는 소송보험 등에 가입하기란 쉽지 않다. 그렇다면 기업의 선택은 무엇이어야 할까. 가장 단순하지만 명쾌한 답은, NPE와 아예 맞닥뜨리지 않거나 그럴 가능성을 최소화하는 것일 것이다. 물론 사방에 둘러쳐진 특허덤불에서 어떻게 NPE의 공격을 피해갈 수 있겠느냐고 반문할지도 모르겠다. 그러나 오히려 그렇기 때문에 제품기획 단계부터 특허 분석을 수행함으로써 자사가 기반으로 삼을 특허가 NPE의 사냥감에서 벗어날 수 있도록 예방하는 자세가 절실하게 요구된다.

제품기획 단계부터 특허 분석을 하여 공격받을 가능성이 적은 혹은 없는 기술을 개발해야 한다. 단순히 현존하는 특허들로부터의 안전을 확보하는 차원이 아니라, 미래 시장에서도 독자적 영역을 확보해나갈 수 있는 기술을 개발을 할 수 있도록 미래 특허의 트렌드·방향까지 예측할 수 있다면 더욱 바람직할 것이다. 이는 여유 있는 소송자금을 갖고 있는 기업이건 그렇지 못한 기업이건 어떤 기업이든 활용할 수 있는 NPE 대응전략이다. 아울러 이 전략은 단순히 NPE 대응이라는 소극적 효과에 그치지 않는, 시장을 제패할 수 있는 강한 특허 창출 전략이라는 점에서 빛을 발한다. 강한 특허를 확보한다면 동종분야의 경쟁기업보다 시장에서 우위에 설 수도 있을 뿐 아니라, 경쟁기업과의 크로스 라이선싱을 체결하는 등 우호적 사업환경을 주도할 수도 있지 않은가? 강한 특허 확보를 목적으로 하는 '지식재산권 중심의 기술획득전략'이 NPE 대응과 시장경쟁우위 확보의 일거양득을 꾀할 수 있는, NPE 대응의 최상의 대책인 이유가 바로 여기에 있다.

4장

길목을 막고
준비하라

새한정보시스템 오디오기기 사업부가 2000년 분사하며 설립된 MP3플레이어의 원조 업체인 엠피맨닷컴을 기억하는가? 새한정보시스템은 1997년 세계 최초로 MP3플레이어를 개발해 이듬해 독일 박람회에서 베스트 멀티미디어로 선정되면서 주목을 받은 업체였다. 여기서 야심차게 출발한 엠피맨닷컴은 2001년 'MPEG 방식을 이용한 휴대용 음향 재생장치 및 방법', '다양한 기능을 가진 MP3플레이어' 등에 대한 특허를 추가로 획득했고, 2003년에는 미국과 중국에서도 특허 등록을 마쳤다. 그즈음 3개의 강력한 원천특허를 확보한 엠피맨닷컴의 앞날을 의심하는 사람은 거의 없었다.

그러나 현실은 냉정했다. 일단 경쟁업체들로부터 로열티를 받아내는 것이 쉽지 않았다. 설상가상으로 MP3플레이어를 제조하는 군소 업체들이 연합해 엠피맨닷컴을 견제하려는 움직임을 보였다. 이에 엠피맨닷컴이 늦게나마 특허 소송에 신경을 쏟았는데, 그사이 시장에는 동일한 기술경쟁력을 보유한 기업들이 수십 곳이나 설립됐다. 시장 환경은 갈수록 악화됐다. 기술장벽이 높지 않은 MP3시장, 레인콤처럼 뛰어난 디자인으로 무장한 기업들도 속속 등장했다.

국내 MP3 기기업체와 3년 넘게 특허 분쟁을 벌이던 엠피맨닷컴은 결국 2003년 7월 부도 화의신청을 했고, 그해 10월 법원에서 법정관리 결정을 받았다. 그리고 1년 뒤인 2004년 7월, '아이리버'라는 강력한 브랜드를 가진 레인콤에 인수합병됐다. 세계 최초로 MP3플레이어를 개발하고 원천특허까지 가지고 있던 업체가 허망하게 무대 뒤로 사라진 것이다.

특허 포트폴리오 구축의 중요성을 강조할 때 세계 최초의 기술을 갖고도 실패를 맛보았던 엠피맨닷컴의 일화 만한 것도 없을 것이다. 전문가들은 단 3건의 특허로 경쟁기업들 전체와 소송을 벌였던, 특허 분쟁의 속성에 대한 무지를 엠피맨닷컴이 실패한 첫 번째 이유로 꼽는다. 단 3개의 특허로는 경쟁기업에서 로열티를 받아내기 힘들다. 고작 3건의 특허로 로열티를 받으려고 조그만 중소기업이 소송을 걸어봐야, 상대방은 특허의 무효성 등을 지속적으로 제기하면서 특허권자의 자금력이 고갈되

(단위 : 억 원)

구분	1995	1996	1997	1998	1999	2000	2001	2002	2003	2004	2005	2006	2007	2008	계
로열티	75	456	1,155	2,067	2,198	2,684	2,328	4,134	5,158	5,267	4,786	3,761	7,000	9,000	50,000

구분		한국	미국	일본	유럽	계
등록 건수	안테나	1,933	2,344	2,732	812	7,821
	디스플레이	7,322	2,340	3,122	1,812	14,596
	모뎀	1,637	2,250	1,347	1,841	7,075
	전원	3,603	2,400	5,702	2,341	14,046
	카메라	1,110	815	2,252	712	4,889
	입력장치	2,201	803	2,500	903	6,407
	소프트웨어 응용	4,401	8,398	5,302	2,406	20,507
	케이스/기판	812	513	1,103	413	2,841
합계		23,019 (29.4%)	19,863 (25.4%)	24,060 (30.7%)	11,240 (14.3%)	78,182 (100%)

기를 전략적으로 기다린다. 그러다 보면 제품에 무너질 수밖에 없는 것이다.

이와는 정반대되는 사례로 미국의 퀄컴을 들 수 있을 것이다. 퀄컴은 강력한 특허 포트폴리오를 무기로 우리나라에서만 지난 10여 년간 5조 원이 넘는 로열티를 받아갔다. 휴대전화의 주요 부품에 관련된 한·미·일·유럽의 등록 특허는 7만 8,000여 건(2009년 1월 기준). 이 중 CDMA, TDMA 등 통신 모뎀 관련 특허는 7,000여 건이고, 퀄컴이 특허 포트폴리오를 통해 보유한 특허는 모뎀칩에서만 1,700여 건에 달한다.

퀄컴이 확보하고 있는 CDMA 특허는 휴대전화를 생산하는 세상의 어떤 기업도 피해갈 수 없는 원천특허다. 퀄컴은 1,700여 건의 막강한 특허 포트폴리오를 구축함으로써 다른 기업들이 무효 소송 등 전략적 대응을 할 엄두조차 나지 않게 만든 것이다.

청색 LED를 개발해 세계 LED시장의 강자로 떠올랐던 니치아화학 역시 특허 포트폴리오를 제대로 갖추지 못해 큰 손해를 본적이 있다. 니치아화학의 특허는 다양한 분야를 다루지 못하고 지나치게 편향적이었던 게 문제였다. 청색 LED의 발명자인 나카무라 슈지 또한 자신의 실패를 이렇게 평가했다. "특허를 취득할 때 특별히 균형을 생각해 골고루 신청하는 대신 내가 마음대로 결정했었다. 지금 생각해보니 너무 허점이 많았던 것 같다."

니치아화학이 강력한 특허 포트폴리오를 구축했다면 LED시장에 오늘날처럼 많은 기업들이 앞다퉈 투자할 수 있었을까?

중소기업이 글로벌 기업으로 성장해가는 환경에서 경쟁기업의 특허 공세는 반드시 짚고 넘어가야 할 이슈다. 국내 기업이 매출액 규모로 1,000억 원을 넘어가면 외국 경쟁사들이 IPR 침해 여부에 대해 관심을 갖기 시작하고, 4,000억~1조 원 규모가 되면 틀림없이 특허 분쟁을 겪게 된다고 한다. 글로벌 기업으로 발돋움할 수 있는 기업을 일구고자 하는 기업인이라면 이러한 시대 변화에 주목할 필요가 있다.

지식재산권을 보유하지 않고서는 '기술이 있어도 제품을 생산하고 판매할 수 없는' 시대다. 새로운 사업을 시작하고 생산할 제품을 기획하고 설계하기 전에, 필요한 모든 특허에 대한 조사와 분석이 선행돼야 한다. 또한 필요한 특허 포트폴리오를 확보하고 이를 획득하기 위한 전략이 반드시 필요하다. 그것이 지식재산 전쟁 시대에 살아남을 수 있는 자세다.

5만 원권 지폐에 숨겨진 비밀

'포트폴리오'는 투자 이론에서 나온 개념이다. 투자 대상을 분산해 포트폴리오를 만들면, 분산투자 전보다 위험을 감소시킬 수 있다는 것이 기본적인 공식. 기업에 있어 하나의 자산인 특허의 경우도 마찬가지다. 특허 포트폴리오를 구성하게 되면 포트폴리오를 구성하는 특허 중 몇 개가 무효가 되더라도 그 리스크를 최소화할 수 있다. 무엇보다 특허 포트폴리오를 적절히 디자인하면 일정 규모의 경제 효과를 볼 수 있다. 한두 개의 특허는 위험하다. 상대 업체가 회피설계 방법 등을 통해 피해가거나 무효화시키는 전략을 취할 가능성이 있기 때문이다. 그러나 수십 개의 핵심 특허로 구성된 포트폴리오를 갖추고 있다면 상대방이 제아무리 용을 써도 모든 특허를 피해가거나 무효화시키는 것이 사실상 불가능하다.

특허 포트폴리오는 상업적으로 성공 잠재력이 높은 특허를

중심으로 하나의 기술 테마에 기본 특허, 1차 주변 특허, 2차 주변 특허 등 다중 벽으로 둘러싸인 성이다. 300~400개의 특허군을 구축한 성 말이다.

이렇게 만들어진 특허 포트폴리오는 그 자체로서 ① 기업이 경쟁기업의 특허 공세에 흔들림 없이 물품을 생산하고 판매할 수 있고, ② 경쟁기업의 시장 진입을 차단할 수 있으며, ③ 해당 제품을 생산하는 기업으로부터 로열티 수익을 창출할 수 있는 강력한 자산이자 무기가 된다.

특허는 분쟁을 전제로 성립하는 제도다.

1990년대 초반, 플래시 메모리 시장 개척에 고전하던 도시바Toshiba는 삼성전자에 플래시 메모리 기술개발 참여를 제안했다.

당시 도시바는 플래시 메모리 관련 원천특허를, 샌디스크는 대용량 플래시 메모리 제품에 반드시 사용해야 하는 컨트롤러 관련 길목특허를 보유하고 있었다. 플래시 메모리 생산공정 기술 분야에서 경쟁우위에 들던 삼성전자도 플래시 메모리 산업에 뛰어들어, 연구개발 끝에 1996년 세계 최대의 메모리 소비시장인 미국으로 진출했다.

하지만 삼성전자는 플래시 메모리 제품에 샌디스크의 특허를 도용했다는 제소를 당했다. 결국 1997년 국제무역위원회는 삼성전자의 특허 침해를 결정하고 삼성전자 플래시 메모리 제품의 미국 수입을 금지하는 조치를 단행했다. 이에 따라 삼성전자는 샌디스크에 로열티를 지급하고 5년간 크로스 라이선싱에 합의한 후 미국 수출을 재개하게 됐다.

샌디스크로부터 일격을 당한 삼성전자는 적극적인 길목특허 확보를 시도했다. 그러나 도시바가 플래시 메모리 자체에 대한 원천특허를 이미 보유하고 있었기에 원천특허를 확보하기는 불가능한 상태였다. 그래서 삼성전자는 플래시 메모리 자체에 대한 특허가 아닌, 플래시 메모리 에너지 소비를 획기적으로 줄일 수 있는 상업화 양산 단계에 대한 핵심특허를 확보하기에 이르렀다.

플래시 메모리 제품은 메모리와 컨트롤러로 구성되지만, 메모리를 저전력으로 구동케하는 기술은 완제품의 가격경쟁력 확

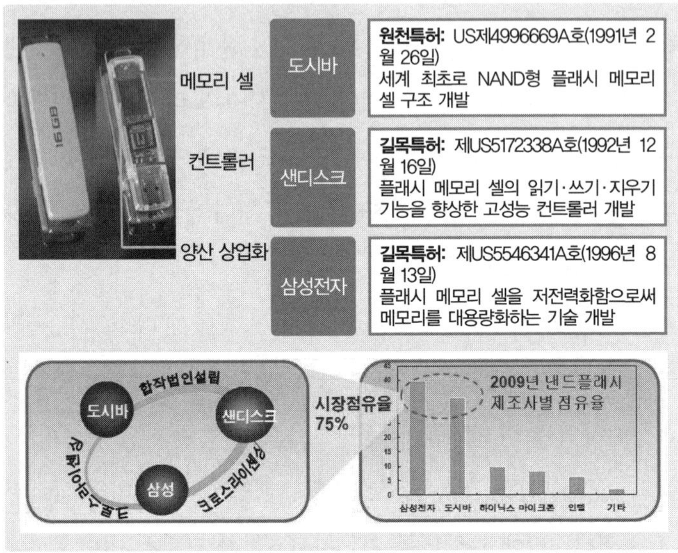

보를 위해 매우 중요한 기술이었다. 경쟁사인 도시바나, 샌디스크도 결국은 제품 생산을 위해 삼성전자의 저전력화 기술을 사용할 수밖에 없는 처지였다.

2002년, 샌디스크와의 크로스 라이선싱 재협상을 앞둔 삼성전자는 플래시 메모리 상업화 양산단계에 대한 길목특허를 이용해 샌디스크를 상대로 특허 침해 소송을 제소했다. 삼성전자의 길목특허를 사용해야 했던 샌디스크는 자세를 낮출 수밖에 없었고, 삼성전자는 재협상에서 종전에 지급했던 로열티를 줄이면서 7년의 크로스 라인선스 재연장을 유리한 조건으로 체결했다. 삼성전자는 이어 메모리 자체의 원천특허를 보유한 도시바와도 2007년 크로스 라이선싱을 맺었다. 이것이 길목특허의 강력한 힘이다.

플래시 메모리 시장에서 원천특허 없이도 강자로 떠오른 삼성전자. 그로부터 일격을 당한 도시바와 샌디스크는 합작법인을 설립해 삼성전자의 시장 지배에 대항하고 있는 실정이다.

BT 분야에서도 길목특허는 중요하다. 다국적 제약회사인 로슈Roche는 유방암 치료제로 유명한 허셉틴Herceptin으로 2009년에 약 61억 달러의 매출을 달성하였다. 허셉틴은 본디 제넨텍Genentech사의 원천특허(US 제5770195호)와 글라익아트Glycart Biotechnology사의 길목특허(US 제6602684호)를 이용해 개발한 의약품이다. 제넨텍의 원천특허는 '유방암 항원에 결합하는 항체에 대한 것'으로, 일종의 물질 특허다. 하지만 제넨텍이 개발한 항체는 유방암 항원에 잘 붙지 않아 대량으로 생산하기는 힘든 실정이었다. 그러다 2003년, 글라익아트는 제넨텍이 개발한 항체에 당쇄를 부가해 개량된 항체가 유방암 항원에 보다 잘 붙게 만듦으로써 대량생산을 할 수 있는 기술을 개발했다.

전부터 유방암 치료제를 출시할 생각이었던 다국적 제약회사 로슈는 원천특허를 보유한 제넨텍과 길목특허를 보유한 글라익아트를 인수합병해 특허 분쟁이 발생할 소지를 미연에 방지하고 나섰다. 로슈가 길목특허를 보유한 글라익아트의 특허를 확보하지 않은 채 제품 생산을 시도했다면 아마도 천문학적

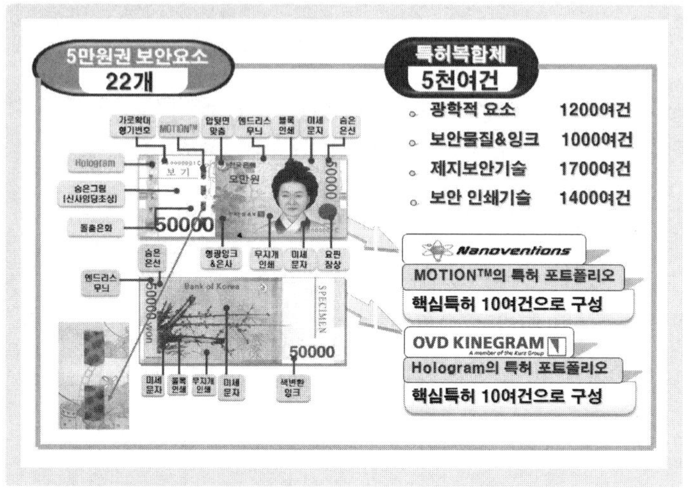

인 로열티를 지불해야 했을 것이다.

이처럼 기술개발 착수시기가 늦어 원천특허를 확보하지 못했다고 하더라도 방법은 있다. 관련 기술에 대한 특허 포트폴리오를 면밀히 검토하여, 향후 상업화 양산 단계의 길목특허를 선점하는 것이다. 이로써 시장에서의 교섭력은 획기적으로 향상되고, 결국 시장지배력이 더욱 강화될 수 있는 것이다.

대한민국 화폐를 제작하는 데도 해외에 로열티를 지불하고 있다는 사실을 아는가?

2009년 6월 23일 처음으로 발행된 5만 원권 지폐. 앞면은 신사임당의 초상, 〈묵포도도〉와 보물 제595호인 '초충도수병' 으로, 뒷면은 조선 중기 화가 어몽룡의 〈월매도〉와 이정의 〈풍죽도〉로 이뤄져 있으며, 위조 방지를 위한 보안요소가 모두 22개 있다. 22개의 보안요소를 이루는 특허는 5,000여 건의 특허 복합체로 이뤄졌는데, 핵심 보안요소라고 할 수 있는 홀로그램의 특허 포트폴리오는 스위스의 OVD 키네그람Kinegram이 보유하고 있다. 미화 100달러권의 위조지폐인 북한 슈퍼노트Supernote를 방지하기 위해 적용될 예정인 나노기술 모션Motion™이 우리나라의 5만 원권 지폐에는 이미 적용됐다. 모션의 특허는 지폐가 움직이는 수직 방향으로 띠 안에 있는 구가 움직이는 방식으로 위조가 거의 불가능한 보안기술로서 미국의 나노벤션스Nanoventions가 보유하고 있다. 화폐제조산업은 위조지폐를 막기 위한 속성상 고도의 첨단기술산업이다. 한국조폐공사가 5만 원권에 홀로그램과 모션 등 보안기술을 사용함으로써 지불하는 로열티 비용은 상당한 액수로서, 우리 돈을 만드는 데 외국에 돈을 지불하는 현실인 것이다.

제품은 부품의 결합체가 아니다

기업 경영의 4대 핵심 자산은 생산, 연구개발(R&D), 고객, 지식재산권(지재권)이다. 특히 지식재산권은 국가와 기업의 운명을 좌우하는, 또한 시장에서 기업의 가치를 평가하는 척도가 되고 있다. 제조 능력의 평준화로 생산은 아웃소싱되고 연구개발마저도 오픈 이노베이션 체제로 운영되는 이즈음, 결국 기업 생존의 핵심 역량으로 남게 된 두 가지 요소는 지식재산권과 고객이다. 지식재산과 고객관계Customer Relationship, CR가 기업의 경쟁력을 결정하는 시대인 것이다.

2003년 '오픈 이노베이션' 개념을 제시해 주목받았던 미국 캘리포니아대학교 버클리캠퍼스의 헨리 체스브로Henry W. Chesbrough 교수는 기업 비즈니스 모델의 중요성을 강조한 바 있다. 그의 말에 따르면, 경제적 가치를 잉태하는 비즈니스 모델의 핵심은 '특허'다.

최근 몇몇 대기업들을 중심으로 특허를 비즈니스에 채용한 일명 '특허 경영'이 화두가 됐다. 하지만 특허를 어떻게 경제적 가치로 탈바꿈시켜 비즈니스화할 수 있는지 명확한 방법론은 제시되지 않은 실정이다.

특허제도는 기나긴 역사만큼이나 다양한 분석 방법이 있다. 특허 심사관들이 특허의 등록여부 판단을 위해 조사하는 선행 기술 조사, 국가연구개발사업의 연구방향 설정이나 중복투자 방지를 위해 조사하는 특허동향 조사 등이 그것이다. 하지만 종전의 특허 조사 방법들은 선행 특허의 존재 유무나 시계열적인 특허 정보의 흐름을 알려주고 있을 뿐, 특허 선점·획득을 위한 구체적인 전략 같은 정보는 제공하지 못했다.

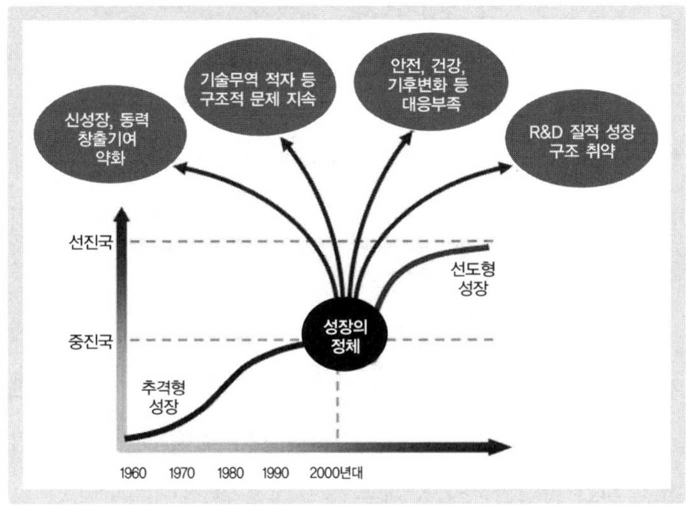

　1970년대 주한 미군 철수에 따른 자주국방이 국가적 이슈로 제기될 무렵, 무기 국산화를 위해 노심초사하던 박정희 전 대통령은 방위산업육성을 경제기획원에 지시한 바 있다. 그러나 외국차관으로 병기공장을 건설하려는, 이른바 '4대 핵공장 건설사업'은 진전이 없는 상황이었다. 이에 낙담한 박 대통령께, 당시 상공부 오원철 차관보는 이런 말을 했다.

　"여하한 병기도 분해하면, 다 부품입니다. 적절한 소재를 요구하는 정밀도에 따라 가공하여, 열이든 백이든 부품을 만들고, 제대로 조립하면, 성능이 나오게 되어 있습니다"라는 이른바 부품소재어프로치를 설명하고, 별도 병기공장 건설 및 외국차관

없이 우리 힘만으로 당장 시급한 무기국산화가 가능한 현실적 대안을 제시했다.

1971년 11월 10일 당시 오 차관보의 박 대통령 보고는 바로 다음날 박 대통령이 오 차관보를 경제2수석비서관에 임명하게 만들었고, 우리나라 방위산업과 중화학공업 발전의 계기가 되어, 오늘날 산업강국의 기틀을 만들었다.

잘 알려진 것처럼 우리나라는 1970년 중화학공업 육성정책을 근간으로 선진국보다 200년 이상 늦게 시작한 산업화를 단기간에 이루게 됐다. 그러나 '압축 성장'을 위해 추진했던 산업화 정책의 경험만으로는 새로운 창조경제시대에 경쟁력을 유지하는 것이 쉽지 않다. 이미 고임금시대에 돌입한 우리나라가 후발개도국과의 경쟁에서 가격 경쟁력을 유지하는 것이 쉬운 일도 아니며, 우리가 살고 있는 시대가 무엇보다도 창의성이 경쟁력을 좌우하기 때문에 더욱 그렇다. 이제는 우리가 산업강국의 이상향이라 믿어왔던 부품소재 강국을 꿈꾸며 생각했던 '제품은 부품'이라는 인식에다가 '제품은 국제특허복합체'라는 인식을 더할 때가 왔다.

단기간에 산업화를 이룩하기 위해 우리나라가 채택했던 모방형 성장전략은 R&D의 체질 또한 모방형으로 고착시키고 말았다. 이로써 지식기반·창조 경제 시대를 위한 의식 전환이 어려워졌다. 모방형 성장전략은 다른 누군가를 따라가는 데는 효과적이지만, 새로운 시장과 새로운 세계를 개척하는 데는 그 효용성이 떨어질 수밖에 없다.

제품을 습관처럼 '부품의 복합체'로만 생각하다 보니 '특허는 R&D의 결과물'로 인식될 수밖에 없었다. R&D를 통해 강한 특허가 창출될 수 있는 환경이 아니었던 것이다. R&D에 관한 우리의 인식은 결국 기술무역 적자 등 산업의 구조적 취약점으로 이어지고 말았다.

IP-선도형 기술개발 전략의 탄생

1970년대 초 우리정부는 중화학공업화 정책에 따라 철강·비철금속·기계·조선·전자·화학 등 6대 분야를 지정하고 집중 투자하는 동시에, 출연연구소를 근간으로 국가 R&D 기반을 구축했다.

1982년, 과학기술부가 200억 원 규모로 특정연구개발사업을 진행하며 우리나라의 R&D 투자가 본격적으로 시작됐다. 당시만 해도 민간의 R&D 투자는 미미한 수준이었으며, 민간 R&D 투자가 국가 R&D 투자를 상회하기 시작한 것은 1985년 들어와서였다.

오늘날 국가 R&D 중 가장 많은 예산을 집행하고 있는 지식경제부는 상공부 시절인 1988년 생산기술연구원을 설립하고 100

억 원 규모의 공업기반기술개발사업자금을 지원했다. 1990년대에는 산업자원부와 과학기술부를 중심으로 강력한 과학기술 개발정책을 추진, 국가 R&D 투자는 14조 원 규모까지 커졌다.

또한, OECD 자료에 의하면 연구개발이 백만 달러당 내국인 특허건수로 2008년도 기준, 우리나라는 2.19건으로서, 일본 0.98건, 중국 0.341건, 미국 0.22건에 비해 상당히 높은 편이다. 그러나, 우리나라 국가 R&D 10억 원 투입비용당 생산한 특허는 약 1.4건으로서, 10억 원 투입비용당 4.6건의 특허를 생산하는 민간 R&D에 비해 특허 생산성이 약 1/4에 불과한 셈이다. 게다가 국가 R&D의 결과 발생한 특허들은 새로운 산업 창출이나 수익성과는 거리가 먼 것들이라는 평가를 받아왔다. 그래서 산업계, 국회 등으로부터 기술정책과 투자효율성에 대한 비판을 계속 받아온 게 사실이다.

R&D 결과물인 특허를 포함한 기술이전 성과가 낮은 것은 특허 경영전략이 없었기 때문이다. 어떤 시장, 어떤 특허 포트폴리오를 선점할 것인지 명확한 전략이 없는 R&D 투자, 질보다 양을 중시하는 성장전략의 결과물로는 시장에서 필요한 기술과 특허를 생산할 수 없었다. 또한 정부 R&D 자금을 '눈먼 돈 먼저 먹기' 식으로 인식했던 R&D 수행자들의 연구 자세도 문제라는 전문가들의 지적은 새겨보아야 할 것이다.

R&D 투자보다 선행돼야 할 것은 강력한 특허 창출형 R&D

투자 전략의 수립이다. 그 후에 강력한 특허 확보를 위한 R&D 수행이 이뤄져야 '돈 되는 특허'의 창출이 가능해질 것이다. 2004년에 들어 우리 정부는 연구개발 사업에 특허 정보를 활용하는 정책을 시행했다. 지금이야 연구개발을 수행하기 전에 특허를 조사해 중복투자 여부를 확인하는 것이 일반적이지만, 당시만 해도 특허와 연구개발을 연계시킨다는 정책은 한마디로 획기적이었다.

하지만 이 정책은 이미 특허가 존재하는 연구개발 사업을 수행할 때 뒤따르는 투자 효율성 문제를 극복하기 위한 것일 뿐이었다. 중복을 피하기 위해 선행 특허가 존재하는지를 조사하는 것만으로는 미래를 선점할 수 없었다. 투자의 효과를 극대화하기 위한, 뭔가 획기적인 변화가 꼭 필요한 상황이었다.

특허청장으로 내정된 후부터 취임전 한 달 반 기간에 산업계와 학계의 유관인사들을 면담하고 신임 특허청장으로서 앞으로 할 일을 정리한 아이디어 속에 있었던 '지재권 중심의 기술획득

■4개 시범사업 선정분야

전략'을 최초로 대내외적으로 제시한 것은 2008년 5월 발명의 날 행사에서였다. 2008년 당시에도 특허청에는 박사학위 보유자 400여 명을 비롯해 기술사·변리사·변호사 등 해당분야 전문가로 구성된 심사관 700여 명이 근무하고 있었다. 이 중 기업과 연구소에서 직접 기술개발을 담당했던 박사급 연구원 출신 직원들도 200명이 넘었다. 이들 중 몇몇 대표선수들과 면담을 가지고, 내 구상을 설명했다. 이들도 '우리 기업과 대학·연구소들이 연구 결과를 제대로 된 강력한 특허권으로 만들어내지 못하고 있다'고 안타까워하며, 이제 상당한 수준의 특허심사 역량을 쌓은 지금 만약, 다시 기업으로 돌아가서 연구개발에 종사한다면, 종전과는 다른 훨씬 강력한 특허권을 창출할 수 있다고 자신했다. 이어서 나는 "미래 시장을 선점할 수 있는 제품이나 서비스를 상정하고, 당해 제품이나 서비스의 최강 특허 포트폴리오를 그려내고, 그것을 달성하기 위한 R&D 과제를 거꾸로 도출해 낼 수 있겠는가" 하고 물었더니, 어려운 일이기는 하나, 다시 기업연구원이 된 기분으로 해보겠다고 했다. 기업에서 충분한 연구개발경력을 쌓은 심사관들로부터 가능성을 확인한 후, 청내 간부들에게 그 개념을 이해시키고, 시범 분야로 조선·반도체·디스플레이 소재·임베디드 소프트웨어를 선정 추진케 했다.

시범사업을 통해 특허청이 제시한 '지식재산권 중심의 기술획득 전략'은 산업계와 학계로부터 매우 긍정적 반응을 일으켰으며, 이후 특허청은 '지식재산권 중심의 기술획득 전략 추진계획'을 '국가 R&D를 효율화하는 사업'으로 본격 추진했다.

즉, 국가 R&D를 기획단계부터 미래 주력제품의 최강 특허 포트폴리오를 구축하기 위한 큰 틀 속에서 추진함으로써, 대학이나 공공연구소의 국책 R&D 성과로 얻어진 특허들이 기업에 실제로 이전될 가능성은 획기적으로 높일 수 있게 되는 것이다. 한마디로 우리 대학과 연구소들은 기업들이 세계 시장에서 특허전쟁을 수행함에 있어, 필요한 강력한 무기를 제조·판매하는 무기상이 될 수 있는 기회를 갖게 된 것이다.

R&D와 특허 프리즘

초등학교 과학 교과서에 프리즘을 이용해 빛의 특성을 설명하는 단원이 있다. 무채색으로 보이는 빛이 프리즘을 이용하면 파장에 따라 분해되며 무지개 색으로 나눠진다는 내용 말이다. 이런 프리즘의 원리를 R&D에 이용하면 우리가 인지하지 못했던 흥미로운 사실을 알 수 있다.

하나의 제품을 개발하려면 제품의 모든 부품들에 대한 비용과 효율 등을 연구해야 한다. 이처럼 제품을 이루게 될 개별 부품에 대한 연구개발을 수행하는 게 지금까지의 우리나라 R&D

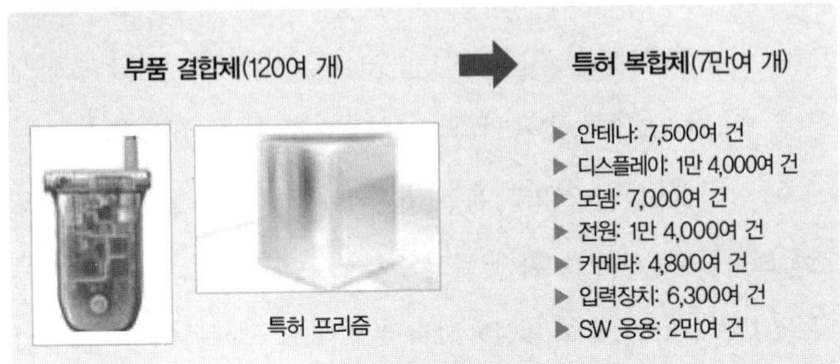

전략이었다.

하지만 '특허 프리즘'을 이용해 제품을 바라보면 제품은 '부품들의 결합체'일 뿐만 아니라 '국제 특허 복합체(특허 포트폴리오'임을 알 수 있다. 휴대전화는 120여 개의 부품으로 이뤄진 부품 결합체이다. 그러나 특허 프리즘으로 살펴보면 국내외 특허 7만여 건(3극 특허 및 한국 특허청 등록 기준)으로 이뤄진 국제 특허 복합체인 것이다.

이러한 패러다임 전환을 연국개발사업 전반에 적용 응용할 필요가 있다. '연구개발 결과로서 특허가 생산된다'는 종래의 인식을 바꿔, 특허분쟁에서 경쟁업체와 싸워 이길 수 있는 최강의 특허 포트폴리오를 구성하기 위해 필요한 연구개발을 수행하는 창조형 연구개발 전략이 중요한 것이다.

휴대전화 CDMA 모뎀 분야에서만 1,700여 건의 특허를 확보해 강력한 특허 포트폴리오 구축하고 있는 퀄컴의 경우처럼,

특허 포트폴리오는 기업의 경쟁우위를 지속할 수 있는 기업 경영 전략과 연계돼야 한다.

생산 역량이 세계적으로 평준화되고 연구개발도 상당수준 외부에서 조달하는 오픈 이노베이션 시대에, 우수한 제품을 처음 만들었다고 세계 시장을 장악할 수 있는 것은 아니다. 경쟁업체와 특허전쟁에서 승리할 수 있는 '최강의 특허 포트폴리오'가 중요하다. 우리의 R&D도 이 같은 전략을 세워야 한다.

여기서 간과하지 말아야 할 점은 창조형 연구개발 전략이 '최강 특허 포트폴리오'를 이루는 중요한 수단이나 전부는 아니라는 사실이다. 제품과 기술을 국제 특허 복합체로 보는 패러다임 전환을 이뤄야만 최강 특허 포트폴리오의 구축이 연구개발과 외부에서 개발된 특허권 획득을 포괄하는 상위적인 개념으로 작동할 수 있다는 뜻이다.

미래시장 예측, 알박기

미래를 예측하고 미래시장에서 히트할 상품을 미리 알 수 있으면 얼마나 좋을까? 주식시장의 기록들을 가지고 과거로 돌아가 어마어마한 백만장자가 된 어느 SF영화의 이야기처럼, 미래시장이 어떻게 형성되며 어떤 히트 상품이 나타날지 알 수만 있다면 기업으로서 더 바랄 게 없을 것이다.

미래전략을 수립하고 신산업, 히트 상품을 발굴하기 위한 경쟁. 이는 기업들에만 국한된 문제가 아니다. 국가에 있어서도 마찬가지다. 미래를 내다보는 통찰력이나 미래전략이 없었다면 과거 한 시대를 풍미했던 거대 기업들은 존재하지 않았을 것이다. 소니 등 일본 기업의 쇠퇴와 구글, 애플의 약진이 의미하는 것은 무엇인가? 소비자의 변화욕구와 소프트파워의 위력을 실감하고 시장의 다양한 욕구를 반영한 아이팟과 아이폰, 아이패드 같은 제품을 보자. 휴대전화 시장, 컴퓨터 시장에서 시작한 급격한 지각변동은 이제 한국의 아성인 TV시장까지 넘보고 있다. 타성에 젖어 하드웨어 중심의 제조업에만 매달린다면, 언제 애플의 신제품을 조립하는 생산기지로 전락할지 모르는 일이다.

세계 유력 기업들, 컨설팅 업체들은 다양한 방식을 동원해 미래시장을 예측하고, 이를 실제 기업 경영에 적용하고 있다. 물론 미래를 예견한다는 것은 매우 어려운 일이다. 예측이 빗나가는 경우 기업이 입는 손해도 만만치 않다. 미국, 일본 등의 선진 기업들은 IP-R&D-기업 경영을 연계해 미래시장을 주도할 제품과 특허를 확보하려는 전략을 이미 활발히 실행하고 있다.

과거 우리 기업들은 어떤 제품을 만들 것인가에만 고민했다. 경쟁기업의 특허 견제를 이겨낼 수 있는 전략 수립에는 사실 미흡했다. 어떤 제품이 미래시장에서 수익을 가져올지 예측하고, 경쟁기업의 기술개발 동향을 파악하며, 특허권 현황을 조사하는 등의 체계적인 전략이 없었던 것이다.

기업의 특허 담당부서는 미래 수익을 창출하는 곳이 아닌, 비용만 축내는 천덕꾸러기 부서로 인식됐다. 그 업무 역시, 외국 기업의 특허 공세에 대응하는 창구 역할 정도였다. 특허 담당부서가 특허 경영을 통해 기업의 경쟁력을 강화하고 시장의 지배력을 확대하는 핵심으로 기능하지 못했던 것이다.

이러한 환경에서 벗어나고자 특허청과 산학연 전문가들은 특허 경영을 구체화할 수 있는 구체적이고 실천적인 방법을 공동 개발했다. 다수의 기업, 연구소 전문가로부터 유용성 검증을 거친 전략의 포괄적인 개념은 다음 쪽의 개념도에 잘 나타나 있다.

'지재권 중심의 기술획득전략'은 미래시장을 분석·예측하여, 향후 세계시장을 주도할 상품을 예측하고, 이에 연계된 강한 지재권(핵심·원천·표준특허) 포트폴리오와 이를 획득하는 전략(R&D, 기술제휴, M&A 등)을 제공하는 것이다. 도로공사에 비유해 설명하자면 먼저 전체 지형을 파악한 후, 최적의 경로를 따라 숲을 헤치고, 계곡에 다리를 놓아 미래시장에 이르는 길을 확보하는 노정이라고 생각할 수 있다.

건너야만 하는 최적지에 튼튼한 다리를 놓아야 통행료를 받

을 수 있듯, 피해갈 수 없이 튼튼한 표준특허와 원천특허를 획득해야 한다. 착공 전 꼭 필요한 구간에 '알박기'를 하면 그 땅을 매입할 수밖에 없듯, 특허에도 길목특허라는 알박기가 존재한다. 길목특허는 제품이 생산되기 전에 미리 연구개발된, 시장 경쟁력 있는 우수한 제품을 만들기 위해 반드시 사용해야 하는 핵심 특허를 말한다. 원천특허라는 다리 건설 능력이 안 되면, 좋은 목에 알을 박아서 교섭력Bargaining Power을 확보해야 한다. 그래야만 특허전쟁에서 생존할 수 있다. 앞서 소개한 플래시 메모리 원천기술은 도시바가 가지고 있지만 상업화에 필수적인 길목특허를 보유한 삼성전자가 세계 시장을 주도하고 있는 것이 좋은 예다.

지식재산권 중심의 기술획득전략에 집중하라

2008년 추진된 시범사업에서 3단계로 된 '지재권 중심의 기술획득전략 방법론'을 제시했다. 지재권 중심의 기술획득전략 방법론은 (1단계) 미래시장의 요구, 소비 트렌드, 기술개발 및 특허 동향 등을 조사·분석하여, 미래시장을 주도할 제품이나 핵심·원천기술을 예측하고, (2단계) 국내기업이 특허공세에 흔들리지 않고 특허 자체로 수익을 창출하는 데 유리한 최적의 '지재권 포트폴리오'와 강한 특허 확보형 R&D 과제를 제시하며, (3단계) '지재권 포트폴리오'를 구성하는 개별특허의 획득전략 (국가, 산학연 연계 또는 기업 자체 R&D를 통한 특허 획득, 주요 기업의 특허매입 또는 기술 제휴)을 산업계 등에 제공하는 것이다. 특허청이 제시한 이러한 방법론은 산업계와 학계로부터 그 유용성을 검증받았다. 한양대학교 국책연구단장 박재근 교수는 시범사업 결과 발표회장에서 "놀랍고 감동적인 분석결과로서, 국책연구제안서를 수정·보완할 계획이다"라고 감탄을 금치 못했다. 어느 참여기업의 CTO는 "이러한 관점에서 기술개발전략을 만들어낼 수 있다라는 것을 우리는 상상도 하지 못했습니다. 오늘 발표하신 내용은 우리에게 정말 중요하고 미래지향적이고 남들과 차별화할 수 있는 좋은 사업입니다"라고 놀라움을 표시했다.

2008년 시범사업을 통해 특허청이 제시한 지재권 획득전략 방법론은 2009년도 초, 국가과학기술위원회 전문위 심의 등을 통해 산업계, 학계전문가들로부터 그 유용성을 심도 있게 검증받아, 이를 확대시행하기로 관련 전문가들 사이에서 의견이 모아졌다. 이에 특허청은 2009년 4월 17일 '지재권 중심의 기술획득전략 추진계획'을 대통령이 주재하는 국가과학기술위원회에 보고하여 '국가 R&D를 효율화하는 사업'으로 의결하여 본격 추진했다. 2009년에는 기업의 수요를 반영하여 태양전지, IPTV 등 19개 분야에 대한 '지재권 중심의 기술획득전략사업'을 추진했다. 자동차용 리튬 2차전지, Mobile IPTV등 녹색기술산업, 첨단융합산업분야의 19개 과제가 우리나라 최고 수준의 기술기업들을 대상으로 진행되었다. 사업추진과정에서 방법론의 유용성이 검증된 만큼 참여기업으로부터 매칭펀드를 받자는 의견이 대두되었다. 그때 나는 "대기업 임직원들은 전문적 분야에 관한한 내심 공무원들로부터 배울 것이 별로 없다고 생각하는데, 그렇지 않은 경우도 있다는 것을 알리는 데는 시간이 필요하고 직접 체험케 해야 한다. 신제품을 만들면 그냥 써보라는 홍보기간도 있는 것이다. 또한 주요 기술기업들을 파트너로 사업을 같이 하다보면 방법론도 한결 정교해지고, '지재권 중심의 기술획득전략' 완성도가 높아지게 될 것이다. 널리 알리고 완성도를 높인 후에, 다른 정부지원

프로그램과 같이 참여기업 매칭펀드를 부담하게 하자"고 결정하고는 아래와 같이 첨언했다.

"만약 내년에 기업들이 아무도 제돈 내고 참여하지 않는다면 이것은 추진할 만한 가치가 없는 것이다. 무릇, 정부의 많은 기업 지원 사업들이 소기의 성과를 내지 못하고, 중간에 있는 서비스프로바이더들의 배만 불린다는 비난을 종종 받는 것은 공무원들이 열심히 노력하여 대단히 좋은 아이디어를 내고 그것을 지원사업으로 기획하지만, 실제로 집행해본 경험이 없기 때문이다. 정부의 지원프로그램이 성공하려면 그것을 담당하는 공무원이 우선 직접 해보고, 그 경험 위에 사업을 기획·관리해야 성공하는 것이니, 올해까지는 우리가 직접 주도하여 사업을 끌고 나가고, 정착시킨 뒤에 전담산하기관을 만들어 제도화시키면 내가 떠난 뒤에도 이 사업은 자체 생명력을 가지고 우리 기업의 지재권전략수립을 지원케 될 것이다."

■ 지재권 중심의 기술 획득 전략 사업의 단계적 추진

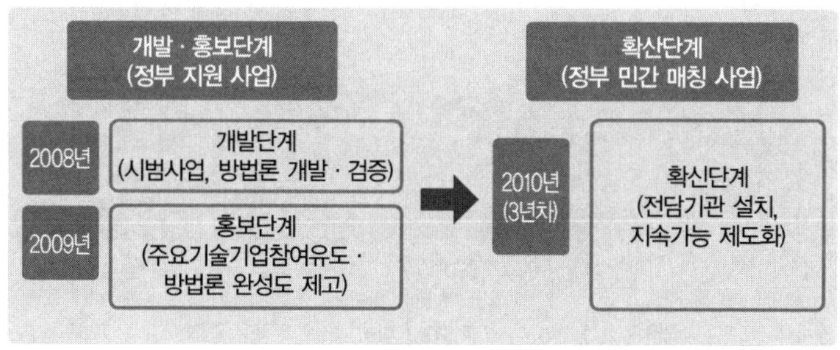

■ 연도별 지재권 중심의 기술획득 전략추진현황

2008년 (4개 분야)	2009년 (19개 분야)	2010년 (31개 분야)
	녹색기술산업 • 풍력발전시스템 • CIGS박막 태양전지 • 그린빌딩 • CO2 화수 및 자원화 • 자동차용 고출력 리튬 2차 전지 • FUEL CELL 그린카 • 발광다이오드(LED) **7개 분야**	• 하이브리드전차 추진 시스템 • 전동식 브레이크 시스템 • 하이브리드시스템 레이아웃 • 자동차용 고출력 LED 조명모듈 • 인-휠(In-Wheel) 구동시스템 • 장대교량기술 • FUEL-CELL 그린카 연료전지 • 미래형 전기자동차 핵심부품 **8개 분야**
• 차세대 메모리 반도체 (STT-RAM) • 디스플레이 소재 • 임베디드 SW • 조선 (선박, 에너지저감)	**첨단융합산업** • 헬기추진 및 제어시스템 • 차세대 메모리 반도체 • 임베디드 PCB • 유비쿼터스용 SoC 구조 • 차세대 SSD 저장장치 • 그린IT기반 Beyond • 4G 이동통신시스템 • 맞춤의료를 위한 분자 진단기술 • 녹색성장형 섬유소재 • Mobile IPTV • CR/SDR 단말기술 • 차세대 e-ID기술 **11개 분야**	• 지형인식과전자지도시스템을 적용한 항공기 이착륙 및 운영시스템 • 바이오베터(BIO-BETTER)개발 및 생산기반시술 • 차세대 디지털 3D 투시영상 시스템 • 태양전지용 고순도 폴리실리콘 • SUPER CAPACITOR • 위·변조 방비용 차세대 보안제품 • 지능형 전력망 • 기능성 고부가 식품의 저장 및 발효·숙성기술 • 블랭크 마스크 • 고기능성 회유금속 회수 기술 • 소방용 로봇 실용화 기술 • IT 융합 의료영상 처리기술 • 의료용 DIGITAL X-ray • 모바일 인터넷 전화 • 3D 반도체 메모리 • 투명 플렉서블 디스플레이 • 고청정 필터용 복합섬유 • 디지털방송 미들웨어 플랫폼 • 치료용 항체개발기술 **19개 분야**
	고부가서비스산업 • 프린터 **1개 분야**	• 차세대 휴대폰 개발 • 인터넷정보검색 기술 • 클라우드 컴퓨팅 Saas 기술 • 모바일 AR/LBS기술 **4개 분야**

출처 : 지식재산 강국을 향한 힘찬 도약, 85쪽, 2010, 특허청

이와 같은 단계적 사업 확산전략에 따라, 사업시행 1차년도인 2009년도에는 주요 대기업을 중심으로 사업의 유용성을 홍보하고, 방법론의 완성도를 높이는 데 중점을 두어 사업이 추진되었으며, 2차년도인 2010년도부터는 기업이 비용의 일부를 부담하면서, '정부주도의 사업에서 민간중심의 사업'으로 전환될 수 있도록 단계적으로 접근했다. 이에 2010년에는 신산업 창출 효과가 크고 주요 경쟁국에 비해 상대적으로 강점이 있는 그린카, 지능형 전력망 등 31개 핵심기술분야를 선정하여 매칭펀드 방식으로 추진했는데, 많은 기업들로부터 참여 신청이 있었고, 결과 또한 매우 만족스러운 것으로 판명되었다.

또한 '지재권 중심의 기술획득전략'을 지속가능한 정책사업으로 만들기 위해 동사업의 추진주체로서 2010년도 1월, 지식재산과 R&D를 연계하는 총괄 통합 지원기관 'R&D 특허센터(www.rndip.or.kr)를 설립하고, 2008년도 시범사업 당시 우수한 업적을 내었던 전기전자심사국 박종효 국장을 책임자로 임명했다. 국가적 차원에서 IP-R&D연계 프로그램을 지속적으로 추진하기 위한 구심점이 마련된 것이다. R&D 특허센터는 설립 당시부터 우수한 전문가들을 유치하기 위해 많은 노력을 기울였으며, 2011년에는 '지재권 중심의 기술획득전략' 사업의 총괄관리기관으로서 총 40개 사업을 추진하는 등 우리 산업계와 연구기관의 지재권전략을 한 단계 업그레이드시키는 데 앞장서고 있다.

그리고, 미래 시장에 대한 통찰력을 갖춘 산업계 전·현직 CTO 출신 인사로 'IP Wisemen Committee'를 구성하여 지식재산 현인들의 지식기부를 도모했다. 이런 작업은 '지재권중심의 기술획득전략사업'에서 IP의 전략적 획득대상인 미래시장 주력상품을 선정함에 있어 기업의 가시적 사업계획에 의존하는 한계를 넘어 현재에는 시장이 전혀 형성될 것같이 보이지 않으나, 미래에 커다란 산업으로 성장할 수도 있는 분야의 IP를 전략적으로 선점하자는 취지에서였다. 즉, 현행 개별과제의 상향식 접근법을 보완하여 우리 산업과 기술 최고 전문가그룹의 안목과 통찰력에 기반한 하향식 접근법으로 우리 기업의 미래 주력산업 원천 특허 확보를 전방위적으로 지원하자는 것이다. 'IP Wisemen Committee'의 발족에 맞추어 나는 주요 산업분야별로 미래 성장가능 신산업의 중장기 지재권청사진을 마련하기 위한 사업을 추진할 것을 특허청의 후배들에게 당부했는데, 조만간 사업이 실현되어 우리 산업계에 실질적으로 도움이 되는 유용한 결과가 도출되기를 빌어 마지 않는다.

2010년 2월에는 삼성전자, LG전자, 국립암센터, 서울대병원, 한국조폐공사 등 산학연 대표 118개 기관이 '최강 지재권 포트폴리오 갖기 운동' 선언식을 개최하는 등 민간차원의 자발적인 노력도 본격화되었다.

동 선언에 참여한 모든 기관들이 원하는 바 각자의 사업영역에서 세계 최강의 지식재산권 포트폴리오를 갖추는 날이 조속히 오기를 간절히 기원한다.

위기를 넘어 기회를 잡아라

'지재권 중심의 기술획득전략'은 현존하는 특허기술의 다양한 분석 방법을 체계화해 적용한다. ① 해당 기술 분야에서 시장을 지배하는 주요 경쟁기업의 보유 특허와 시장 방향 등을 분석해 핵심 기술을 도출하고, ② 향후 5~10년 후 미래시장을 주도할 제품과 이를 구현할 최강의 특허 포트폴리오를 제시하며, ③ 이를 선점하기 위한 자체 R&D와 외부 특허 매입, 라이선싱 등 다

■ 단계별 기술획득 전략 수립 절차

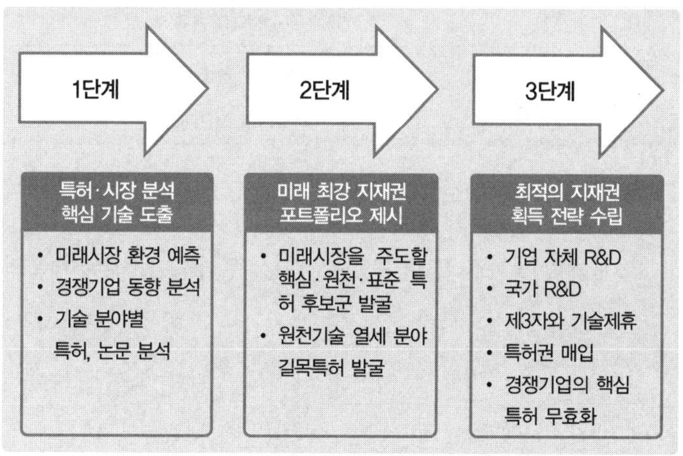

■특허와 연구개발의 연계 전략 변화

구분		As is 특허 분석(특허맵)	To Be 지재권 중심의 기술획득전략
	R&D 목표	기술개발	강한 지재권 선점
R&D 체질 개선	지재권 활용 전략	국가 R&D → 지재권 접목 (추격형 R&D의 보완책)	국가 R&D + 기업 R&D → 강한 특허, 新산업 창출 (산업창출형 R&D 전환 유도)
경쟁 우위 확보형 R&D	제품을 바라보는 시각	부품 결합체 *휴대전화 부품: 약 120 개	국제특허 복합체(지재권 포트폴리오) *휴대전화 특허: 약 7만 개
	특허 정보 활용	국가 R&D의 효율성 제고	효율성 + 효과성 강한 특허 창출이 가능한 R&D 과제
	지재권의 역할	R&D 결과물 = 특허 → 수동적, 방어적	지재권 포트폴리오의 결과물 = R&D 과제 리드 → 능동적, 공격적
미래 시장 지향형 R&D 정보 제공	정보 제공	과거 정보 중심 과거 특허 조사로 중복 여부 판단	미래 정보 중심 미래 경쟁우위 확보형 지재권 확보 전략
	시장 정보 활용	미활용	미래시장 예측에 기초한 지재권 관련 정보 분석 → 적극적 활용
	전략적 제휴 관계	미제공	특허권 매입, 공동 R&D, 크로스 라이선싱 등 정보 제공 → 적극적 제공

양한 실천적 전략을 제공하는 것이다.

'연구개발 결과로 특허가 생산된다' 는 종래의 상식은 '제품과 기술에 대한 최강의 특허 포트폴리오가 연구개발을 선도한다' 는 인식의 전환을 맞이했다. 이에 따라 연구개발은 특허 포트폴리오에 맞춰 수행돼야 한다. 이길 수 없는 적은 친구로 만들어라.

제3자가 확보하고 있어 실체를 인정할 수밖에 없는 특허는 연구개발로 극복이 불가능하다. 이런 난관은 경영 및 기술 전략에 따라 크로스 라이선싱, 인수합병 등의 방식으로 타개해야 한다.

최적의 지재권 획득 전략을 수립하기 위해서는 특허 전문가뿐 아니라 시장·기술 전문가와도 상호 협력해야 한다. 시장과 기술에 대한 이해와 동향 파악 없이 특허만 고려해서는 전략수립에 한계가 생길 수 있다.

지금까지의 특허 분석은 과거에 공개된 특허들을 분석해 중복투자 여부 등을 판단하기 위한 자료로만 사용됐다. '지재권 중심의 기술획득전략'은 이와 다르다. 시장과 기술에 대한 철저한 이해와 동향을 파악한 후, 특허를 통해 미래시장을 주도할 핵심 기술을 도출하고, 미래시장을 주도할 핵심·원천·표준 특허 후보군을 발굴해 최적의 전략을 수립하는 것이 그 주요한 내용이다.

우리나라 제조 기업들이 세계 일류 기업으로 성장하려면 IP 포트폴리오 전략에 기초한 IP선도형 연구개발 전략을 수립해야 한다. 국가가 진정한 기술 강국으로 거듭나려면 정부의 연구개발 전략 역시 획기적으로 변화해야 한다. 연구개발 효율성이 여전히 논란거리가 되고 있지만, 이러한 공공의 문제(부처 간 중복투자, 나눠먹기식 자원 배분 등)는 국가과학기술위원회가 출범하며 해결의 실마리를 찾아가는 중이다. IP선도형·창조형 연구개발로 하루빨리 체질을 개선해야 한다. 한강의 기적을 이뤘던 저력을 되살려 제조업 강국에서 지식재산 강국으로 제2의 도약을 펼쳐야 할 것이다.

시장을 지배하는 표준특허

중국의 춘추전국시대를 통일한 진시황, 조선시대 최고의 임금 세종이 펼쳤던 중요정책 가운데 하나는 도량형의 통일이었다. 도량형의 통일은 사회의 경제적 비용을 절감할 뿐 아니라 거래의 신뢰를 향상시키고 정당한 거래와 세금 징수를 가능케 하는 효과적인 방법이다. 도량형의 통일이 또한 물자의 교역을 촉진하고 국가경제를 활성화하는 중요한 기능을 한다는 사실을 오래전의 위정자들도 이미 알고 있었던 것이다.

국제표준Global Standard은 규모의 경제Economy of Scale를 극대화하고 엄청난 시장지배를 가능케 하는 마법과도 같은 제도다. 국제교역이 활발해지고 기업의 글로벌화가 촉진되면서 자국 기술을 국제표준으로 제시하려는 국가들이 적지 않다. 제품과 관련된 국제표준을 선점하려는 개별 기업의 노력도 눈에 띄게 늘었다.

일반적으로 표준특허는 정보통신IT 기술에서 사용되던, 2000년 이전까지만 해도 잘 사용되지 않던 용어였다. 그러나 IT기술이 급격하게 발달하고 정보통신 제품의 대량생산화가 진행된

2000년대부터 많은 기업들이 기술개발에 나서게 됐다. 기업들은 시장지배력을 확보하기 위한 강력한 수단으로 앞다퉈 표준화를 시도했다. 기술보호 수단인 '특허'와 제품 생산에 사용되는 '표준'을 결합해 시장지배력을 극대화하는 것이 기술 선도 기업들의 전략이었다.

표준특허는 '표준'과 '특허'가 결합된 말이다. 표준은 말 그대로 제품을 생산하려는 기업이 지켜야만 하는 약속이고, 특허는 기술에 대한 독점권이다. 그리하여 표준특허는 제품을 생산하려는 기업이 지켜야만 하는 규격이자, 그 사용 대가를 반드시 지불해야 하는 강력한 시장지배력을 지닌 권리가 된다. 표준특허는 제품생산에 필수적으로 수반 될 뿐 아니라, 상대방이 내 특허를 침해했다는 사실입증이 매우 쉬운 특성이 있기 때문에 더욱 강력한 특허다.

오늘날 표준특허를 확보하기 위한 기업 간 경쟁은 갈수록 치열해지고 있다. 1970년대 소니와 마쓰시타가 베타맥스Betamax와 VHS라는 VCR 방식을 놓고 다투었던 이래, 기업 간 표준특허 확보 전쟁은 WTO-TBT(무역기술장벽, World Trade Organization Technical Barriers to Trade)라는 국가 간 경쟁의 형태로까지 진화하고 있다.

WTO-TBT 협정에서는 국제표준이 존재하거나 곧 만들어지는 경우, 회원국이 별도의 기술 기준을 만드는 것을 무역장벽의 판단 기준으로 제시하고 있다.

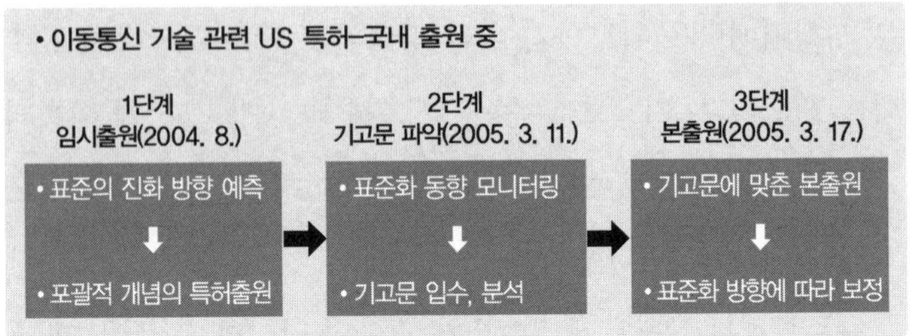

소니, 필립스, 노키아 등 해외 글로벌 기업들은 1990년대부터 표준화 활동에 적극적으로 참여하고 있다. 필립스의 경우 표준특허 획득을 위해 별도의 선행연구팀을 운영하고 있는데, 특히 MPEG 관련 특허로 전 세계 MPEG 로열티의 10%가량을 거둬들이고 있는 것으로 유명하다.

표준특허를 확보하려는 기업들의 노력은 국제 표준화 회의 등을 통해 생생하게 드러난다. 인터디지털, 퀄컴, 노키아, 모토롤라 등 많은 기업들이 표준화 동향을 실시간으로 모니터링하는 한편 이에 대응한 표준을 제안하고 특허를 출원한다. 미국의 I사는 표준특허를 확보하기 위해 표준화 동향과 제출된 표준안을 분석, 특허출원 전략을 수립하고 미국의 임시출원 제도를 적극적으로 활용하고 있다. 먼저 표준의 진화 방향을 예측하고, 포괄적 개념 특허를 출원한 다음, 표준안 제출 동향을 지속적으로 파악하고, 임시출원을 보정해 표준특허를 확보하는 전략이다.

삼성, LG 등 우리 기업들도 표준특허 확보를 위해 노력하고 있다. 정보통신연구진흥원이 2008년에 발표한 자료에 따르면, 삼성전자 등은 MPEG-2 분야 3개의 표준특허로 6,000만 달러 이상의 특허료를 벌어들였다. 또한 제3세대 이동통신 국제표준으로 제정된 와이브로WiBro, Wireless Broadband Internet는 삼성전자 및 ETRI가 전략적으로 대응한 결과, 공개 특허의 51.7%, 등록 특허의 7.4%(전체 표준특허의 약 30%)를 확보한 것으로 추정된다.

그렇지만 이 같은 성과도 해외 글로벌 기업에 비하면 미미한 것이 현실이다. 더구나 삼성, LG 등 몇몇 기업을 제외한 중견 규모 이하의 기업들은 아직 표준특허에 대한 인식과 역량이 크게 부족하다. 표준특허 확보 노력이 사실상 전무한 셈이다. 단적인 예로 전기통신 분야 국제표준화기구인 ITU-T에 등록된 우리기업의 표준특허 보유현황은 고작 2.3%에 불과하다. GSM

■ ITU-T 표준특허 현황(2008년 1월)

국가	미국	일본	프랑스	독일	이스라엘	영국	네덜란드	한국	기타
특허 수	768	368	137	89	53	45	44	38	130
비중(%)	45.9	22	8.2	5.3	3.2	2.7	2.6	2.3	7.8

■ 지상파 DMB 분야별 특허료 현황[2]

기술 분야	특허기술	로열티(달러) /적용기기	수익 특허 로열티(달러)		
			한국	일본	유럽
시스템	Eureka-147	3.0(67.4%)	0	0	3.00
비디오	MPEG-4 AVC/H.264	0.2(4.5%)	0.11	0.03	0.03
오디오	MPEG-2 TS	0.6(13.5%)	0.00	0.02	0.45
전송	MPEG-4 Basic	0.5(11.2%)	0.19	0.15	0.08
데이터	MPEG-4 system	0.15(3.4%)	0.08	0.00	0.06
총		4.45(100%)	0.38(8.4%)	0.20(4.4%)	3.64(81.7%)

이동통신 핵심 표준을 확보하고 3세대 이동통신 기술 및 시장까지 주도하고 있는 EU와 너무나 비교되는 현실이다.

또한 우리나라는 세계 최초로 DMB를 상용화했지만 시스템/오디오 기술 표준특허를 확보하지 못해 전체 특허 로열티의 8.4%만을 국내 기업이 받는 데 그치고 있다.[1]

여기서 주목할 사실은, 과거와 달리 기술개발 자체가 수익과 바로 연결되지는 않는다는 점이다. 특허는 상용화가 전제되지 않더라도 실시할 수 있을 정도만 되면 출원이 가능하다.

즉, 특허로 보호받고 있는 기술이 상용화를 통해 대량생산된다면 그 특허가 강력하게 부상한다는 것이다. 이처럼 하나의 제품이 상용화되기 전에는 관련 제품에 대한 철저한 분석이 이뤄져야 한다. 이러한 분석은 반드시 특허 포트폴리오 전략에 따라야 한다.

국제적 동향을 파악하라

우리 기업들이 예전부터 특허 포트폴리오 구축을 치밀하게 시도했다면 어땠을까? 그랬더라면 DMB의 경우 시스템 부분에 대한 특허획득은 물론 표준화를 시도할 전략, 선점된 특허의 경우 이를 공격할 수 있는 길목특허 확보 전략 등 다양한 실천적 방법들이 시도됐을 것이다.

표준을 확보하는 자가 시장을 지배하는 표준 전쟁 시대. 표준 전쟁에서 승리하는 자가 시장을 독점하는 시대다. 국제표준화기구에서 시장 선도 기업들이 단체표준 및 포럼·컨소시엄을 주도하며 특허의 표준 반영은 더욱 증대되고 있다. 표준특허의 시장지배력 또한 더욱 강해지고 있다. 하지만 표준특허는 그 특성상 제품화와 동시에 특허기술로 보호되고 있는 게 문제다. 단순한 특허 분석만으로는 어떠한 경쟁회사가 표준특허를 확보하고 있는지 알 수 없는 것이다.

따라서 표준기술 또는 제품에 대한 특허 포트폴리오를 구축하기 위해서는 시장·기술·특허표준 전문가가 협동해야 한다. 제품이 상용화되기 전에 미리 특허를 선점하는 전략이 필요하다.

표준기술과 제품에 대한 특허 포트폴리오 구축 전략을 수립하고 이를 실천하기 위해서는 표준특허에 대한 인적·물적 인프라를 구축할 필요가 있다. 특히 중소기업들에 대한 종합적인 지원 대책이 절실하다.

표준특허 창출에 필요한 사회적 인프라가 취약한 현실에서 정부가 할 일은 분명하다. 산업계가 표준특허 획득을 지원할 수 있도록 체계를 갖추는 것이다. 당장 시급한 IT 등 기술 분야에 표준특허 획득이 가능토록 지원하며, 이를 위해 특허, 표준, 연구개발 등 전문성을 보유한 부처들의 협력을 이끌어내야 한다. 또한 표준 제정 과정, 특허권의 속성 등에 대해 전문적이고 폭넓은 이해를 가진 전문 인력을 양성해야 한다.

이러한 이유로 2009년 10월 특허청 내에 표준특허반도체재산팀을 신설하고, 동년 11월에는 한국특허정보원에 표준특허센터를 설립함으로써 표준특허창출을 지원할 수 있는 시스템을 구축했다. 아울러, 2009년도에 표준특허창출방법론을 개발하기 위한 시범사업을 IPTV, 4G이동통신분야를 대상으로 실시했다. 전문가들로부터 그 성과를 인정받아 2010년도에는 3DTV,

차세대RFID 등 6개 분야로 확대되어 우리나라 최초로 연구개발 시 표준특허를 체계적으로 창출하는 방법론을 개발, 확산시키는 계기를 마련했다.

또한, 2009년부터는 표준특허 인프라구축사업도 시작되었다. MPEG LA에서 관리하는 특허풀에 포함된 표준특허 2011건의 표준특허DB를 만들어 각종 표준이 특허권과 어떻게 대응되고 있는가에 대한 기본적 정보를 제공하기 시작했으며, 늦은 감은 있지만 단계적으로 DB구축이 확대되고 있어 표준특허창출 지원을 위한 기본적 정보제공체계가 갖추어지고 있다.

기업의 CEO는 표준특허를 확보하지 않을 경우 글로벌 경쟁에서 도태될 수밖에 없음을 명확히 인식해야 한다. 표준특허가 연구·특허 부서만의 업무라는 생각에서 벗어나야 한다. 표준특허 획득을 기업의 경영전략과 연계해 추진할 필요가 있다. 경쟁력 있는 표준특허를 확보하기 위해서는 경영전략, 표준, 특허를 담당하는 부서가 유기적으로 협업할 수 있는 체계가 갖춰져야 한다.

기업 내부에 표준특허 전문가도 양성해야 한다. 표준특허 전문가는 국제표준화회의에 적극적으로 참여해 경쟁기업의 표준화 활동 동향과 투자 방향을 파악하고, 국제표준화 작업에도 주도적으로 참여해야 한다. 그리고 자사의 연구개발 결과를 표준에 반영하는 과정에서 예측되는 표준특허를 실시간으로 출원하는 시스템도 정비해야 한다.

대기업에 비해 경영여건이 열악한 중견 중소기업들은 업종별 단체를 중심으로 상호 협력해 표준특허를 확보하려는 전략을 모색해야 한다. 이미 미국은 민간단체(학회·생산자단체·소비자단체 등)가 표준 개발에 주도적 역할을 하고 있다. 일본도 철강연맹의 표준화센터를 중심으로 적극적인 표준특허 확보 전략을 펼치는 중이다. 우리나라 중견 중소기업들도 이러한 협력 체계를 도입할 필요가 있으므로, 사업자단체를 구심점으로 정부의 표준특허창출 지원사업에 적극 참여함으로써 효율적으로 표준특허를 확보해나갈 것을 적극 권유하고 싶다.

甲 같은 乙이 되자

대중소기업의 상생은 우리가 풀어야 할 숙제이나, 뾰족한 해결책을 찾기가 쉽지 않아 모두가 고심하고 있다. 극심한 경쟁에 놓여있는 비즈니스의 세계에서 모든 기업들이 원가절감을 위해 노력하는 것은 지극히 당연한 일이다. 납품받는 대기업의 입장에서는 되도록 좋은 물건을 가급적 낮은 가격에 공급받고자 할 것이고, 납품하는 중소기업은 가급적 높은 가격을 받고자 할 것이다. 냉철하게 생각하면 공급가격은 양자 간의 교섭력에 의해서 결정되게 된다. 일반적으로는 납품하는 중소기업에 대해 구매자인 대기업이 우월적 지위에 있는 것이 사실이나, 자기만의 독점적 사업영역이 있는 기업은 사정이 조금 달라진다. 즉, 공급자가 다수인 중소기업들은 끝없는 원가절감의 압력 속에서 고통받기 십상이나, 특허권으로 자신만의 독점적 사업영역을 확보하고 있는 중소기업들은 대기업에 대해서도 상당한 교섭력을 확보하여 비교적 대등한 위치에서 비즈니스 파트너가 될 수 있는 것이다.

평범한 직원들을 창의적인 발상을 하게 만들어, 판매제품의 90%가 특허제품인 일본의 미라이공업. 자동화설비와 전자부품 분야에서 핵심기술을 강력한 특허권으로 다수 보유하고 있는 것으로 유명한 오므론. 결정화유리 제조특허 등으로 치과용 거울 세계시장을 주도하는 등 특수유리분야에서 독보적 사업영역을 구축한 오카모토유리공업. 풍력발전 터빈관련 특허의 40%를 보유하고 있으며, 세계굴지의 대기업 지멘스에도 자사 보유 기술을 라이선스해주고, 불과 20여 년 만에 연간 30억 유로에 달하는 매출을 달성한 독일 에네르콘. 이와 같은 세계적 지재권 강소기업들이 그 좋은 예라 하겠다. 따라서 우리 중소기업들이 강력한 지식재산 포트폴리오를 구축하여 세계시장에서도 독점적 사업영역을 확보할 수 있도록 지원하고자 특허청에서는 '지재권 중심의 기술획득전략'을 맞춤형으로 다듬어서 기술력 있는 중소중견기업을 대상으로 2009년부터 '첨단부품소재 IP-

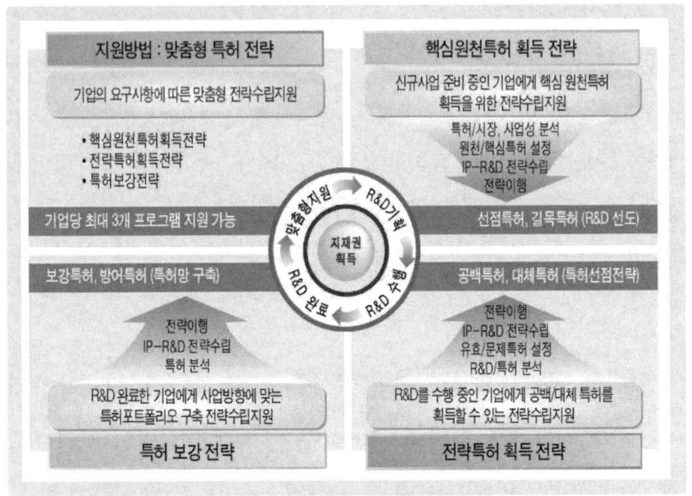

R&D 연계전략' 지원 사업을 시작했다.

동사업은 해당 부품 · 소재기업의 R&D 진행단계(기획 · 수행 · 완료)에 따라 IP-R&D 연계전략프로그램을 차별화하여 크게 3개 유형으로 구분하여 추진했는데, 2009년도에는 총 64개 기업(R&D 기획단계 14개사, R&D 수행단계 39개사, R&D 완료단계 11개사) 현장에 '특허전략전문가' 를 파견하여 맞춤형 지재권 포트폴리오 구축을 지원했다. 그리고 2010년도에는 80여 개 중소 · 중견기업을 지원하여 참여 기업당 평균 8건의 신규특허가 출원되고, 1~2건의 연구과제를 도출하고, 지식경제부의 R&D사업에 연계시키는 등 많은 성과를 거두었다.(표 참조)

전략유형	IP획득전략 (매입, 보강, 신규)	문제(장벽)특허 무력화전략	R&D방향제시전략 (사업화,생산성,R&D과제)	라이선싱 전략	특허 Infra 구축전략	합계
기업평균	9.2	9.3	3.9(R&D과제도출 1.9개)	0.7	2.6	25.7
64社	591	595	247	44	169	1,646

동사업에 참여했던 기업의 CEO, CTO들은 아래 제시된 바와 같이 사업성과에 대해 매우 긍정적으로 평가했다. 그러나 동사업의 성과와 관련하여, 현재의 주력 품목에 대한 강력한 특허전략의 수립 그 자체도 물론 중요한 성과이나, CEO, CTO들이 인식해야 할 최대의 성과는 향후 참여기업 스스로가 자체적으로 고도의 지식재산전략을 추진해나갈 수 있도록 사내 전문인력을 교육시키고, IP관리시스템을 갖추게 지원하는 등 초일류

■ 첨단부품소재 IP-R&D연계전략지원사업 참여기업 CEO, CTO 반응[3]

■ **아모텍 김병규 사장** : "정부부처의 여러 가지 지원을 많이 받았는데 이 과제만큼 짧은 시간에 효과가 높은 사업은 처음이었습니다. 이 사업은 꼭 계속해 주셔야 합니다. PM님들이 아주 '선수'입니다. 모두들 어떻게 그렇게 잘할 수 있는지 신기합니다. 우리나라 부품 소재 기업들 중 글로벌 플레이어가 많습니다. 하지만 기업들이 해외에서 매출을 올려도 로열티로 나가는 부분이 더 큽니다. 앞으로 많은 지원 부탁드립니다. 지원 안 해주시면 우리 돈을 들여서라도 꼭 해야 겠습니다."

■ **케이씨텍 임영 부사장(CTO)** : "과제를 시작할 때는 선행특허 분석 정도로 생각했습니다. 하지만 특허 전략을 수립하는 과정에서 우리 회사와 R&D가 나아가야 할 비전까지 명확하게 알게 되었습니다."

■ **SBB테크 이부락 사장** : "기존에 보유하고 있는 100여 건의 특허가 무용지물일만큼 전략이 부족했습니다. IP-R&D연계 전략지원사업은 중소기업이 지재권의 중요성과 전략적 접근방법을 깨우칠 수 있도록 이끌어주는 전도사와 같은 사업입니다."

■ **동진세미컴 윤회구 부사장(CTO)** : "본사가 추진하고 있는 사업분야의 한·일 특허에 대해 심도 있는 조사 분석을 통해 경쟁사의 개발동향 흐름 등을 파악할 수 있었으며 이를 통해 새로운 개발방법과 특허창출방법을 배울 수 있었습니다."

지식재산기업으로 도약하기 위한 물적, 인적 인프라를 마련해준 점이라는 것을 강조하고 싶다. 아무쪼록, 자신의 기술과 상상력으로 세계시장을 제패하고자 꿈꾸는 많은 중소기업인들이 'IP-R&D연계전략지원사업' 에 참여하여 강력한 지식재산포트폴리오를 구축함으로써, 자신만의 독자적 사업영역을 확보하는 갑甲 같은 을乙이 되는 꿈을 이루기 바란다.

5장

지식의 브랜드화

인텔은 1990년대에 '인텔 인사이드Intel Inside'라는 마케팅 캠페인을 벌였다. "인텔칩chip이 장착된 컴퓨터를 사면 최첨단 기술을 적용받을 수 있고, 최신 소프트웨어 프로그램들을 가장 효과적으로 사용할 수 있다"는 메시지를 퍼뜨린 것이다.

인텔 인사이드 브랜드 로고

결과는 대성공이었다. 소비자들은 '인텔 인사이드' 라는 브랜드가 있어야 안심하고 구매결정을 하는 분위기에 이르렀고, 결국은 IBM 등 다른 컴퓨터 제조업체들도 이 캠페인에 동참할 수밖에 없는 상황으로까지 이어졌다.

결국 인텔은 경쟁이 치열한 CPU시장에서 80% 이상의 시장 점유율을 기록하며 브랜드 가치 창조에 성공했다. 이제 소비자들은 복잡한 CPU의 기능이나 작동원리는 모르더라도, 인텔의 제품이 다른 제품에 비해 우수하다는 인식을 가지게 됐다. 덕분에 PC업체들은 인텔칩을 내부에 장착하고는 다른 컴퓨터보다 가격을 올려 받는 가격 프리미엄까지 얻게 됐다.

인텔은 여기서 한발 나아가 새로운 통합 브랜드 캠페인 "내일을 만듭니다Sponsors of Tomorrow" 마케팅을 2009년부터 대대적으로 전개하고 있다. 종전처럼 특정 프로세서 제품이 아니라 인텔 브랜드 자체에 중점을 두는 캠페인으로 "디지털 시대의 커다란 발전들은 반도체를 통해 이뤄져왔으며, 그 대부분이 인텔에서 시작됐다"는 메시지다.

'인텔 인사이드' 캠페인은 제조업의 패러다임을 변화시킨 우수 사례다. 이즈음 전 세계의 개인용 컴퓨터에는 대부분 '인텔'의 로고가 붙어 있었다. 인텔이 글로벌 대기업으로 성장하는 데 있어 첨단의 기술력과 브랜드 관리 능력이 큰 몫을 했음은 부언할 필요가 없을 것이다.

■ 국가브랜드 지수

순위	1	2	3	5	7	8	10	15	17	24	27	28	33	34	36
국가	독일	프랑스	영국	일본	미국	스위스	스웨덴	덴마크	뉴질랜드	싱가포르	인도	중국	한국	태국	터키

인텔의 기술력과 '인텔 인사이드' 브랜드 마케팅 전략이 결합되지 않았던들 마이크로프로세서 시장의 판도가 지금처럼 진행됐을까? 브랜드 경영을 위해 우리 기업들이 무엇을 어떻게 해야 하는지, 그 답이 여기 있다.

국가에 대한 호감도·신뢰도 등을 총칭하는 국가브랜드는 한 국가가 생산하는 제품 가치를 평가하는 데에도 중요하게 작용하는 요소다.[1] 그렇다면 우리나라 국가브랜드의 현주소는 어떠한가? 사이먼 안홀트Simon Anholt의 국가브랜드 지수NBI에 나타난 우리나라 순위는 33위(2008년 기준 50개국 중). 세계 13위라는 경제 규모(2007년 GDP 기준)에 비해 매우 취약한 상황이다.

한국의 2006년 GDP는 미국의 1/15, 일본의 1/5 수준이다. 그러나 국가브랜드 가치는 미국의 1/26, 일본의 1/6로 낮은 수준(현대경제연구원, 2006년)에 그치고 있다.

취약한 국가브랜드 탓에, 한국산 제품은 유사한 선진국 제품에 비해 70% 수준 정도로 저평가돼(KOTRA, 2009년 1월), 약 30%

| | ▣ 한·미·일 GDP와 국가브랜드 가치 | | (단위 : 억 달러) |

<table>
<tr><td colspan="2" style="text-align:left">▣ 한·미·일 GDP와 국가브랜드 가치</td><td colspan="2" style="text-align:right">(단위 : 억 달러)</td></tr>
</table>

구분	한국	미국	일본
GDP	8,880(미의 1/15, 일의 1/5)	131,329	43,641
국가브랜드 가치	5,043(미의 1/26, 일의 1/6)	130,095	32,259

의 디스카운트가 발생하고 있는 실정이다. 우리나라 대표기업인 삼성, LG, 현대 등을 일본 기업으로 착각하는 경우도 적지 않다.

우리나라의 국가브랜드가 저평가되는 이유 중 하나로, 수출 상품의 중저가 이미지 등 낮은 대외 인지도를 들 수 있을 것이다.[2] 국가브랜드(국가이미지)는 상품과의 연계성이 강하다. 예술성 높은 국가이미지를 가지고 있는 프랑스의 향수 제품은 왠지 우아하게 느껴지고, 견고한 장인정신으로 브랜드화된 독일 상품들은 왠지 튼튼하고 정교하게 느껴지며, 순수하고 공해 없는 뉴질랜드의 이미지는 그곳에서 생산되는 육가공품이나 식품 브랜드들에 긍정적 이미지를 주고 있는 것이다.

국가이미지와 상품과의 연계성이라는 측면에서, KOREA와 우리나라 상품 브랜드는 그 연계성을 찾기가 어렵다. 애니콜, 삼성, LG, 지펠, 플래트론, 사이언, SK텔레콤, KT 등 세계적으로 알려진 우리 브랜드와 한국과의 관련성이 그다지 크지 않아 보이는 것이다. 이를 개선하기 위해 우리는 고유의, 효과적인

▣ 한 · 미 · 독 · 일 · 중의 브랜드 가치

구분	한국	미국	독일	일본	중국
2009년	100달러	135.6달러	149.4달러	139.1달러	69.2달러

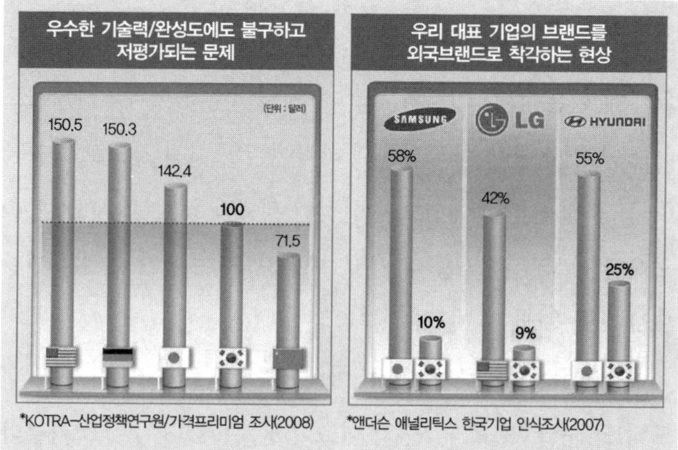

국가브랜드를 제정해야 한다. 기업들 역시 국가적 이미지가 포함된 브랜드를 개발해 적극 활용해야 할 것이다.

이즈음 세계 주요국들은 자국의 기업경쟁력과 국가경쟁력을 향상시키기 위해 범국가적으로 국가이미지를 관리하고 있다. 일본의 '신일본양식新日本樣式', 독일의 'Land of Ideas', 뉴질랜드의 'New Thinking' 등이 그 예다. 우리도 이러한 시대의 흐름에 뒤처지지 않도록 국가브랜드 제고에 역량을 모아야 한다.

글로벌 기업들의 브랜드 경쟁력

2009년 인터브랜드에서 발표한 '글로벌 100대 브랜드'를 살펴보면 요식업, 컴퓨터, 전자제품, 휴대전화, 자동차 등 여러 산업 군에서 다양한 브랜드를 발견할 수 있다. 특히 글로벌 금융 위기에 따른 기업 가치의 변화가 반영되면서 아메리칸익스프레스, 모건스탠리 등의 금융권 하락이 두드러진 것으로 나타났다. 반면에 불황 속에서도 혁신적인 제품과 공격적인 마케팅을 구사한 삼성, 현대자동차, 구글, 애플 등의 브랜드 순위는 전년도보다 상승했다.

톱 10에는 코카콜라, IBM, 마이크로소프트, GE, 노키아, 맥도날드, 구글, 도요타, 인텔, 디즈니가 포함됐다. 1위 코카콜라는 브랜드 가치가 무려 687억 달러로, 한화 79조 원에 달했다. 우리나라 기업 중에는 삼성이 19위를 기록했고, 현대자동차는 69위에 올랐다. 코카콜라는 이 조사가 시작되던 1999년부터 매년 10대 브랜드에 선정됐으며, 9년 연속으로 1위를 차지했다. 펩시코PepsiCo가 20위권에도 못 드는 것을 보면 코카콜라의 브랜드 관리 능력이 얼마나 탁월한지를 짐작할 수 있다. 코카콜라의 경우 경기침체에도 굴하지 않고, 기술개발을 통해 2009년에만 700여 종의 신상품을 출시하는 등 지속적인 혁신을 해왔다고 한다. 역시 공짜로 이뤄지는 것은 없는 법이다.

최근 기업 브랜드 가치가 급상승한 기업은 구글이다. 구글의 브랜드 가치 순위는 2006년 24위에서 2009년 7위로 급상승했다. 아이폰을 성공시킨 애플도 전년도에 비해 10% 이상의 브랜

■글로벌 기업의 브랜드 가치 변화   (단위 : 억 달러)

순위	기업	2009년	2008년
1	코카콜라	687.3	666.7
2	IBM	602.1	590.3
3	마이크로소프트	566.5	590.1
4	GE	477.8	530.9
5	노키아	348.6	359.4
6(8)	맥도날드	322.8	310.5
7(10)	구글	319.8	255.9
8(6)	도요타	313.3	340.1
9(7)	인텔	306.4	312.6
10(9)	디즈니	284.5	292.5
11	HP	241	235.1
14	시스코	220.3	213.1
18	혼다	178	190.8
19(21)	삼성	172.2	176.9
20(24)	애플	154.3	137.2
29(25)	소니	119.5	135.8
69(72)	현대	46	48

드 가치를 높이며 처음으로 톱 20에 이름을 올렸다.

브랜드 가치를 조사하는 기관이나 방식에 따라 순위와 점수에는 약간의 차이가 있을지 모른다. 그러나 어느 기관과 방식이더라도 이들 기업이 상위 그룹을 형성할 것이라는 데에는 의심의 여지가 없다.

기업 경영의 중심이 생산자에서 소비자로 이동[3]하고, 기업 간 기술 수준 격차가 좁아지고 있다. 시장에서의 경쟁 패러다임은 가격에서 품질로, 품질에서 브랜드라는 무형의 가치로 변화하는 중이다. 기업은 제품이 아니라 브랜드를 팔고, 소비자 또한 제품이 아니라 브랜드를 사는 시대인 것이다. 개개인의 브랜드 사용 경험들과 이를 토대로 형성된 '브랜드 인지도'는 경쟁 기업 간의 우열을 결정하는 핵심 요소로 자리를 잡게 되었다.

브랜드는 시간이 만들어내는 가치다. 단기간에 승부를 볼 수 있는 성질의 것이 아니다. 한 연구결과[4]에 따르면, 신규고객 개척비용이 기존고객 유지비용의 4~6배에 이른다고 한다. 또한 자사의 브랜드를 선호하는 고객은 그렇지 않은 고객보다 최대 9배의 이익을 제공한다고 한다.

기업의 소중한 자산이자 최고 경영수단인 브랜드의 가치를 형성해가기 위해서는 '상품의 품질'과 '소비자의 이미지 구축'이라는 두 마리 토끼를 모두 잡아야 한다. 그러한 조건 아래에서 경영 측면의 브랜드 관리가 함께 진행돼야 하는 것이다.

중소기업 디스카운트를 극복하라

1985년, 여느 중소 수출업체와 마찬가지로 OEM을 통해 해외 수출을 시작한 오로라월드Auroraworld.[5] 1990년대 들어 해외 주문 업체들이 연이어 납품 단가 인하를 요구하고 국내 인건비까지 크게 오르며 채산성이 더욱 악화되는 위기가 찾아왔다. OEM업체로서의 한계를 절감한 오로라월드는 자체 브랜드를 만들기로 결심을 굳히게 된다.

자체 브랜드로 살아남기 위해 택한 방식은 위장 판매법인을 설립하는 것. 이를 위해 오로라월드는 1992년 미국 지역의 위장 판매법인 A&A플러시를 설립했다. OEM 주문이 끊어질 경우 생존 자체가 어려운 상황에서, 회사 운영자금도 마련하면서 향후 자체 브랜드 진출에 대비해 현지 유통망을 확보할 수 있는 거점을 마련한 것이다.

오로라월드의 자체 브랜드를 부착한 인형이 미국에서 인기를 끌자, 미국 업체들은 A&A플러시를 주시하기 시작했다. A&A플러시가 오로라월드의 전진기지였다는 사실이 밝혀지자, 그동안 거래해왔던 미국 업체들이 하나둘 OEM 주문을 중단하기 시작했다. 하지만 오로라월드는 자체 브랜드를 출시한다는 방침을 굽히지 않았다. 오히려 철저한 시장조사를 바탕으로 한 제품들을 연달아 생산해냈다. 그리하여 세계 캐릭터완구 시장의 40%를 차지하는 미국 시장에서 브랜드 인지도 3위, 러시아 시장에서 부동의 1위를 차지하는 성과를 거뒀다.

그간 우리나라의 대부분 중소기업들은 선진국 또는 대기업으로부터 주문을 받아 생산·납품하는 OEM 방식을 많이 채택해왔다. 그러나 이러한 방식은 중국 등 개발도상국이 도약한다는 점과 고객인지도 구축이 어려워진다는 점에서 고부가가치 창출에 제약이 있었다. 아무리 훌륭한 기술과 품질경쟁력을 갖추고 있다 하더라도, 중소기업으로서 탁월한 경영성과를 창출

하는 데 한계를 드러낼 수밖에 없었던 것이다.[6]

품질이 뛰어남에도 제품이 실제 가치보다 낮게 평가받는 이른바 '중소기업 디스카운트 현상' 을 극복하기 위해 오로라월드처럼 중소기업 입장에 적합한 브랜드를 구축하는 전략이 필요하다. 인지도가 낮은 브랜드의 문제를 기업 규모 등의 탓으로 돌리고 포기해서는 안 된다. 2~3년 앞을 내다보고 장기적인 관점에서 브랜드력을 축적해야 한다. 다행스럽게도 최근 자사 브랜드로 수출에 나서는 중소기업이 늘고 있다는 소식이 많아지고 있다. 그간 '얼굴 없는 수출' 에 머물던 국내 중소기업들이 브랜드 명가로 거듭나고 있다는 것은 무척 반가운 일이다.

현지에 맞는 브랜드를 개발하라

글로벌 시대를 맞아 해외 수출을 노리고 영어 상표를 함께 표기하는 사례가 많다. 이때 조심해야 할 부분이 있다. 영어 표기가 본래의 의미와는 다른 엉뚱한 의미로 둔갑해 곤욕을 치를 수도 있기 때문이다. 국내 자전거 수출업체인 대영이 영어권 국가에 진출했을 때 본래의 상표와 동일한 발음이 나도록 'Dai-young' 으로 표기했다. 하지만 대영은 영어권 국가에서 사업 실패라는 결과를 맛봐야 했다. 가장 큰 실패 원인은 바로 상표였다. 대영을 발음 그대로 쓰면 '다이 영', 즉 '요절die young'이 되는 것이다. 한국에서는 '대영'이 아무 문제도 없었지만 영어권에서는 "왠지 이 자전거를 타면 일찍 죽을 것 같다"는 이미지로 인식될 수밖에 없었다. 이밖에도 소형 승합차 다마스는 일본어 '다마수(속이다)', 자동차 수출 브랜드 포니Pony(조랑말)는 'phony(가짜, 야바위꾼)'와 혼동을 줘 실패한 경우다.

이런 맥락에서 브랜드 경영 역량이 부족한 중소기업의 비영어권 시장 개척을 돕고자 '생활소비재 글로벌 마케팅 지원 사업'을 추진한 적이 있다. 현지 정서와 문화에 맞는 브랜드를 개발한다는 취지로 아이디어를 내어 예산을 확보한 뒤, 에너지산업국장으로 자리를 옮기는 바람에 직접 추진은 못 했는데, 기획예산처에서도 올해의 이색사업으로 선정하여 홍보하는 등 호응도가 좋았으나, 결국 소기의 사업성과는 거두지 못했다. 사업담당자들이 특정 기업에 특혜를 주지는 말자는 취지에서 먼저 상품 아이템을 선정하고 그 아이템에 맞는 로컬 브랜드를 개발해 원하는 기업들이 자유로이 쓸 수 있게 하는 방식으로 사업을 진행했다. 그러나 고객인 중소기업의 입장을 제대로 반영하지 못한 게 문제였고, 결국 아파트 미분양처럼 개발해놓은 브랜드도 쓰겠다는 실수요자는 없는 미분양 상태에 놓이고 말았다.

특허청장 부임 이후, 다른 각도에서 사업을 구상해 '비영어권 브랜드 지원사업'을 재차 추진했다. 종전 방식과는 달리 시장별로 지원할 중소기업과 상품을 먼저 선정하고, 중소기업 시각에서 최고의 브랜드를 개발해낼 수행사가 선정되도록 했다. 한국외대, 코트라, 디자인 브랜드 마케팅 전문가들로 운영위원회가 구성됐으며, 중소기업·특허청·운영위원회 등 민·관·학이 협력 체계를 이뤘다. 덕분에 만족도 높은 현지 맞춤형 브랜드를 창출할 수 있었다. 이로써 성공한 대표적인 사례가 바로 부원생활가전의 중국 브랜드다.

주방용 믹서 전문 생산업체인 부원생활가전은 국내 시장에서 해외 업체들과 겨뤄 70% 이상의 매출을 점유하고 있는, 이미 국내에서 '도깨비방망이'라는 브랜드로 잘 알려져 있는 중소업체였다. 2007년 'TOKEBI'라는 제품명과 브랜드로 세계 최대 시장을 보유한 중국에 야심차게 진출했으나 별다른 호응을 얻지 못했다. 자사 브랜드에 자국어가 반드시 병기돼야 하는 점을 간과하고, 단순히 우리 발음과 유사한 수준의 브랜드로 진출했던 게 패착이었다.

■부원생활가전의 드리믹스 로고 변화

이후 '비영어권 브랜드 지원사업'을 통해 부원생활가전이 얻은 신규 브랜드가 'dreamix得力士'. '주부의 비서', '가사도우미'라는 의미가 담긴 이미지였다.

결과는 대성공이었다. 브랜드 변경 뒤, 중국 현지 월 매출이 2008년 말 4,000만 원 수준에서 2009년 말 2억 원 수준으로 무려 5배나 급증한 것이다. 이른바 대박이 났다고 할 수 있는 정도였다. 기존 브랜드보다 읽기 편하고, 신선하고, 제품에 생명력을 불어넣었다는 평가 아래 중국 소비자의 마음을 사로잡을 수 있었던 것이다.

'비영어권 브랜드 지원사업'의 성공요인을 꼽으라면, 첫째 철저히 중소기업의 입장에서 사업을 추진했다는 점이다. 중소기업 대상 사전 간담회를 개최하여 중소기업의 이야기를 충분히 들은 후 중소기업이 원하는 바를 찾아내고 이를 반영했고, 사업을 수행한 회사의 선택에서도 당사자인 중소기업의 선호가 반영될 수 있도록 진행한 것이다. 둘째, 브랜드 운영위원회를 내실 있게 운영했다는 점이다. 브랜드 개발 과정을 초-중-후반으로 구분하고 각 단계마다 운영위원회를 개최하여 브랜드 전문가와 현지어 전문가의 조언을 받는 과정을 거치도록 하여 브랜드 수요자인 중소기업의 요구를 최대한 반영한 것이다. 특히 해당언어를 전공한 한국외국어대학교 교수는 현지 문화와 현지 언어의 특성에 대한 전문적 식견을 바탕으로 브랜드 개발 과정에서 자문을 아끼지 않았다. 셋째, 현지 맞춤형 전략이다. 개발 브랜드 후보군을 대상으로 현지시장에서 부정 이미지 연상테스트와 정밀검색을 실시하여 현지와 밀착한 맞춤형 브랜드와 상표를 개발한 것이다. 즉, 현지시장 설문조사 등을 통해 현지인들의 평가가 이루어지게 하는 노력을 기울여 현지 시장을 철저히 분석한 것이다.

'비영어권 브랜드 지원사업' 에 참여했던 기업들은 "다른 정부지원 사업은 자금지원 후에는 별다른 관심을 보이지 않는 경우가 많은데, 본 사업은 처음부터 끝까지 정부가 관심을 갖고 운영한다는 점에서 감동을 받았다."(B社), "20년간 기업하면서 무엇인가 부족하다는 점이 있었는데, 바로 이 사업을 통해 만든 브랜드가 부족한 점을 채워줘서 무척 만족하는 바이다."(D社) 등 좋은 반응을 보이고 있다.

브랜드 가치의 지속 관리

1997년 '듀오백' 이라는 의자를 출시한 듀오백코리아.[7] 하지만 둘로 갈라진 의자의 등받이가 소비자들에게 익숙하지 않은 데다 기존 의자에 비해 가격도 비싸 판매가 여의치 않았다. 이듬해인 1998년 듀오백코리아는 브랜드 중심 경영을 선포하고 브랜드 알리기에 총력을 기울였다. '과학으로 만든 의자' 라는 차별화 포인트를 통해 상대적으로 고가 의자임에도 충분한 지불 가치가 있다는 브랜드 이미지 쇄신 전략을 편 것이다. 그 결과 '의자 = 듀오백'이라는 등식이 성립하며 소비자들의 관심도 크게 높아지기 시작했다.

듀오백코리아는 브랜드 중심 경영을 이어 고객만족 경영가치 쪽으로 확산했다. 협력업체 및 내부 조직 간 품질 개선 활동은 물론 애프터서비스 체계를 정비했으며, 사이버 마케팅이 강화되고 있는 추세에 맞춰 고객 네트워크도 강화했다. 이처럼 상호작용을 통한 공동체 형성은 회사의 이미지 쇄신과 브랜드 가치 제고로 이어졌다.

또한 듀오백코리아는 브랜드 리스크 관리에도 신경을 썼다.

"브랜드는 가치를 높이는 것도 중요하지만 리스크를 잘 관리해 그동안 쌓아온 명성을 잃지 않도록 하는 것도 중요하다."

듀오백코리아 정관영 대표의 말처럼, 듀오백코리아는 질 낮은 유사제품과의 차별화를 위해 2006년 1월부터 '정품 인증제'를 시행하고 있다. 또 가구 업계 최초로 '3년 무상 AS제'를 도입했다. 브랜드의 가치를 높이는 데 그치지 않고 리스크 관리에도 신경을 썼던 것이다.

시장에서 브랜드 가치를 유지 존속하려면 브랜드 라이프 사이클BLC에 따라 적절하게 관리를 해야 한다. 매년 수많은 브랜드가 탄생하지만 끝내 살아남는 것은 몇몇 브랜드뿐이다. 적절한 관리를 하느냐 그렇지 않느냐의 차이가 이런 결과를 가져오는 것이다.

미국의 광고 컨설팅 회사 랜도어소시에이츠Landor Associates는 이렇게 지적했다.

"새로운 브랜드 중 20%만이 살아남는다. 그러나 일단 살아남은 브랜드는 경쟁기업보다 50% 이상의 고소득을 안겨준다."

지속적인 관리란 특허청 등록에서부터 해당 브랜드가 저명한 상표로 성장하도록 지원할 뿐 아니라 유사상표들에 대한 관리, 희석화 방지, 분쟁에 대한 적절한 대응 등을 모두 포함하는 개념이다.

브랜드 자산 가치는 속성상 눈에 보이지 않는다. 그래서 더욱 오랜 시간을 가지고 꾸준한 관심과 전략적 투자를 해야 한다. 브랜드 가치는 또한 오랜 세월에 걸쳐 축적된 자산이다. 그 효과 또한 오랜 기간에 걸쳐 지속될 수 있다. "쓰면 쓸수록 가치가 더해지는 것이 바로 브랜드 자산"이다. 이제부터라도 기업은 고부가가치 창출의 핵심인 브랜드 경영에 투자를 아끼지 말아야 한다.

브랜드의 신용이 축적되는 데는 어느 정도 시간이 필요하지만, 그 명성을 잃는 것은 보다 빠를 수 있다. 이처럼 유사제품과의 차별화를 기하고 모조품을 철저하게 규제하는 등 리스크를 해결해나가는 노력도 브랜드 관리의 중요 요소다.

미래는 디자인이다

1990년대 중반은 애플의 암흑기였다. 과거의 화려한 영광은 사라지고, 20%를 넘나들던 시장점유율은 8% 이하로 내려간 상황.

애플이 이 같은 위기에서 벗어나기 시작한 것은 스티브 잡스가 iCEO라는 직함으로 화려하게 복귀하면서부터다. 애플은 단조로운 베이직 데스크톱 컴퓨터가 대부분이던 PC시장에 과감하고 산뜻한 색상의 아이맥iMac을 내놓았고, 아이팟iPod, 아이폰iPhone, 아이패드iPad를 잇달아 출시했다. 업계와 소비자들은 놀라고 환호했다.

2010년 3월, 미국 등지에서 아이패드 시판 일정을 공개한 뒤 애플의 주가는 218.95달러로 사상 최고치를 기록했다. 시가총액 1,985억 달러로 미국 기업 '톱 5'에 진입했는데,[8] 엑슨모빌ExxonMobil, 마이크로소프트, 월마트Wal-Mart에 이은 4위의 기록이다.

IT업계에서 애플사보다 시가총액 규모가 큰 기업이라고는 마이크로소프트가 유일하다. 이에 대해 CNN머니닷컴은 이렇게 분석했다.

"지난 5년간 마이크로소프트와 애플의 시가총액 변동치에 근거하면, 마이크로소프트는 큰 변동이 없는 반면 애플은 2005년 3월 400억 달러를 밑돌던 수준에서 현재 2,000억 달러에 육

삼성전자의 보르도 TV

박하고 있다.”

〈포춘〉지는 이렇게 소개했다.

“델컴퓨터의 창업자 마이클 델은 약 12년 전, 한 IT 모임에서 '내가 애플사 CEO라면 문을 닫고 주주들에게 돈을 돌려주겠다'고 말한 적이 있다. 그러나 델컴퓨터와 애플의 시장가치는 수년 전 역전됐고, 지금은 그 차이가 점점 더 벌어지고 있다.”

애플이 기사회생한 원동력은 소비자들을 설레게, 열광하게도 만든 '디자인'과 '기술력'의 조합이었다. 애플은 '단순한 세련미와 사용 편의성'이라는 디자인 철학에 기술력을 절묘하게 조합해 고객의 마음을 사로잡는 제품을 생산해낼 수 있었다.

애플의 디자인을 책임진 사람은 디자인 담당 부사장 조나단 아이브Jonathan Ive였다. 아이브는 해리포터 저자 J. K. 롤링을 제치고 저명인사 1위에 오를 정도로 세계적으로 주목받은 인물. 스티브 잡스가 “천만금을 줘도 바꾸지 않을 사람”이라고 극찬

했던 이가 바로 아이브다.

삼성전자의 경우, 디자인경영센터를 만들어 디자인 선행 개발에 중점 투자하고 있다. 미국, 영국, 일본, 중국 등 해외 연구소를 별도로 운영하면서 디자인에 현지 정서를 가미하는 등 이 분야에 상당한 노력을 기울이고 있다. 그 결과 최근 몇 년 동안 세계적 권위의 국제 디자인 공모전에서 대량 수상하는 쾌거를 올리기도 했다.

또한 삼성전자는 2006년 보르도 TV를 출시, 40년 숙원이던 세계 TV시장 1위를 거머쥐었다. 보르도 모델 하나만을 200만 대 이상 판매하는 대기록을 세운 것이다. 가전제품의 대명사인 'TV시장 1위'는 전자업체에는 특별한 의미이다. 보르도 TV를 통해 삼성전자는 TV를 비롯한 전자제품의 왕자였던 소니를 넘어서게 된 것이다. 레드와인이 살짝 남은 와인 잔을 형상화한 디자인과 기술력을 결합한 이 제품은 TV를 단순한 방송 수신기에서 생활 속 소품으로 한 단계 끌어올렸다는 평가를 받았다. 초슬림 디자인은 물론 또렷한 화질을 구현한 제품력, 마케팅의 결합이라는 적절한 3박자가 이뤄낸 성과였다.

보르도 TV 출시로 시장을 빼앗긴 샤프와 소니 등 일본 업체들은 CES 2007에서 자존심을 구겨가며 비슷한 디자인의 제품들을 선보여야 했다.

● CES | 매년 미국 라스베이거스에서 개최되는 세계 최대 규모의 국제전자제품박람회(The International Consumer Electronics Show)

우수한 디자인은 미세하게라도 제품의 품질 및 기술적 우위와도 관계가 있다. 우수한 디자인을 만족하기 위해서는 기술적으로 뒷받침이 돼야 한다. 그래야 그 디자인을 구현할 수 있다. 기술력이 부족한 상황에서 디자인만 우위를 가져간다는 것은 있을 수 없는 일이다.

히트 상품은 기술(특허)과 디자인, 그리고 브랜드의 인지도를 통해 창출된다. 이러한 점에서 디자인 경영은 품질과 기술을 포함한 '디자인Design의 가치'를 고객에게 제공하는 것이다.

21세기는 '디자인의 시대'다. 이제 소비자들은 가격이 싸거나 품질이 좋다는 이유만으로 제품을 구매하지 않는다. 애프터서비스도 기업 간에 크게 차이가 나지 않는다. 20세기에는 품질 높은 제품을 낮은 가격에 공급할 수 있는 기업이 승리할 수 있었다. 그러나 21세기의 승자는 기술력과 더불어 소비자의 감성을 자극하는 디자인으로 무장한 기업이 될 것이다.

하버드대학교의 로버트 헤이즈Robert Hayes 교수는 "15년 전에는 기업이 가격으로 경쟁했고, 지금은 품질로 경쟁한다. 미래는 디자인 경쟁의 시대가 될 것이다"고 전망했다. 디자인은 '제2의 산업혁명'으로 불릴 만큼 산업 전 분야에서 중요한 기준이 되고 있다. 휴대전화의 구매결정 요인을 분석한 최근 조사 결과[9]를 보면 디자인의 중요성을 쉽게 이해할 수 있다. 이에 따르면, 휴대전화 구매결정 요인 가운데 '디자인을 최우선으로 고려한다'는 응답이 1997년 13.7%에서 2007년 35.2%로 증대됐으며, '성능을 본다'는 응답은 54.8%에서 31.5%로 감소한 것으로 나타났다.

지난 몇 년 우리는 예전과 달라진 디자인의 위상을 목격했다. 디자인 경쟁력 강화에 힘쓴 삼성 애니콜이 세계적인 명품으로 자리 잡고, 이노디자인Innodesign 김영세 대표의 작품 아이리버Iriver의 성공 사례 등이 바로 그것이다. 최근에는 회사의 디자인을 총괄하는 CDOChief Design Officer 자리에 우수 인재를 영입하는 것이 기업의 핵심 과제라는 이야기도 나온다. 디자인이 단지 부가가치 창출 요소가 아닌, 국가경제와 기업경쟁력의 핵심 역량이 된 것이다.

디자인 경영 마인드와 기술의 결합

국내 중소기업 루펜리.[10] 2003년 10월 설립된 이 업체는 불모지나 다를 바 없던 음식물 처리기 시장을 개척했다. 기존 시장 규모가 연 10만 대 수준에 불과했으나, 이 회사는 2007년 한 해 동안 음식물 처리기를 20만 대 이상 판매하며 1,000억 원 매출

루펜리의 음식물 처리기

이라는 성과를 올렸다.

음식물 처리기 시장 규모는 연간 약 2배 이상씩 성장하고 있지만 국내 가구당 음식물 처리기 보급률은 아직 3% 남짓이다. 따라서 음식물 처리기 시장은 '가전업계의 마지막 남은 블루오션'으로 불리고 있다. 이 분야 선발 주자인 루펜리의 성공으로, 여타 중소 가전업체들도 앞다퉈 음식물 처리기 시장에 뛰어들고 있다.

자원을 재활용Recycling한다는 기업의 철학을 담은 아이콘을 제품 정면에 부착함으로써, 손잡이 역할뿐 아니라 기업의 철학까지도 전달하는 루펜리의 디자인은 매우 성공적이었다. 또한 기존의 투박한 음식물 처리기와 달리 실사용자인 주부의 시선에 맞춘, 밝고 간결한 디자인과 아담한 크기 역시 소비자의 지지를 얻기에 충분했다.

특허청에 출원해 2008년 1월 디자인 등록을 완료한 루펜리의 음식물 처리기는 2009년, 일본 QVC홈쇼핑에서 방송 25분 만에 1,500대가 매진되는 기록을 세웠다. 2008년 4월에는 일본 최대 할인점 자스코JASKO의 4,000여 매장에 진출했으며, 대만의 한 홈쇼핑 업체로부터는 연간 최저 3만 6,000대의 수주를 요청받았다. 또한 아랍에미리트, 사우디아라비아 등 중동 국가에 2만 대를 공급하기도 했다.

"미래의 경영자는 디자인학 전공자가 경영학 전공자보다 더 많은 경쟁력을 갖추게 될 것이다. 디자인이 앞서 가야 시장에서 제값을 받을 수 있다."

이희자 대표의 '디자인 우선' 경영론에서 알 수 있듯, 중소기업인 루펜리가 디자인 경영에 성공할 수 있었던 요인은 크게 두 가지다.

먼저 경영자의 마인드. 경영자의 디자인 중시 경영 마인드가 있어야만 기업은 디자인에 투자를 할 수 있게 된다. 물론 디자인에 대한 경영자의 마인드가 곧 디자인 성공을 뜻하는 것은 아니다. 하지만 적어도, 디자인을 통해 기업 발전을 이뤄갈 기초는 갖췄다고 할 수 있을 것이다.

두 번째는 디자인 정체성Identity의 구축이다. 루펜리의 음식물 처리기 디자인은 무척 단순하다. 하지만 단순한 디자인 속에 루펜리가 추구하는 기업 철학을 담아냈고, 이것이 소비자의 니즈에 부합한 제품으로 탄생했다. 글로벌 선도 기업들도 루펜리와 마찬가지로 기업의 철학을 반영한 고유의 디자인 정체성을 구축하고 있으며, 이를 통해 고객의 충성도 및 브랜드 가치를 높이고 있다.

디자인의 중요성에 대한 인식이 과거에 비해 많이 개선됐지만, 여전히 디자인을 '제품의 외관 꾸미기' 정도로 생각하는 경우가 적지 않다. 이제 디자인을 기업 경영전략의 핵심 요소로, 성장의 원동력으로 굳게 믿고 사업 전략을 꾸려나가야 한다.

R&D를 리드하는 디자인

영국의 디자인카운슬Design Council은 지난 10년 동안 디자인 중심 기업의 영국 FTSE 100 지수 동향을 분석했는데, 이들 기업의 주식 가치가 다른 기업에 비해 무려 200%나 상승했다고 한다.[11]

디자인에 관심을 쏟는 CEO들도 많아졌지만, 아직 많은 경영인이 '디자인은 비용'이라는 생각을 버리지 못하고 있는 것 같다. 대기업이나 돈 많은 기업만 디자인 경영을 할 수 있는 것은 아니다. 미래 기업의 성패는 경영진 가운데 디자인을 아는 사람

■기술개발과 디자인 개발의 비교

구분	평균 개발기간	평균 개발비용	평균 매출효과
기술개발	2~3년	4억 원	5배
디자인 개발	6~9개월	2,000만 원	22배

이 있느냐 없느냐에 달려 있다 해도 과언이 아니다.

대개의 기업들은 R&D 투자에 관심이 높다. 신성장 엔진의 열쇠를 기술개발에서 찾으려는 것이다. 그런데 기술적으로 우수한 제품이 항상 소비자의 관심을 끄는 것은 아니다. 오히려 더 좋은 제품을 개발하기 위한 기업 간 과잉 경쟁으로 고객의 기대 수준을 넘어서는 문제가 발생하기도 한다.

이에 반해 디자인은 기술혁신에 비해 투자비가 상대적으로 적게 든다. 회수 기간도 짧다. 특히 소비자가 인식할 만큼 기술이 엇비슷한 상황에서는 디자인이 획기적인 무기가 될 수 있다. 기술개발도 물론 중요하지만, 창의성 있는 디자인을 개발하는 것도 투입 비용 대비 효과가 뛰어난 전략이다.

기업들의 최고 관심사는 '새로운 성장 동력'이다. 기업이 자생적으로 성장하기 위해서는 혁신적인 신상품을 개발해야 한다. 그런데 기술적으로 뛰어나고 혁신적인 제품들이 반드시 성공하는 것은 아니다. 혁신 기술로 중무장한 제품에 시장 생명력을 부여하는 것은 바로 디자인이다. 디자인은 기술혁신의 한계를 뛰어넘어 새로운 성장 돌파구를 제공한다.

지금까지의 상품 개발은 R&D가 주도해왔고 디자인은 거기에 옷을 입히는 식이었다. 그러다 보니 디자인의 창의성에 제약이 많았다. 뿐만 아니라 R&D 부서는 기술적 구현의 어렵다, 원가가 상승했다, 추가적인 공정이 필요하다는 등 갖가지 이유로 디자인을 배척했다. 결국 디자인 부서가 R&D의 요구에 맞춰가야 하는 양상이었다. 한마디로 소비자 중심의 디자인이 아닌 공급자 중심의 디자인이었던 것이다.

그러나 요즘은 많이 바뀌었다. 소비자에게 어필할 수 있는 혁신적인 디자인은 기업 경영 자체에 결정적인 역할을 하게 됐다. 요즈음 디자인 경영을 선언한 기업들을 보면, '디자인이 주도하는' 상품을 개발하는 분위기다. 먼저 디자인을 개발하고, R&D는 이를 구현할 수 있도록 기술 및 제품 개발을 하는 패러다임으로 전환하고 있는 것이다. 결국은 디자인을 더욱 쉽게 만드는 기술이 주목을 받게 되는 상황이 됐다.[12]

디자인과 특허를 융합하라

2009년도에 프린터를 대상으로 디자인분야에서도 '지재권 중심의 기술획득전략' 시범사업을 실시했다. 시장 트렌드분석, 경쟁 디자인 분석 및 미래디자인 제시 등 특허분야에 적용된 방법론을 디자인에도 적용하는 동시에 특허와의 융합적 접근의 가능성을 연 의미가 큰 새로운 시도로 평가되었다.

동시범 사업에 참여했던 S전자의 디자인담당 간부는 "경쟁사 대비 우리만의 디자인 융합전략에 상당히 많은 도움이 되었고, 디자인에 있어 새로운 방법론을 열게 된 것 같다. 기업에서도 아직 적용해본 사례가 없어 향후 범위를 좁혀 진행할 경우 좋은 성과가 기대된다"고 언급하면서 강력한 디자인을 창출하기 위한 새로운 방법론을 도출한 의미 있는 시도로 평가했다.

2009년도 프린터에서의 긍정적 사업결과에 힘입어, 2010년도에는 차세대 감성기술 휴대폰을 대상으로 디자인-특허 융합적 접근이 본격 추진되었다. 감성기술Emotional Technology은 고객의 감성에 그들이 좋아하는 자극이나 자극정보를 전달함으로써 기업 및 제품에 대한 호의적인 반응을 일으키는 기술 및 디자인 개발이라 정의할 수 있다.

최근 경쟁이 치열한 모바일 시장에서 감성기술 및 디자인 응용이 시장선점의 중요한 과제가 되고 있다. 하지만 세계적으로도 휴대폰분야의 감성기술 응용수준은 2차원 요소 접근수준으로 인간과 기기 간의 교감에 의한 감성 기술 등 3차원 감성기술 수준은 미미하므로 디자인, 기술, 컨텐츠의 융복합 감성 서비스 실현으로 융복합화에 의한 새로운 상품개발로 휴대폰 시장 블루오션 개척 필요성이 크다고 인식되었다.

감성휴대폰의 소비자 사용 환경기술은 다음 그림에서 보는 바와 같이 감성 인식, 표현, 반응기술이 핵심을 이루는 것으로 조사되었으며, 표와 같이 추진되어 감성기술에 중점을 둔 다양한 디자인들을 발굴하고, 사용자의 입장에서 다양한 형태의 유망 감성콘텐츠를 개발했으며, 이를 기초로 유망 디자인과 특허를 다

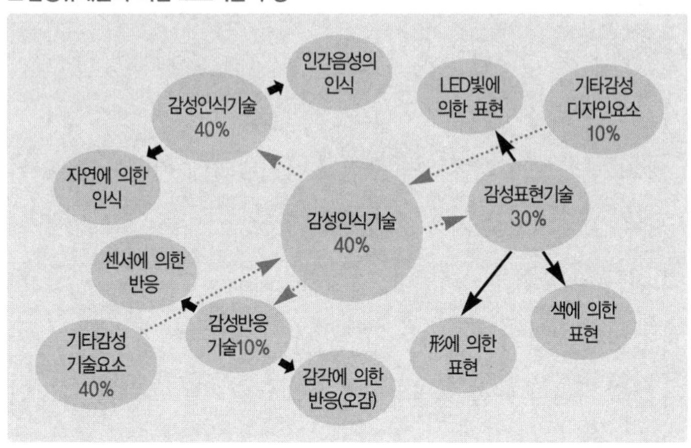

■ 디자인–특허 융합추진전략개요

	단계	추진개요
1	특허–논문–디자인 분석	감성디자인기술 세분화 및 검색 영역정립 특허논문 및 제품 분석 요지서 작성 메이저 기업의 포트폴리오 분석 디자인기술요소별 특허 포트폴리오 분석
2	환경분석	글로벌 경쟁사 휴대폰 진화 방향 제품 분석 시장·산업동향(주요 메이저 기업 감성마케팅 전략, 시장 동향 조사 및 미래 전략 예측/감성기술관련 특허분쟁 현황분석) 소비자 사용 환경 분석 및 글로벌 감성제품 사용환경 조사
3	지재권 포트폴리오 설계	감성관련 핵심특허 선정 감성 디자인기술 포트폴리오 구축 디자인기술별 유망디자인기술 도출 미래 지재권 포트폴리오 설계(유망 디자인기술 도출에 근거한 근미래 지재권 방향 예측)
4	획득전략수립 및 R&D과제 발굴	디자인기술별 유망 특허 포트폴리오 데이터베이스 구축(감성인식기술, 감성반응기술, 감성표현디자인기술로 세분화하여 각 분야 목표 포트폴리오 구축) 구축된 포트폴리오에 대한 대응 전략 수립 기술별 유망 포트폴리오 설계 방안(주요 감성기술과 디자인 융합에 의한 핵심 사용자 콘텐츠 창출/감성콘텐츠에 기반한 향후 제품 개발 전략 수립/차세대 감성휴대폰 구현을 위한 핵심 특허 획득을 위한 구체 방안 제안) 미래 유망 기술과제 도출 및 분류 및 감성휴대폰 전략 청사진 제시

수 도출한 사례는 주목할 만하다. 또한, 그 사업의 결과물들을 회사 임원진들의 전략 수립 기초자료와 스마트폰 디자이너들의 아이디어 발굴을 위한 자료집으로도 활용하고 있다고 한다.

디자인을 권리로서 보호받기 위해서는 특허청에 디자인 출원을 해야 한다. 이때 '디자인권'은 디자인 출원서에 기재된 사항과 도면에 따라 그 권리가 확정된다. 결국 도면의 정확성이 매우 중요하다. 그런데 대부분의 물품은 3차원 형상인 데 반해 특허를 출원할 때의 창작 디자인은 2차원 도면으로 표현해야 하는 어려움이 있다. 게다가 출원인은 정투상도법에 따른 사시도나 6개 도면 또는 이에 준하는 도면들을 특허청에 제출해야만 했다.

제품 생산 과정에서 만들어진 3D도면(3차원 영상 데이터)을 다시 2D도면으로 바꾸려면 많은 시간과 비용이 필요했고, 특허청

■ 디자인 출원 과정 개념도

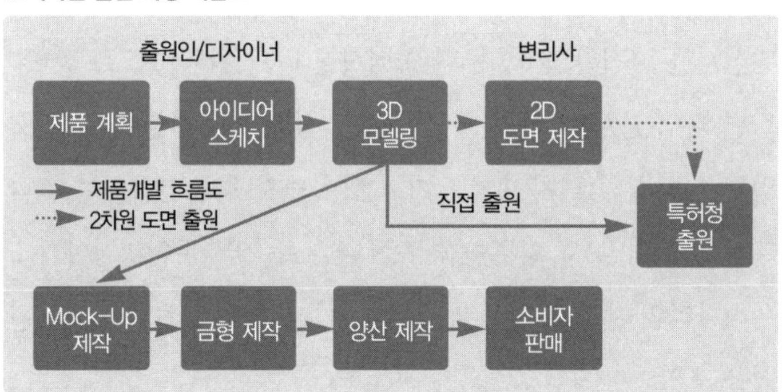

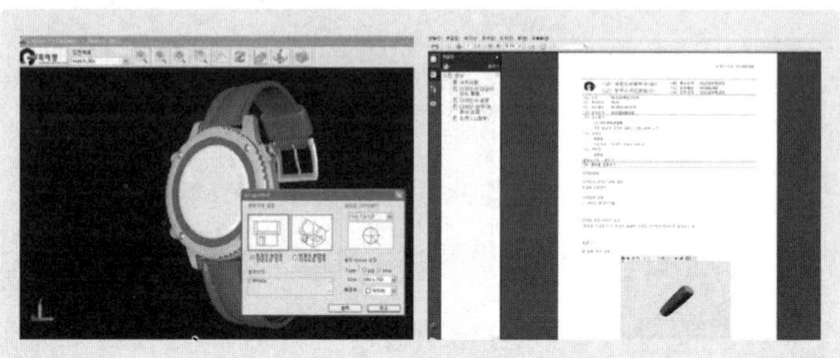

의 디자인 심사관들 역시 제출된 2D도면을 정확히 파악하기 위해 많은 시간과 노력을 들여야 했다. 이것이 심사처리 지연의 원인으로 이어지기도 했다.

다행스럽게도 이러한 문제점들을 일거에 해소할 수 있는 방안이 나왔다. 최근 3D 관련 기술이 발달하며, 출원인이 제품을 개발할 때 만든 3D도면을 바로 특허청에 제출해 권리를 인정받을 수 있도록 한 제도다. 디자인업계는 이미 IT혁명으로 실제 업무에 3D도면으로 작업을 하고 있는데, 정부는 예전의 도면심사를 고집하고 있어, 단지 심사를 받기 위해 별도로 2차원 도면 작업을 해야 하는 형국이었다. 산업계의 현실을 잘 알고 있는 특허청의 디자인 전문가그룹이 필자에게 건의하여 적극 추진했고 재임 시 일본, 중국 등 다른 주요국 특허청장에게도 우리나라의 제도 도입을 알렸는데, 혁신적 조치라면서 높은 관심을 보였었다.

디자인 업계에서 가장 많이 사용하고 있는 3D파일포맷3ds, dwg, dwf을 선정해 디자인 등록출원부터 디자인 심사, 등록공보까지 할 수 있게 됐다. 이처럼 절차가 크게 간소해짐에 따라 출원인은 도면 작성 비용을 절감할 수 있고, 특허청 입장에서도 도면 심사에 소요됐던 시간을 단축하며, 디자인권 출원인들에게 더욱 신속하고 정확한 권리 확보서비스가 가능해졌다.

디자인권 공모전을 주목하라

디자인권 공모전은 2006년 대학생 디자인 공모전Design & Right으로 시작되었는데, 2008년부터 대회 운영방식을 획기적으로 바꾸어 디자인권 공모전Design Right Fair으로 탈바꿈하였다. 또한, 당시 이희범 무역협회장의 적극 지원이 있어 한국무역협회와의 공동사업으로 확대되었고, 차세대 디자이너들에게 자신의 창작물을 수익자산화 할 수 있는 기회를 부여하는 동시에 수출기업의 디자인 경쟁력 강화에도 기여하고 있다.

수많은 다른 디자인 공모전은 각 기업의 홍보와 함께 저렴한 비용으로 우수한 디자인과 아이디어를 얻으려는 데 목적이 있기 때문에 출품자는 모든 지식재산권을 주최 측에 넘겨주고 소정의 상금만 받는 것이 현실이었다. 그러나 디자인권 공모전은 출품작의 디자인권 등 지식재산권을 창작자(디자이너)가 소유하며, 디자인권을 매개로 기업이 디자이너로부터 창의적인 디자인을 얻는 오픈 이노베이션이라는 것이 가장 큰 특징이다.

2008년부터 출품대상을 대학생에서 일반인에게도 개방했으며, 디자인이 필요한 기업의 물품디자인을 공모하면 디자이너는 이에 대해 출품과 동시에 디자인등록출원을 하게 된다. 기업 관계자와 함께 심사하여 기업의 의견을 최우선으로 고려하여 수상작을 결정하며, 기업은 수상작을 양산하고 이에 따른 로열티를 출품자에게 지급하게 된다.

6장

지식재산 강자로
살아남는 길

지식재산 강국의 비전을 세우라

일본은 2002년도에 지재입국을 선언하고 '고이즈미' 총리가 직접 본부장에 취임하는 등 이미 2000년대 초반부터 적극적으로 지재강국정책을 추진해오고 있다. 일본의 이러한 지재입국 추진에는 아라히 히사미쓰 前 특허청장의 기여가 매우 컸다. 아라이 히사미쓰 전 특허청장은 자신이 퇴임한 뒤에 민간전문가들과 함께 2001년 8월 지적재산 전략포럼을 만들고, 고이즈미 총리를 설득해 일본을 지재강국으로 변화시키기 위한 노력을 전개했다. '지적재산 전략포럼'에서는 2001년 10월 지재입국을 위한 1차 제언을 발표하고 전문가들의 의견을 바탕으로

'2010년에는 세계 최고의 지재입국이 되자!'는 주제로 100가지 실천전략을 담은 2차 제언을 2002년 1월 최종 공표했다. 이러한 민간의 활동은 2002년 2월 고이즈미 총리가 시정 연설에서 '연구활동과 창조활동의 성과를 지적재산으로, 전략적으로 보호·활용하고, 일본국 산업의 국제경쟁력을 강화하는 것을 국가의 목표로 할 것', '이를 위하여 지적재산전략회의를 설치하고, 필요한 정책을 강력하게 추진할 것'을 선언함으로써 2002년 지식재산 기본법 제정, 2003년 지적재산전략본부 설치로 열매를 맺게 된다.

한편, 우리나라도 일본의 지재입국 움직임에 자극 받아 일부 지재권 전문가들을 중심으로 2000년대 중반부터 지식재산 기본법을 제정하자는 노력이 전개되었으며, 17대 국회에서는 몇 분 의원들이 일본법을 참조하여 의원 입법안을 제출하기도 하였으나, 실제 심의에는 이르지 못했다. 입법에 이르지 못한 것은 여러 가지 이유가 있겠으나 근본적으로 우리 정부와 사회 전반에 아직 지식재산 기본법 제정에 대한 충분한 공감대 형성이 이루어지지 않은 까닭이라 하겠다.

일본의 지재입국추진과정을 이해한 뒤, 우리나라의 실정을 감안해서 다음과 같은 추진전략을 구상해서 실천에 옮기기로 했다.

1단계로 우리나라 지식재산 전략의 청사진인 '21세기 지식재
산 Vision과 실행전략'을 2008년말 수립하였고, 2009년도 초부
터는 본격적으로 여론주도단체들을 결집시키는 작업을 추진했

■ **21세기 지식재산 비전과 실행전략**

P-Hub KOREA
1. 세계 최고 수준의 지식재산 행정기관 KIPO
2. 국가간 심사협력 확대 및 지식재산 시스템 발전에 기여
3. 인류 모두가 더불어 잘 사는 지재권 공동체 구현

제조업 강국에서 지식재산 강국으로 도약
1. 세계적 수준의 일류 지재권 보유기업 육성
2. 지식재산 창출 산업의 성장 촉진
3. 최고 수준의 지식재산 인력 양성

신 지식재산사회로의 전환
1. 지재권을 존중하는 사회풍토 조성
2. 개인의 창의적 노력에 대한 보상체계 혁신
3. 신 기업적 지식재산 사법제도 정립
4. 효율적 지재권 행정체계

다. 2008년도에 공학학림원, 무역협회 등 다수의 여론주도 기관들과 지식재산관련 새로운 일들을 공동으로 추진하여 왔기 때문에, 상당한 신뢰 관계가 형성되어 있어 많은 도움이 되었다. 마침내 2009년 3월 5일, 우리나라 산업계, 학계, 시민사회계를 대표하는 17개 단체와 공동으로 '지식재산강국추진협의회'를 발족시키고, '21세기 지식재산Vision과 실행전략'을 공동의 어젠다로 삼아 강력히 추진할 것을 결의했다.

이날 행사 이후에 주요 언론에서 지식재산 이슈를 자주 다루게 되었고, 지식재산정책이 국가적 과제라는 인식을 확산시키는 데 큰 도움이 되었다. 우연의 일치지만, 우리가 민간차원의 지식재산강국 추진의지를 밝힌 2009년 3월 5일 같은 날, 중국은 제11차 전인대에서 원자바오 총리가 지식재산전략을 과학기술, 인재양성과 같은 차원의 국가정책으로 추진하겠다고 공표했다.

지식재산정책을 범부처적 국정과제로 부상시키는 일은 2단계로 나누어 추진되었다. 우선 2009년 4월 13일 대통령 주재 제30차 국과위에서 '지재권 중심의 기술획득전략'을 보고하여, 관계부처는 물론 산학연 전문가들로 구성된 민간위원들로부터 전폭적 지지를 받아, 국가R&D를 효율화하는 정책으로 채택되었다.

한편, 지식재산정책의 보다 보편적 과제들은 2009년 7월 29

일 제15차 국가경쟁력강화위원회에 13개 관련부처가 공동으로 작업, '지식재산강국실현전략'으로 상정했다. 특허청이 주무부처로서 사실상 거의 모든 작업을 담당했으나, 13개 부처를 대표하여 특허청 차장이 대통령 주재 회의에서 보고하는 등 형식상으로도 주무부처로 자리매김하게 되기까지는 우여곡절이 많았다. 한편, 국경위에서는 정선태 단장이 지경부, 특허청, 검찰, 방통위 등 여러 부처 직원들로 이루어진 팀을 잘 이끌었고, 강만수 위원장을 비롯한 여러 민간위원들의 적극적 지원이 큰 힘이 되어 보고는 성공적으로 끝났다. 이로 인해 지식재산 기본법의 제정, 지식재산위원회의 설치 등 후속조치를 총리실이 중심이 되어 범부처적으로 이행하라는 대통령지시사항이 내려지는 소기의 성과를 거두었다.

지식재산 기본법의 의미

2009년 7월 29일 제15차 국가경쟁력강화위원회 보고 후속조치를 추진하기 위해서는 총리실에 담당조직인 지식재산전략기획단 설치가 선결조치였다. 국무조정실과 함께 행전안전부를 설득하여, 마침내 이듬해인 2010년 2월 1개과 증설이 인정되고, 총리실의 자체 직제조정을 통하여 1개팀이 확보되어, 1과 1팀 규모의 조직이 신설되었다. 기획단의 설치에 따라 2010년 3월에는 국무조정실장을 위원장으로 차관급 위원들로 구성된 지식재산정책협의회가 구성되어 1차 회의를 가졌으며, 당시 추진 중에 있던 의원입법과는 별도로 정부의 지식재산 기본법안입법을 추진키로 결정했다. 아울러, "지식재산이냐? 지적재산이냐?"는 용어 문제를 문화체육관광부가 재차 제기했으나, 다수의 부처가 지식재산을 보다 보편타당성이 있는 용어로 지지했다. 이어서 2010년 4월 6일에는 기획단의 실무작업을 통해 지식재산 기본법 정부안이 입법예고 되었는데, 입법내용에 대해서 일본의 지적재산기본법에는 없는 차별화된 보다 진일보한 입법을 하기 위해 고민했다. 나는 당시 담당 국장이었던 김영민 국장에게 우리나라의 지식재산경쟁력을 강화하고, 친지식재산

■ 지식재산 기본법안 체계개요

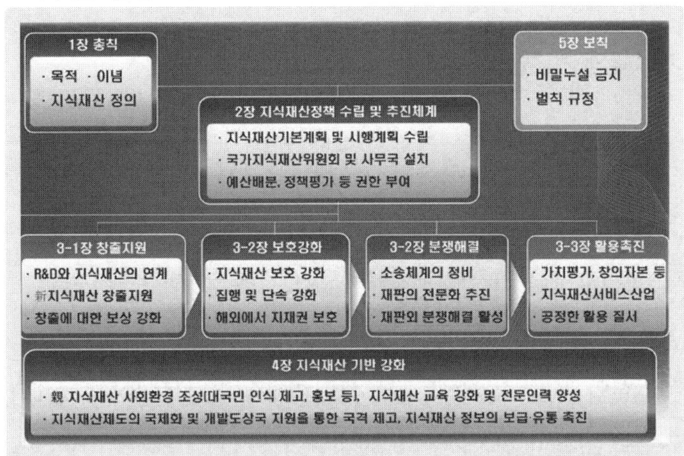

사회로의 전환을 촉진하기 위해서는 모든 부처의 지식재산 유관 법령과 정책을 검토, 필요한 보완조치를 적어도 권고할 수 있는 제도적 장치를 반드시 입법안에 반영하여야 한다고 당부하면서, 지속가능발전 기본법의 사례를 참고하라고 알려주었다. 예전에 에너지정책을 담당했을 때, 이른바 에너지정책의 친환경적 정합성 담보를 명분으로 에너지분야의 주요정책을 지속위와 협의하도록 하는 것에 대해 지속위측과 견해차이가 있었던 경험이 도움이 된 것은 아이러니이긴 했으나, 결과적으로는 우리나라 지식재산 기본법의 실효성을 갖추는 데는 큰 도움이 되었다. 또한 지식재산과 R&D전략연계, 지식재산가치 평가 및 관련 금융, 지식재산권의 공정한 활용 및 남용방지, 지식재산서비스산업의 지원 등 향후 우리나라가 지식재산강국으로 도약하기 위해 실질적인 면에서 기반이 될 수 있는 의미 있는 조항들이 포함되어 일본의 기본법과 상당 수준 차별화되었다.

한편, 정부 내의 추진과는 별도로 국회차원에서 지식경제위 이종혁 의원이 지식재산정책에 관한 분명한 소신과 열정을 가지고 지식재산 기본법 입법을 위해 노력했는데, 이종혁 의원의 의원입법안은 국회심의 과정에서 정부안과 통합 심리되었고, 정부 내의 입법작업을 촉진시키는 긍정적 역할을 했다.

2010년 4월 16일 지식재산 기본법안이 입법예고되었고 2011년 4월 21일 국회통과까지 1년이 걸렸으며, 2011년 5월 19일 공

포, 2011년 7월 20일자로 발효하게 되었다. 법안 통과를 위해 총
리실과 특허청의 간부 및 직원들이 많은 노력을 했다.

지식재산 기본법의 입법에는 여러 전문가들이 적극 협조했
다. 특히, 공학한림원의 기여가 컸다. 나는 윤종용 회장의 지지
를 받아 공학한림원 집행위에서 지식재산특별위원회를 설치할
것을 제안했고 집행위에서 추인을 받아, 2009년 2월 지식재산
위원회가 발족했다. 위원장은 서문호 아주대 총장을 모셨으며,
위원들은 우리나라 최고의 전문가들로 구성했다.

2010년 4월 1일 공학한림원은 그동안의 연구조사활동을 정
리하여, 윤종용 회장이 직접 지식재산강국으로 가기 위한 정책
제언을 발표했다. 지식재산 기본법의 조속 제정을 촉구했음은

■한·일 양국 지식재산 강국 추진 전략비교

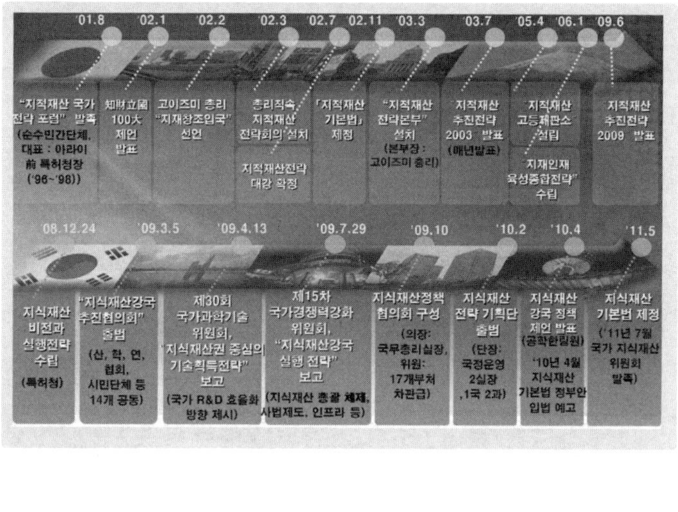

'01.8 '02.1 '02.2 '02.3 '02.7 '02.11 '03.3 '03.7 '05.4 '06.1 '09.6

"지적재산 국가 전략 포럼" 발족 (순수민간단체, 대표 : 아라이 前 특허청장 ('96~'98))

知財立國 100大 제언 발표

고이즈미 총리 "지재창조입국" 선언

총리직속 지적재산 전략회의 설치 / 지적재산전략 대강 확정

「지적재산 기본법」 제정

"지적재산 전략본부" 설치 (본부장 : 고이즈미 총리)

지적재산 추진전략 2003 발표 (매년발표)

지적재산 고등재판소 설립 / "지재인재 육성종합전략" 수립

지적재산 추진전략 2009 발표

'08.12.24 '09.3.5 '09.4.13 '09.7.29 '09.10 '10.2 '10.4 '11.5

지식재산 비전과 실행전략 수립 (특허청)

"지식재산강국 추진협의회" 출범 (산, 학, 연, 협회, 시민단체 등 14개 공동)

제30회 국가과학기술 위원회, "지식재산권 중심의 기술획득전략" 보고 (국가 R&D 효율화 방향 제시)

제15차 국가경쟁력강화 위원회, "지식재산강국 실행 전략" 보고 (지식재산 총괄 체제, 사법제도, 인프라 등)

지식재산정책 협의회 구성 (의장: 국무총리실장, 위원: 17개부처 차관급)

지식재산 전략 기획단 출범 (단장: 국정운영 2실장, 1국 2과)

지식재산 강국 정책 제언 발표 (공학한림원) '10년 4월 지식재산 기본법 정부안 입법 예고

지식재산 기본법 제정 ('11년 7월 국가 지식재산 위원회 발족)

물론이다. 정부 입법안의 입법예고를 앞둔 시점에서 적절한 시기였으며, 이후 입법 분위기 조성을 위하여 윤종용 회장을 비롯한 주요 공학한림원 인사들의 기고와 언론 인터뷰가 계속되었다. 또한, 많은 공학한림원 지재위위원들이 총리실에 설치된 지식재산 민간자문위원으로 활동했으며, 국가과학기술위원회에서도 박재근 위원이 지식재산전문위원회위원장을 맡는 등 많은 기여를 했다.

한·일 양국의 지식재산 전략의 국가 어젠다화 과정을 비교하면 아래 그림과 같이 요약·정리될 수 있다.

지식재산 강국을 위한 10가지 과제

지식재산 기본법의 제정으로 우리나라가 지식재산 강국으로 발돋움하기 위한 기반이 구축된 것은 다행한 일이나, 문제는 지금부터라고 생각한다. 지식재산 기본법에 의거해 5년마다 지식재산기본계획이 만들어질 것이고 매년 연차별 실행계획도 범부처적으로 만들어질 것이다.

2008년도에 '21세기 지식재산 Vision과 실행전략'을 만들면서 다음과 같은 10개 과제를 제시한 바 있다.

지식재산 기본법 제정은 이미 이루어졌으나, 그 밖의 과제는 아직도 진행형인 것들이 많으므로 좋은 참고 자료가 될 것으로 생각한다. 2008년도 일본지재본부 방문 시, 나는 지재본부 발족으로 어떤 성과가 있었냐고 질문했다. 답변은 지식재산 정책 추진 모멘텀이 커졌고, 범부처적 협력체제가 강화되었다는 것이었다. 재차 질문했다. 구체적으로 정책추진 모멘텀이 커지고 유관부처 간 협력체제가 강화되어, 종전에 안 되던 일이 이루어진 정책 사례를 3가지씩만 들어 달라고 부탁했다. 일본 지재본부 측은 잠시 상의한 후에, 특허청 심사관을 5백 명 증원했고, 모조상품에 대한 유관부처 공조단속체계가 강화되었다는 것을 대표적 성과로 제시했다. 각성의 대신들이 총리와 지식재산 정책을 논하는 정기적 자리가 있으니, 준비 기간 동안 모두 긴장

▣ 지식재산위원회 10대 과제

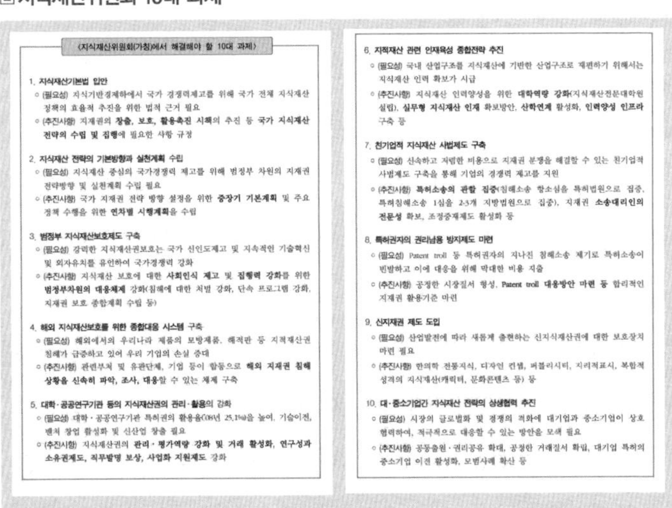

〈지식재산위원회(가칭)에서 해결해야 할 10대 과제〉

1. 지식재산기본법 입안
   - (필요성) 지식기반경제하에서 국가 경쟁력제고를 위해 국가 전체 지식재산 정책의 효율적 추진을 위한 법적 근거 필요
   - (추진사항) 지재권의 **창출, 보호, 활용촉진 시책의 추진 등 국가 지식재산 전략의 수립 및 집행**에 필요한 사항 규정

2. 지식재산 전략의 기본방향과 실천계획 수립
   - (필요성) 지식재산 중심의 국가경쟁력 제고를 위해 범정부 차원의 지재권 전략방향 및 실천계획 수립 필요
   - (추진사항) 국가 지재권 전략 방향 설정을 위한 **중장기 기본계획** 및 주요 정책 수행을 위한 **연차별 시행계획**을 수립

3. 범정부 지식재산보호제도 구축
   - (필요성) 강력한 지식재산권보호는 국가 신인도제고 및 지속적인 기술혁신 및 외자유치를 유인하여 국가경쟁력 강화
   - (추진사항) 지식재산 보호에 대한 **사회인식 제고 및 집행력 강화**를 위한 **범정부차원의 대응체제 강화**(침해에 대한 처벌 강화, 단속 프로그램 강화, 지재권 보호 종합계획 수립 등)

4. 해외 지식재산보호를 위한 종합대응 시스템 구축
   - (필요성) 해외에서의 우리나라 제품의 모방제품, 해적판 등 지적재산권 침해가 급증하고 있어 우리 기업의 손실 증대
   - (추진사항) 관련부처 및 유관단체, 기업 등이 합동으로 **해외 지재권 침해 상황을 신속히 파악, 조사, 대응**할 수 있는 체제 구축

5. 대학·공공연구기관 등의 지식재산권의 관리·활용의 강화
   - (필요성) 대학·공공연구기관 특허권의 활용율('08년 25.1%)을 높여, 기술이전, 벤처 창업 활성화 및 신산업 창출 필요
   - (추진사항) 지식재산권의 관리·평가역량 강화 및 거래 활성화, 연구성과 소유권제도, 직무발명 보상, 사업화 지원제도 강화

6. 지적재산 관련 인재육성 종합전략 추진
   - (필요성) 국내 산업구조를 지식재산에 기반한 산업구조로 재편하기 위해서는 지식재산 인력 확보가 시급
   - (추진사항) 지식재산 인력양성을 위한 **대학역량 강화**(지식재산전문대학원 설립), 실무형 지식재산 인재 확보방안, 산학연계 활성화, 인력양성 인프라 구축 등

7. 친기업적 지식재산 사법제도 구축
   - (필요성) 신속하고 저렴한 비용으로 지재권 분쟁을 해결할 수 있는 친기업적 사법제도 구축을 통해 기업의 경쟁력 제고를 지원
   - (추진사항) **특허소송의 관할 집중**(침해소송 항소심을 특허법원으로 집중, 특허침해소송 1심을 2-3개 지방법원으로 집중), 지재권 **소송대리인의 전문성 확보**, 조정중재제도 활성화 등

8. 특허권자의 권리남용 방지제도 마련
   - (필요성) Patent troll 등 특허권자의 지나친 침해소송 제기로 특허소송이 빈발하고 이에 대응을 위해 막대한 비용 지출
   - (추진사항) 공정한 시장질서 형성, Patent troll **대응방안 마련** 등 합리적인 지재권 활용기준 마련

9. 신지재권 제도 도입
   - (필요성) 산업발전에 따라 새롭게 출현하는 신지식재산권에 대한 보호장치 마련 필요
   - (추진사항) 한의학 전통지식, 디자인 컨셉, 퍼블리시티, 지리적표시, 복합적 성격의 지식재산(캐릭터, 문화콘텐츠 등) 등

10. 대·중소기업간 지식재산 전략의 상생협력 추진
    - (필요성) 시장의 글로벌화 및 경쟁의 격화에 대기업과 중소기업이 상호 협력하여, 적극적으로 대응할 수 있는 방안을 모색 필요
    - (추진사항) 공동출원·권리공유 확대, 공정한 거래질서 확립, 대기업 특허의 중소기업 이전 활성화, 모범사례 확산 등

출처 : 21세기 지식재산 Vision과 실행전략, 2009, 특허청

해서 지식재산 정책을 챙기게 되는 것은 물론이다.

그러나 기본법을 제정하고 위원회를 만들어도 내세울 만한 성과를 창출하기는 참으로 어려운 일이겠다는 느낌을 지울 수 없었다. 나중에 아라이 전 특허청장 등 일본의 관련 전문가들에게 확인해본 바, 특허사법제도의 개혁이 가장 큰 성과라는 의견이었다. 당초 일본 정부는 독일식의 기술판사제도도 도입하고자 했으나, 법조계의 격렬한 반대로 관철시키지 못했으며, 관할 집중은 그나마 고이즈미 총리가 직접 본인 개혁 어젠다로 추진했기 때문에 법조계의 반대를 극복할 수 있었다는 평가였다. 앞으로 지식재산위원회에서도 우리나라가 21세기 지식재산 강국으로 도약하기 위한 실효성 있는 정책들이 범부처적으로 추진되어야 할 것이다.

특히 앞서 소개한 10대과제 중 '친기업적 지식재산 사법제도'는 사법부와의 협의도 필요한 만큼 국가지식재산위원회에서 추진하지 않으면 실현 불가능한 의제라 생각된다. 현재 우리나라는 특허분쟁이 생길 경우, 분쟁대상이 되는 특허권의 무효화 비율이 80% 수준에 달하는 등 주요 선진국에 비해 너무 높아 "한국에서는 특허권이 전혀 보호받지 못하기 때문에 의미가 없다"거나, 심지어 일부 기업에서는 "특허부서를 유지하고 있는 이유는 외국에서의 특허 업무 때문이다" 라고 말하는 실정이다. "권리를 보호받고자 소송하면, 내 특허만 죽기 십상이다"라는 인식은 국내외 메이저 기업에 널리 퍼지게 되어, 최근에는 우리 나라에서 특허소송이 활발하지 않은 원인을 제공했으며, 이러 한 현상의 근본 원인은 아직도 우리나라 특허사법담당자들이 지식재산권의 가치와 보호에 대한 인식이 부족하고, 전문성이 미흡하기 때문인 것으로 관련 전문가들은 보고 있다. 즉, 자신이 잘 이해하지 못하는 문제에 대해서 대다수의 특허사법담당자들 이 특허권 침해를 인정해서 상대방에게 생산판매금지와 배상조 치를 내리는 심적 부담을 지기보다는 특허권 자체가 무효라고 함으로써, 결과적으로 책임 있는 판단을 회피하고, 정당한 특허 권자에게는 이루 말할 수 없는 상실감을 주고 있으며, 주요 기업 의 지식재산 전문가들 사이에 ‘한국특허 무용론’ 을 일리 있는 것으로 받아들이게 하는 원인을 제공하고 있다는 것이다. 많은 시간과 비용을 투입하여, 각고의 노력 끝에 개발한 우리기업들 의 특허기술이 자국 내에서조차 특허권으로 보호받지 못할 경 우, 외국에서의 권리획득에도 커다란 부정적 영향을 주는 것이 현실이며, 향후 후발 개도국업체들이 국내시장에서 우리 기업 의 특허권을 침해할 경우에도 대응수단이 없는 실정이라는 우 려의 목소리도 있다. 또한, 현재와 같은 고비용 저효율 특허 사 업제도가 지속되는 한, 기술력 있는 중소기업들도 대기업과의 분쟁이 발생할 경우 현실적으로 감당하기가 어렵기 때문에 대중 소기업의 상생을 위해서도 신속, 공정, 저비용의 특허사업 제도가 정착되어야만 할 것이다. 부디, 우리나라도 훗날 국가지식재산위원회의 가장 큰 성취는 법률소비자 중심의 세계에서 가장 효율적인 특허사법제도를 구축케 된 것이라는 평가를 받는 날이 오기를 간절히 소망한다.

IP5의 자부심을 가져라

우리나라는 G20국가로서 표에서 보는 바와 같이 경제규모, 무역규모, 에너지소비, 온실가스배출량 등 거의 모든 지표가 10위권 안팎이며, 비중은 2% 내외이다. 단, 특허만이 출원기준으로 전 세계 4위이며, 특허권보유자의 국적기준으로는 2008년도 말 현재 전 세계 누적유효특허 630만 건 중 52만 건으로서 세계 3위이고 비중도 8.6%에 달하고 있다.

지식재산 분야 국제질서는 지난 30여 년간 미국, 일본, 유럽 특허청으로 구성된 소위 3극(3極) 특허청을 중심으로 해서 형성되어 왔다. 1980년대에는 미국, 일본, 유럽특허청으로부터 특허출원이 전 세계 특허출원의 과반수를 차지하여 3극 특허청이 특허분야의 주류 세력이 되는 것은 당연했다. 이에 따라 3극 특허청은 1983년부터 3극 특허청장회의 및 실무그룹회의를 갖고 각종 지재권 제도와 국제규범의 제정 등을 논의하고 이를 선도해왔다.

지표		수치(한국/세계)	단위	순위	비중
무역규모(2009)		690/25,108	십억 달러	11위	2.7%
수출	2009년	384/12,490	십억 달러	9위	2.9%
	2010년	488.3	십억 달러	7위	
명목GDP(2010)		986.3/69,163		15위	1.6%
자동차보유대수(2009)		173./966.9	백만대	16위	1.8%
1차 에너지소비량(2009)		227/12,267	백만 TOE	10위	1.9%
전력소비량(2009)		430/18,603	TWh	9위	2.3%
CO_2배출량(2008)		501/29,381	백만 톤	10위	1.7%
특허출원건수(2008)		170,632/1,907,915	건	4위	8.9%

■2008년 국가별 유효특허건수　　　　　　(단위 : 백만 건)

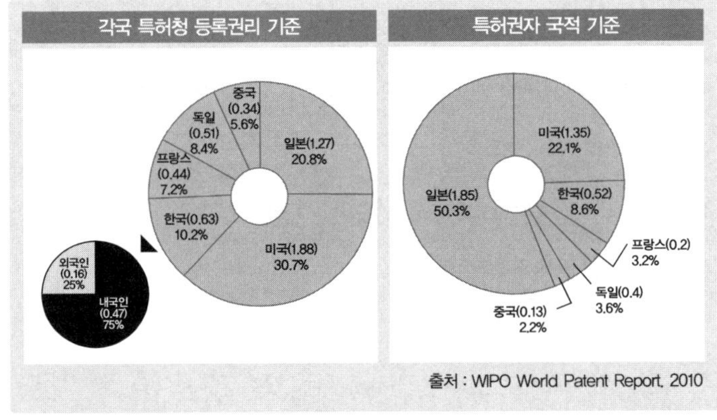

　　그러나 2000년대 접어들어 한국과 중국으로부터의 특허출원
이 급증함에 따라 더 이상 3극 특허청이 전체 특허제도 이용자
의 입장을 대변하기 어려워지게 되었고, 기존 3극 특허청에 한
국과 중국이 포함된 5개국 특허청 간 협력 필요성이 서서히 대
두되기 시작했다. 2007년 기준으로 5개국으로부터의 출원이 전

세계 전체 출원의 76%를 차지하게 되어, 특허분야의 주류세력이 기존 3극 특허청에서 이에 한국, 중국이 포함된 5개국 특허청으로 확대되게 된 것이다.

특허분야에 있어 5개국 특허청 간 협력은 2007년 미국특허청이 5개국 특허청 간 회합을 최초로 제안하여 미국 하와이에서 5개국 특허청장이 회동('07.5)한 것이 그 시초라 할 수 있다. 그러나 2007년 5월 회동 이후 5개국 특허청간 협력 논의는 별다른 진전이 이루어지지 않았다. 미국, 일본, 유럽특허청은 여전히 기존 3극 간 논의에 익숙해져 있었고, 중국특허청은 5개국 협력의 필요성에 소극적인 입장이었다.

내가 특허청장으로 부임했을 때에도 5개국 협력과 관련한 이러한 국가별 입장은 별다른 변화가 없는 상태였다. 뭔가 확실한 돌파구가 필요한 상황이었고, 이에 우리나라가 중심이 되어 5개국 특허협력체 구성을 실현해보자는 취지에서 2008년 5개국 특허청장 회의의 한국 유치를 추진하기로 결정했다.

이에 따라 우리나라는 2008년 5월에 선진 5개국 간 특허협력체를 IP5Intellectual Property 5로 명명하자고 제안하면서 선진 5개국 특허청장 회의를 개최하겠다고 제안했다. 중국은 회의참가 자체에 유보적 입장을 표명하는 등 쉽지 않은 상황이 이어졌다. 지속적 실무협의와 함께 2008년 9월 스위스 제네바에서 개최된 세계지식재산권기구WIPO 전체총회 기간 중 각국 특허청장들과 연쇄 회담을 가진 끝에 마침내 한국의 선진 5개국IP5 특허청장 회의 개최가 확정되었고, 불과 한 달 후 제주도에서 제2차 선진 5개국IP5 특허청장 회의가 개최된 것이다.

일단 IP5 특허청장 회의를 제주에 유치하게 된 이상, 애초에 목표했던 대로 이번 회의를 통해 '5개국 특허협력체'를 정식 발족해야만 했다.

5개국 특허협력체의 발족을 목표로 한 치밀한 회의 준비 끝에 2008년 10월 27일 선진 5개국 특허청장 회의가 제주에서 개최되었고, 나는 주최국 청장으로서 회의를 주재하게 되었다. 에너지자원분야에서 국제협력업무를 오랫동안 해온 나로서도 미국, 일본, 중국, 유럽청장들과 함께 세계 특허시스템을 보다 효율적으로 발전시키기 위한 의제를 논의하고 합의를 이끌어내는 것은 개인적으로 커다란 행운이자 영광이었다. 모든 일이 흔히 그러하지만, 첫날엔 별다른 합의 없이 회의가 종료되었고, 저녁 만찬 이후 실무자급 저녁 세션을 별도로 개최하여 자정을 넘겨서까지 심도 있는 협의가 진행되었다. 김용선 국제협력과장은 회원국 실무대표들 간의 이견을 잘 조정해서 많은 진전을 이루어냈으나, 여전히 전망은 불투명했다.

하지만 합의를 위한 우리의 진정성과 각국 고유음식을 준비하는 등 참가국들에 대한 최대한의 따뜻한 배려가 협력분위기를 고조시켜, 회의 종료일에는 사전 협의 시 서면 합의에는 유보적이던 중국도 합의의사록에 서명하고 이를 대외적으로 공표하는 데 동의하게 되었다. 마침내 미국, 유럽, 일본, 중국, 한국 특허청장들이 5개국 협력체의 비전에 동의하고 '10개 기반사업' 공동추진에 합의하는 등 제주회의에서 IP5 업무협력체의 공식발족이 이루어지는 성과를 거두게 되었다.

또한, 내가 제안한 'IP5개국 심사관 워크샵' 개최 역시 합의하게 되었다. IP5 청 간 특허심사공조의 성공적 실행을 위해서는 각청 심사관들의 자발적 참여가 필수적이며, 심사관이 배제된 하향식 접근방식의 협력활동은 성과가 제한적일 수밖에 없다고 강조했다. 특허 심사는 종국에는 심사관들의 주관적 판단에 따라 특허권 부여 여부가 결정되므로, 전 세계적으로 일관성 있는 특허심사결과를 담보하기 위해서도 특허심사업무의 물적 인프라를 조화시킬 뿐만 아니라, 특허성판단의 기준을 조화시킬 필요가 있다는 논리가 동료 청장들로부터 지지를 받게 되었다. 사실 애초에 나는 'IP5 심사관 경진대회'를 제안했으나, 일부 회원국이 경쟁적 요소가 가미되는 것에 우려를 표해 경쟁 요

■IP5 10대 기반 프로젝트

주도국	10대 기반 프로젝트(Foundation Project)
유럽(EPO)	공통 분류, 공통 검색 DB
일본(JPO)	공통출원서식, 검색(심사)결과 공유시스템
한국(KIPO)	심사관 훈련 전략, 기계번역
중국(SIPO)	심사실무 · 품질관리를 위한 공통지침, 공통통계지표
미국(USPPO)	검색(심사) 지원도구, 검색전략 공유 및 접근

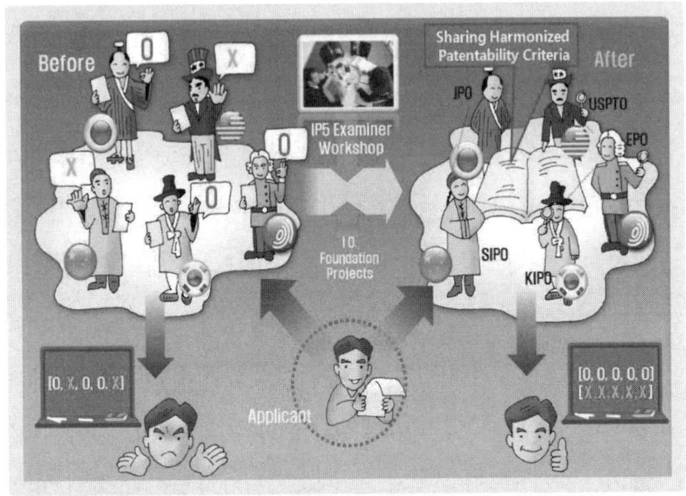

소를 배제하고 우수 사례Best Practice를 공유하는 형태인 워크샵 개최로 타결되게 되었다.

제주에서 출범한 IP5 특허협력체는 지속적으로 발전하여, 2010년 제3차 IP5 특허청장회의가 중국 계림에서 개최되었고, 제4차 회의는 2011년 5월에 일본에서 개최되어, 세계 특허행정을 주도하는 논의의 장으로 자리매김 되고 있다.

유럽특허청은 2010년도 계림에서 개최된 제2차 IP5 회의에서, IP5 특허협력체의 흐름을 논하면서 제주회의에서 IP5 비전과 10대 기반과제가 확정되었고, IP5 협력체에 중국이 공식참여하게 되었으며, 2009년 10월 대전에서 개최된 제1차 IP5 심사관 워크샵을 통해 5개국 특허청 심사관들이 처음으로 동일 출원 건을 같이 만나서 심사하게 되었음을 우리 한국특허청의 기여로 적시했다. 우리가 주최한 제1차 IP5심사관 워크샵에 참여한 심사관들의 절대적 지지에 힘입어, 유럽특허청은 2010년도 10월 제2차 IP5 심사관 워크숍을 뮌헨에서 개최함으로써 IP5 업무협력 체제를 심사관들 사이에 뿌리 내리는 데 적극 동참하고 있으며, 제3차 워크숍은 2011년 11월 미국특허청 주최로 개최될 예정이다.

IP5 협력 논의와 더불어 기존의 3극 특허청 간 논의 역시도 현재 지속되고 있다. 이는 세계경제발전과 공동번영을 위한 논의 체계가 신규 출범한 'G20 체제'와 기존 논의구조인 'G8 체제'가 공존하고 있는 것과 같은 모양새라고 할 수 있다. G20과 G8의 관계, IP5와 3극체제에 모두 적용되겠지만 앞으로 각 체제가 염두에 두고 있는 궁극적 목표달성에 더욱 효과적인 쪽으로 무게중심이 쏠릴 것이고, 이는 각 체제의 실무위원회 활동에 의해 좌우될 것으로 보인다. 따라서 당장 3극 체제를 IP5체제에 통합시키자고 주장할 것이 아니라, IP5 모든 실무프로그램에 우리가 적극 기여함으로써 별도의 3극 실무회의가 불필요한 것으로 만들면, 일차적으로 실무위원회가 통합될 것이고 3극청장회의에 별도의 의제가 없어지면 시간이 지나 자연스럽게 IP5체제로 전환될 것이라 생각한다. 이미 몇 개의 실무그룹은 통합 운영되기 시작하고 있어 귀추가 주목된다.

앞으로 지식재산 분야 G5의 모임인 IP5 체제가 더욱 활발해지기 위해서는 지식재산보유 기업, 지식재산전문 로펌, 연구기관 등 민간 부문의 참여도 적극 유도해야 할 것이다. 미국, 일본, 유럽 등 3극 국가 간에는 지식재산을 다루는 민간부문 간에도 3극 지식재산 사용자그룹회의 등을 통해 상호 협력하면서 특허제도의 사용자 입장에서 정책 제언을 하는 등 활발한 활동을 펼쳐 나가고 있으므로 우리 산업계도 조속한 시일 내에 KINPA(한국지식재산협의회)를 중심으로 사용자그룹회의에 일원으로 동참하는 방안을 적극 모색하여야 할 것이다.

IP5체제가 제주회의에서 공식 발족하자 세계 지식재산계의 반응은 뜨거웠다. 세계지식재산기구WIPO와의 관계에서도 우리의 입지가 한층 강화되었으며, WIPO의 거리F. Gurry 사무총장이 나와 약속한대로 특허청의 국장급 간부를 WIPO 간부직에 임용하는 데 긍정적으로 작용했다고 생각된다. 많은 국가의 특허청이 IP5활동에 관심을 표시하면서, 우리와의 양자회의 시 IP5 진전 상황에 대해 설명해줄 것을 요구해와 새삼 지식재산 5강으로서의 우리나라의 위상을 실감했다. 또한 IP5는 호주, 영국, 캐나다 3국 특허청 간 업무협력체인 밴쿠버그룹을 탄생시키는 촉매제 역할을 하기도 했다.

국제사회에 지식을 나누자

2009년 11월 25일 파리 경제협력개발기구OECD에서 여러모로 의미 있는 결정이 내려졌다. 한국의 OECD 개발원조위원회DAC 가입이 의결된 것이다. OECD DAC는 전 세계 선진 22개국만이 가입한 원조제공 국가 간 모임으로 전 세계 원조의 90% 이상을 이 DAC 소속국가들이 담당하고 있다. 이로 인해, 글로벌 국제사회에서 국가 간 원조가 시작된 이래 원조를 받는 나라가 원조를 주는 나라로 바뀐 첫 번째 사례가 탄생한 것이다. 1950년 한국전쟁 직후 1인당 국민소득이 67달러에 불과한 최빈국으로, 지난 반세기 동안 전 세계에서 유래 없는 발전을 이룬 대한민국. 2009년 기준 1인당 총소득이 17,175달러, 무역규모 14위에 해당하는 국가로 발돋움했다. 1945년 해방 이후 선진국으로부터 약 6백억 달러(70조 원 상당)에 이르는 원조를 받았지만, 이제는 마침내 이웃나라에 도움을 주는 선진국클럽에 들어선 것이다.

전 세계에서 유일무이한 우리나라의 발전사례는 많은 개발도상국들에게 발전의 모델로 자리를 잡고 있다. 지식재산권 분야에 있어서도 마찬가지다. 해방 전후 지재권 제도의 개념조차 없던 시기에서 출발, 1960년대 현대적 개념의 특허법 제정을 거쳐 2010년 현재 세계 4위의 특허출원 대국으로 성장한 것이다. 이는 외형적인 경제성장의 기적을 뛰어넘을 만큼 놀라운 성과다.

지식재산분야에 있어서의 한국의 발전은 국제적으로도 널리 주목받고 있다. 미국 윌리엄 미첼 법대의 Jay A. Erstling 교수는 개도국의 발전모델로 한국의 특허정책을 연구 소개하는 논문[1]을 발표했다. 세계지식재산권기구WIPO도 지식재산을 효과적으로 활용해 경제발전을 이룩한 대표적인 사례로 한국의 발전을 언급하고 있다.

세계 4위의 지재권 선진국으로서 우리나라가 장차 해나가야 할 일은 적지 않다. 먼저 지식재산 분야의 국제적 발전을 선도해야 함은 물론, 우리의 발전경험을 바탕으로 개발도상국과 최빈국들의 지식재산분야 발전을 도와야 한다.

최근 많은 개도국들이 특허청을 방문해 한국의 지식재산발전 경험과 전략을 벤치마킹하고, 우리 지식재산 전문가들에게 컨설팅을 의뢰하고 있다. 한국의 발전모습을 자국의 성공모델로 삼고자 하는 것이다. 개도국 입장에서는, 불과 몇 십 년 전만 해도 자국과 별반 다르지 않던 한국이 현재 세계 4위 지재권 국가가 되었으니, 이보다 더 좋은 발전모델 사례는 없는 셈이다.

우리나라의 경제 성장과 지식재산정책은 서로 발전적인 영향을 주고받으며 성장해왔다. 1960년대 절대빈곤시절, 경제성장을 위한 외국자본유치가 절실한 때에는 현대적인 지식재산법 체계 도입을 통해 특허를 비롯한 지식재산이 보호되는 환경을 마련해 외자유치를 지원했다. 1970~80년대 섬유 · 의복 · 신발

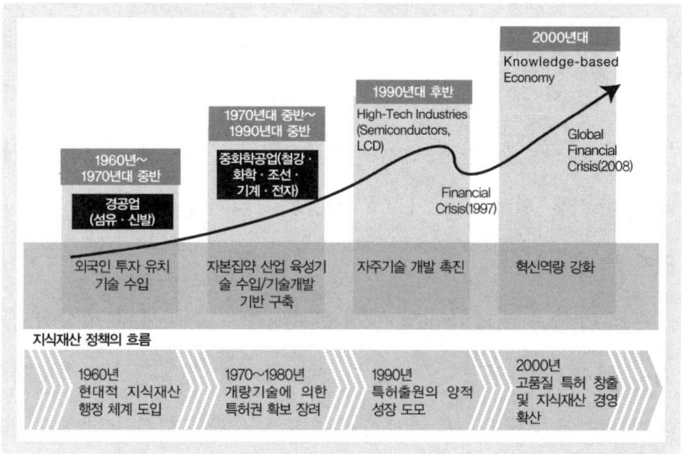

등 경공업 발전과 기계 · 자동차 · 화학장치 등 중화학공업 도입 초기에는 실용신안법 등을 적극 활용해 개량기술개발을 유도했다. 1990년대 반도체 · LCD 등 첨단기술 개발에 있어서는 특허의 양적 성장을 주도해 토종기술개발을 적극 유도했고, 2000년대 후반부터는 양적 성장에 이어 기술개발의 질적 성장을 유도하기 위한 여러 지식재산 정책을 추진하고 있다.

바로 이러한 우리만의 경험을 각 개별 개도국들의 처한 상황에 맞게 각 단계별로 적합하게 조언해줄 수 있는 것이다. 개도국에 대한 지재권 발전전략 지원은 전 세계 지식재산제도의 발전에도 큰 영향을 끼칠 수 있다.

최근 국제사회는 지재권 보호를 강조하는 선진국과 공중 보건·환경 등에 있어서 지재권 공유를 주장하는 후진국 간의 갈등, 소위 남-북 대결이 첨예하게 벌어지고 있다. 이로 인해 때로는 비정치적인 분야에 있어서도 국제적 합의가 이루어지지 못하는 등 불편한 문제로 이어지고 있다. 지식재산 제도의 국제적인 발전을 위해서는 선·후진국 간 격차 해소를 위한 노력이 필수적일 것이다.

우리나라는 개도국에서 세계 4위 지재권 강국으로 성장한 경험을 살려, 지재권 분야에서 다양한 국제적 활동들을 수행하고 있다. 그 중 하나가 세계지식재산권기구WIPO를 통한 한국신탁기금 사업이다.

특허청은 2004년부터 매년 약 8억 원 규모의 한국신탁기금을 WIPO에 출연, 지재권 국제사회의 공동발전과 개도국의 지재권 역량개발을 돕고 있다. 2010년까지 총 69개국이 이 사업의 수혜를 받아 자국의 지식재산 제도를 구축하고, 자국의 지식재산 시스템을 향상시켰다. 2009년부터는 지식재산제도나 시스템 발전을 위한 지원과 더불어 개도국 주민들의 삶에 더욱 밀접한 실질 분야의 지원도 추진하고 있다.

사실 아프리카나 아시아의 최빈국의 경우 지식재산제도의 발전보다는 당장 생존에 필수적인 물, 식량, 에너지 등과 같은 기본적인 자원요소들이 더욱 절실하게 요청된다고 할 수 있다. 이러한 저개발국, 저소득층의 빈곤퇴치 등을 위해 개발된 기술

오염된 상수원에서 박테리아를 99.9% 제거

식수원에서 먼 곳까지 손쉽게 물을 운반하는 물통

을 '적정기술Appropriate technology'[2]이라고 한다.

적정기술의 단적인 예로 강물이나 오염된 물에서 직접 기구를 대고 물을 마실 수 있도록 개발된 휴대용 정수기 'LifeStraw', 어린아이도 약 100리터의 물을 손쉽게 운반할 수 있게 설계된 'Q Drum' 등을 들 수 있다.

이러한 적정기술들은 최첨단 하이테크 기술이 아니며, 이미 개발되어 알려진 기술들도 상당히 많다. 다만 최빈국 국민들이 그 존재를 잘 모르는 데다 공급도 되지 않아 사용을 못하고 것이다.

기술의 보고라고 할 수 있는 특허문헌에서 최빈국들이 필요로 하는 기술들을 찾아내어 저개발국들에 제공해주는 사업은 대단히 뜻깊은 지식재산 나눔 운동이 될 수 있다. 이처럼 많은 기술특허들이 다행히 최빈국들에는 등록 자체가 되어 있지 않아 해당국에서 기술을 사용하는 데 별다른 문제도 없다.

특허청은 지식재산 나눔 운동의 일환으로 우리나라의 대표적 해외원조 NGO인 '굿네이버스'와 제휴하여 이러한 적정기술 보급을 시도하고 있다. 2009년도에 굿네이버스와 적정기술 협력MOU를 체결했는데, '굿네이버스' 측도 마침 대외원조사업에서 새로운 패러다임이 필요한 시점에 적정기술사업에 접하게 되어 적극 동참했다.

대다수 아프리카 국가에서 취사와 난방 연료로 목재나 숯을 사용하고 있는데, 많은 국가에서 산림 황폐화를 우려한 벌목금지령 등을 내려 일반 주민들이 큰 어려움을 겪고 있다. 특허청은 미국 MIT 대학이 개발한 '사탕수수 껍질을 이용한 숯 제조 기술'을 아프리카 현지에 맞게 변형해 제공하고자 추진 중이다. 사탕수수 껍질은 현지에 매우 풍부한 재료다. 이를 이용한 저렴한 숯 제조 기술을 이용한다면 현지 주민들의 삶의 질은 크게 향상될 것이다.

또한 굽지 않고도 제작 가능한 비소성 벽돌 제조 기술을 발굴해 네팔, 방글라데시 등 최빈국으로의 기술이전을 추진 중이다. 우리나라에는 필요치 않은 기술일 수 있으나, 해당국 국민의 삶의 질을 높일 뿐 아니라 환경오염도 줄일 수 있는 1석 2조의 효과가 거둘 수 있을 것이다.

국내 민간단체에도 이러한 나눔 운동이 확산되고 있다. 2009년 12월 '국경 없는 과학기술연구회'가 발족하고, 한 달 앞서 사단법인 '나눔과 기술'이 창립하는 등 적정기술 관련 활동이 본격화된 것이다.

특허뿐 아니다. 또 다른 지식재산인 '브랜드'를 통해서도 개도국에 도움을 줄 수 있다. 개도국의 많은 1차 상품들은 나름대로 우수한 품질을 가지고 있지만, 브랜드 전략이 따로 없어 제값을 받지 못하고 있는 현실이다. 이러한 개도국의 1차 상품에 브랜드를 붙여 해당 상품이 제값을 받게 해준다면, 이는 해당 주민들의 소득 증대로 이어질 수 있다.

한국 YMCA의 공정무역Fare-trade 커피가 이러한 사례다. 한국 YMCA는 동남아시아 동티모르의 가난한 소규모 커피재배 농가에서 공정한 가격에 커피 생두를 직매입해 커피로 가공한 후 국내에서 합리적인 가격으로 판매하고 있다. 2008년도에 시범사업으로 YMCA의 동티모르커피를 선정하여, 특허청 디자인·상표 전문가들로 하여금 공정무역 브랜드를 개발해 붙여주고, 상표출원을 도와주도록 지원했었다. 새로운 브랜드 부착 후 YMCA의 공정무역 커피는 매출액이 2배로 늘었다고 한다.

특허청은 또한, 아프리카 최빈국 중 하나인 차드에도 브랜드 제공 사업을 추진 중이다.

차드에는 매년 3월에서 6월 사이에 열대 과일인 망고가 아주 흔한데, 보관·가공시설이 없어 그 이외의 시즌에는 제대로 된 과일 자체를 구경할 수 없다고 한다. 이에 굿네이버스가 차드 현지에 망고를 건망고(말린 망고) 형태로 가공할 수 있는 사회적 기업의 설립을 추진 중이다. 건망고 제품을 위한 브랜드 개발은 특허청이 도와주고 있다.

특허청의 '적정기술 보급사업'과 '브랜드 지원사업'은 필자가 2009년도 9월에 제네바에서 있었던 Francis Gurry 세계지식재산권기구WIPO 사무총장과의 첫 면담에서 우리나라가 대개도국 기여사업으로 적극 추진하겠다고 밝힌 이후, WIPO의 개발 아젠다 사업으로 정식 채택되어, 앞으로 WIPO를 통해 국제적으로 확산될 예정이다. 더불어 브랜드 지원사업은 아시아태평양경제공동체APEC에 '1촌 1브랜드'로 채택, 장차 아시아-태평양 지역 국가의 주민들이 브랜드와 상표의 혜택을 받을 수 있을 전망이다. 장차 아시아-태평양 지역 농민들이 자신들의 농작물을 보다 좋은 가격에 팔수 있도록, 차별화된 브랜드를 제공해주는 의미 있는 사업으로 확산되길 기대해본다.

지식재산을 활용한 최빈개도국 지원은 기존의 '현물' 중심 지원이 아니라, '지식'과 '기술'을 제공해주는 방식이다. '물고기'가 아니라 '물고기 잡는 법'을 가르쳐주는 셈으로, 공적 원조의 다양성을 넓혀주는 신선한 시도라는 평을 받고 있다.

미국, 일본 등 경제규모가 큰 국가들의 기여에 비해 우리나라 대외원조는 양적인 면은 뒤떨어질 것이다. 그러므로, 우리만의 경험과 지식을 바탕으로 다양하게 기여의 질을 높여나갈 필요가 있다. 선진국과 개도국 간의 중재자 역할을 통해 국제사회에 차별화된 기여를 해나가는 것. 바로 이것이 성숙한 세계국가로서 대한민국이 나아가야 할 길이다. 개도국들과의 지식재산 나눔사업은 2008년 발간된 '21세기 지식재산 Vision과 실행전략'에 '인류 모두가 잘사는 지재권 공동체 구현'이라는 제목하에 기본개념과 추진방향이 제시됐다. 내가 2008년도 특허청장으로 부임하여, 처음으로 개도국에 대한 적정기술공여, 브랜드 지원사업 추진을 지시했을 때, 직원들의 반응은 참으로 이상한 것을 시킨다는 것 이상도 이하도 아니었다. 하지만 사업을 시작한 지 불과 한두 해 만에 국격을 높힐 수 있는 사업으로 널리 인식되었다. 2010년도에는 정부의 우수정책으로 선정되고, 최근에는 삼성전자 등 주요 기업들도 기업의 사회적 책임 차원에서 공동사업추진을 제의한다는 얘기를 듣고 감회가 새로웠다. 1990년대 초반, UN ESCAP의 아태지역 에너지정책자문관으로서 많은 아태지역 국가들을 실제로 방문하여 현지에서 같이 일했던 경험과 오랜 세월 에너지정책을 담당하면서 이루어진 NGO들과의 교분이 내가 이런 발상을 하게 된 요인이 아니었나 생각한다. 아무쪼록 우리정부와 시민단체, 기업들이 연대하여 사업이 잘 진행되고 생존을 위해 투쟁하는 어려운 여건의 개도국주민들의 삶이 바뀌는 성공사례가 속출하여, 우리 한국 사람들이 따뜻한 마음씨를 가진 괜찮은 사람들이라는 인식이 국제사회에 널리 퍼지기를 기대한다.

책을 쓰고 보니, 당초 의도한대로 우리나라가 지식재산강국으로 도약하는 기폭제가 되기는커녕 우리 기업, 연구소, 대학의 R&D전략을 근본적으로 변화시켜 시장선도자로서 핵심IP를 선제적으로 창출하자는 메시지를 설득력 있게 전달하기에도 턱없이 모자란다는 것을 절감하고 있다. 그간의 '녹색성장 경쟁시대의 지식재산전략' 강의가 많은 기업과 연구기관에서 당해 기업과 연구소의 특허전략을 진일보시키는 촉매제로서 기여했다는 평가에 고무되어, 우리나라 산업계의 지식재산역량을 강화시킬 수 있는 현실적 방법론을 조속히 확산시키자는 취지에서 펜을 들었지만, 막상 읽힐 수 있는 책과 내용 있는 책 사이에서 균형점을 찾기가 쉽지 않았다.

이 책의 편집을 진행한 한경BP 직원들에게 마음속 깊이 감사한다. 아울러 R&D와 지식재산 양쪽에 모두 뛰어난 전문성을 가지고 '지재권중심의 기술획득전략' 사업에 열성적으로 참여하여, 우리나라 최고 기업의 전문가들도 그 유용성을 인정하게 만든 특허청의 심사관들에게 다시 한 번 그들의 전문성에 존경의 뜻을 표하면서, 나와 함께 우리산업의 지식재산경쟁력 제고를 위해, 해보지 않은 일에 기꺼이 동참했던 열정에 감사한다. 또한, 나의 부탁을 받아들여 공직을 마무리하고 새로 태어난 R&D특허센터를 이끌어 '지재권 중심의 기술획득전략'을 범국가적으로 확산시키기 위해 애쓰고 있는 박종효 소장의 건승을 기원한다.

공직생활의 마지막 2년 동안, 우리나라의 지식재산역량을 제고하고, IP5 국가로서 국제적 위상을 높이는 데 지식재산정책의 책임자로서 유능하고 열정 있는 후배들과 함께 일할 수 있었던 것은 개인적으로도 더 할 나위 없는 영광이요 행운이었다. 특히, 지식재산정책을 국가적 어젠다화하기 위해 노력했던 과정에서 김영민 차장, 천세창 국장을 비롯한 특허청의 후배들이 보여준 헌신적 업무수행은 나의 마음속에 소중한 추억으로 오랫동안 간직될 것이다.

지난 31년간의 공직생활에서 나를 지도, 성원해주셨던 이기준 교수님, 이현구 교수님, 장호남 교수님을 비롯한 은사,

상사, 선배님들, 함께 일했던 동료, 후배들에게 다시 한 번 감사의 뜻을 전하며, 이 책이 우리나라가 지식재산강국으로 도약하는 데 미약하나마 도움이 되었으면 좋겠다는 바람을 담아 본다.

지식재산 강국들의 **특허전략**

일본 기업들과 Ⅳ

2008년 〈이노베이션 촉진을 향한 신지재정책〉이라는 보고서를 발표한 일본 특허청은, 일본에서도 대학과 기업의 연구개발 단계까지 포괄하는 새로운 지식재산 비즈니스를 창출해야 한다고 언급했다. 일본 정부의 이러한 문제의식은 구체적인 성과로 발전했고, 마침내 2009년 7월 '산업 활력의 재생 및 산업 활동의 혁신에 관한 특별 조치법'에 따라 15년간의 한시 조직으로 주식회사 산업혁신기구가 탄생했다.

당초에 일본 정부는 기업·대학 등에 묻혀 있는 특허를 사들여 폭넓은 산업 분야에서 부가가치 높은 상품을 개발한다는 구

● **주식회사 산업혁신기구** | 2009년 9월 27일 공식 출범했다. 처음 논의 당시에는 '이노베이션 창조기구'라는 명칭이 사용됐으나 법률에 외래어를 사용하는 것이 금지돼 있어 주식회사 산업혁신기구로 명칭을 바꿨다.

상하에 이노베이션 창조기구 설립을 추진해왔다.[1] 그러나 '일본판 IV'라는 애초의 구상과 달리, 현행 산업혁신기구의 활동 내용은 기업 재편 등을 중심으로 투자하는 간접적이고 제한적인 방식으로 크게 바뀌었다. IV 같은 민간 사업자가 추진하는 것과 달리 정부기관이 특허를 매집하고 소송을 통해 이익을 취하는 것은 비난받을 소지가 크다는 판단 때문이었다.

당초의 방향이 크게 수정되기는 했으나 산업혁신기구에서 투자하는 재원財源은 향후 일본의 지식재산 창출과 활용에 크게 작용할 것으로 예상된다. 기구에 모인 금액 중 일부(한화 약 300억 원)로 산업계에 제공하는 모델을 시범적으로 운영할 계획이라고 한다.

산업혁신기구는 총 905.1억 엔 규모의 출자금(일본 정부로부터 820억 엔, 혁신기구의 취지에 뜻을 함께한 민간기업 16개 회사[2]로부터 85.1억 엔)을 받았다. 또한 금융기관으로부터 자금을 조달받을 경우 가능한 정부 보증이 8,000억 엔 규모다. 모두 합해 최대 9,000억 엔의 투자가 가능한 것이다.

혁신기구는 특정 펀드 혹은 특정 기업에 직접 출자하는 방식으로 투자한다. 민간 투자자본은 혁신기구가 출자하는 특정 펀드에 참여하거나 혁신기구가 투자하는 기업에 출자하는 방식으로 참여할 수 있다.

정부 주도로 조성된 투자기구지만, 투자에 객관적이고 중립적인 판단이 가능하도록 '이노베이션창조위원회'란 투자 결정 기관을 두고 있다. 민간 전문인이 운영하도록 배려를 한 것이다. 국가 전략적으로 중요하지만 리스크가 높아 민간의 자발적인 투자가 이뤄지지 않는 특정 기술 분야를 정부 주도로 투자해 기술개발 흐름을 주도하는 것. 민간 인재를 결집해 혁신을 창출하는 것. 이상이 산업혁신기구의 핵심이다. 산업혁신기구는 대학과 중소 벤처기업에 분산돼 활용이 미흡하지만 성장성이 높은 개별 기술을 집약하고 조합하는 계획을 추진하고 있다. 기술 분야에 있어서는 환경과 에너지 기술 등에 집중 투자할 것이라고 한다. 우리나라에서도 현재 특허청의 창의자본과 지식경제부의 창의자본주식회사가 추진 중이다. 장차 그 과정과 성과를 주목할 필요가 있다.

산업기술에 대한 투자개발이 결정된 후 시장에서의 가치가 구현되기 전까지는 통상 5년 이상이 소요된다. 초기 기술에 대해 공들이는 창의자본식 투자는 안정적인 거대 자본 없이는 실현이 어렵다. 다시 말해 소규모의 민간 자본이나 수익성으로부터 자유로울 수 없는 일반 회사 주도로는 창의자본식 투자가 이뤄질 수 없다는 것이다. 창의자본은 이러한 일반적 투자 방식의 한계를 극복하는 새로운 대안이라는 점에서 의의를 찾을 수 있다.

그러나 모든 경제활동이 그렇듯 지식재산의 창출과 활용, 투자 역시 정부 주도에 계속 의존하다 보면 무리가 생기기 마련이다. 정부 자원에 한계가 있는 데다 서비스가 궁극적인 수요자를 찾기 힘들며, 자칫 국민의 세금 낭비라는 비난을 받기도 쉽기 때문이다. 결국 우리나라에서 지식재산에 기반한 비즈니스 모델이 성공할 것인지의 여부는, 상당 부분 민간 역량의 바로미터barometer로써 가늠될 것이다. 아쉽게도 우리나라는 지식재산 기반의 다양한 비즈니스 활동이 활발하지 않을뿐더러 여러 환경 조건도 열악한 편이다. IV처럼 리스크가 큰 초기 연구 활동에 대규모 자금을 의욕적으로 투자할 투자자도 부족하고, 객관성과 대외신인도가 높은 평가기관이나 평가자 등 투자를 위한 인프라 역시 미흡하다. 또한 각종 지식재산 관련 비즈니스를 수행할 전문 인력마저도 부족한 편이다.

이런 와중에 가까운 일본에서는 성숙 단계도 아닌 초기 단계 기업에 대한 투자펀드가 성공했다는 소식이 들려오고 있다. 특허를 보유한 초기 기업에 대한 투자가 활발히 논의되고 있는 것이다.

다수의 우수한 과학기술 인력을 보유하고 있는 우리나라도 머지않아 다양한 지식재산 비즈니스 모델이 활성화될 수 있기

● UTEC(University of Tokyo Edge Capital) | 도쿄대학 산학협력기금이 100% 소유한 벤처캐피털 회사로서, 임직원이 7명에 불과한 소규모 투자운용회사이다. 도쿄대의 연구 성과 및 연구 인력을 이용해 창업한 벤처기업에 대한 전문투자기관으로 설립됐으나 현재는 모든 벤처기업을 대상으로 투자하고 있다. 2004년에 결성돼 2009년에 투자가 완료된 제1호 펀드의 경우 총 4개의 투자 포트폴리오가 상장됐으나 그 중 초기 단계에서 투자된 1개사만 원금 이상 회수에 성공(총 펀드의 50%에 이르는 금액으로 회수)했고, 나머지 성숙 단계에서 투자된 3개의 포트폴리오는 원금보다 적은 금액으로 회수됐다. 100억 엔 규모의 제2호 펀드는 2009년 결성 후 현재 추가 모집 진행 중이며, 1차의 운용 경험을 토대로 2차 펀드는 초기 기업 위주로 투자를 진행할 계획이라 한다.

를 기대해본다.

21세기 지식재산 경쟁 시대에서 생존하려면 개방형 혁신이 필수다. 개방형 혁신이 가능하려면 지식재산의 활용과 유통 등을 촉진하는 지식재산 기반 비즈니스가 활성화돼야 한다.[3] 이를 위해서는 인력과 자금 등의 자원이 필요하다. 민간기업도 적극적으로 관심을 기울이고 자발적 역량을 강화해야 한다. 금융기관 및 금융기관 종사자들은 새로운 지식재산 기반 비즈니스 모델을 적극적인 투자 대상으로 고려할 필요가 있다. 또 변리사와 기술개발자 등 지식재산 전문 인력들도 전통적인 업무 영역에서 벗어나 컨설팅, 기술평가 등 보다 다양한 영역까지 전문성을 확대해야 한다.

세계 각국의 지식재산 강화 정책들

기업의 특허 경영이 결실을 맺기 위해서는 국가 차원의 제도적인 뒷받침과 사회적인 분위기가 절대적으로 필요하다. 미국, 일본, 중국 등은 이미 지식재산 강화 전략을 국가적으로 채택해 추진하고 있다.

미국은 2000년, 부처 협의체 형태의 지식재산권집행자문위원회National Intellectual Property Law Enforcement Coordination Council, NIPLECC를 설치하고 위원회의 조직 및 기능을 지속적으로 강화했다. 특히 2008년 'Pro-IP 법'으로 불리는 '지식재산을 위한 자원·조직의 우선화 법'을 제정했고, 백악관에 지식재산권 집행조정관을 두어 지식재산 정책을 국가 주요 전략의 전면에 내세웠다.

지재권 침해로 미국 내에서만 최소 2,000억 달러의 지재권 피해가 발생하고, 연간 7만 5,000개의 일자리가 사라지고 있는 것으로 추산되는 상황에서 미국 정부의 강력한 지재권 보호정책은 결국 국내외 시장에서 미국 제품을 보호하기 위한, 다시 말해 미국 지재권자의 이익을 대변할 법률로 평가받고 있다.[4]

일본도 예외가 아니다. 미국의 지재권 공세로 제조업 성장이 둔화되고, 동아시아 국가들의 급성장으로 산업경쟁력에 대한 위기감을 느낀 일본은 타개책으로 미국의 Pro-patent 정책을 벤치마킹한 지식재산 강화정책을 추진했다. 2002년에 내각총리대신을 위원장으로, 과학기술·총무·법무·문부과학·후생노동·농림수산·경제산업 대신 및 민간 전문가 11명으로 구성된 '지식재산전략회의'를 설치하고 '지식재산전략대강'을 발표한 것이다. 또 2003년에는 지식재산 기본법을 공포하고 이를 수행할 총리실 지식재산전략본부를 설치했다. 이처럼 고이즈미 총리는 자신의 정부를 '지식재산 내각'이라고 명명하는 등 지식재산입국 정책을 강력히 추진해나갔다. 이러한 면에서 일본은 미국의 친특허 정책에 대응해 국가 시스템을 제일 먼저 혁신한 국가라고 할 수 있다.

지식재산입국 정책은 사실 고이즈미 총리의 아이디어는 아니었다. 일본 정부의 국가 시스템 혁신을 주도하고 지식재산전략본부 수립 등에 깊숙이 관여한 인물은 아라이 전 특허청장이었다.

아라이 전 청장은 1996~1998년까지 일본 특허청장으로 재임하면서 일본의 지식재산 정책을 이끌어온 일본의 대표적인 지식재산 관료이자 산업 정책 전문가다. 일본 특허청장으로 재임하면서 지재권의 중요성을 인식한 그는 퇴임 후인 2001년 8월 민간 전문가들로 지적재산 국가전략 포럼을 구성했다. 그리고 총리에게 지재입국의 추진을 설득하게 된다.

때마침 일본에서는 나카무라 교수 사건을 계기로 연구자의 발명의욕 고취 등 지식재산 제도 개선 논의가 한창이었다. 덧붙여 일본인 기술자가 미국 정부에 산업스파이로 기소되는 사건도 있었다. 2001년 10월, 지적재산 국가전략 포럼은 지재입국을 위한 1차 제언을 발표했다. 그리고 2002년 1월, '2010년에는 세계 최고의 지재입국이 되자!'는 주제로 100가지 실천 전략을 담은 2차 제언을 최종 공표하게 된다. 이러한 민간의 활동은 2002년 2월 고이즈미 총리의 지적재산에 관련된 시정 연설 이후 지식재산 기본법 제정(2002년), 지식재산전략본부 설치(2003년) 등의 열매를 맺게 된다.

1980년대의 일본 기술무역수지비를 살펴보면, 기술 수출이 기술 수입의 30% 수준을 유지했다. 우리나라의 2000년대 상황과 비슷한 수준이다. 일본은 미국 기업의 공세를 이겨내기 위해 연구개발 투자를 증액하고 특허출원을 급속도로 늘려갔다. 그 결과 지식재산전략본부가 탄생한 2003년, 기술무역수지비가 드디어 1을 넘어섰다. 이 같은 결과는 우리에게 시사하는 바가 크다. 국가적인 지식재산 전략을 추진하고 특허획득에 진정어린 노력을 기울일 때, 우리도 '기술 수출액이 수입액을 능가하는' 지식재산강국으로 변모할 수 있음을 보여주는 사례인 까닭이다.

지식재산을 보호하기 위한 행정 체제로 중국의 공상행정관리총국과 지방의 공상해정관리국을 참고할 필요가 있다. 1990

년대 이후 중국이 세계의 공장으로 부각되면서, 미국 등 선진국은 중국에 '지재권 보호강화'를 단골 메뉴로 요구하고 나섰다. 정부의 강력한 지식재산 보호 노력을 보여줄 필요가 있었던 중국은 이를 위해 행정조직을 정비했다.

먼저 중국은 우리나라의 공정거래위와 특허청 같은, 시장경제 질서·기업 경영 업무를 담당하는 공상행정관리총국을 중앙 총괄행정기관으로 두었다. 그리고 각급 성·시·현 단위 소재에 지방공상행정관리국을 두어 지재권 침해 단속 권한을 부여했다. 강력한 지재권 보호 노력을 통해 한때 중국은 한때 IMD 지재권 보호 순위에서 우리나라보다도 높은 순위에 오르는 등 대외적으로 긍정적인 효과를 얻는 데 성공했다.

> 공상행정관리국은 상표권 침해에 대해 침해 중지 명령, 침해 관련 물품 몰수·소각·벌금부과(상표법 제53조) 및 침해행위자에 대한 침해 조사·사법기관 이송·현장검증·압류(상표법 제54조·55조) 등 경찰권에 준하는 권한을 보유하고 있다.

2005년 중국은 전국 특허 관련 회의에서 위원장, 부위원장 및 국무원 23개 부처의 주요 책임자가 참여하는 국가지재권전략제정위원회를 설립, 국가지적재산권 전략을 강화했다. 이 위원회는 2008년 10월 지식재산 전략 추진을 총괄하는 '국가지식재산권전략실시연석회의'로 개편됐다. 또한 위원회에서 결정된 정책을 추진하기 위해 2008년 9월 국가지식재산권국에 보호협조국사(국)을 신설했다.

이를 통해 중국은 2020년까지 국가의 지식재산권 창조·운용·보호 및 관리 수준을 제고하고, 지식재산권 관련 개발·운용·보호 및 관리 수준을 마련해 혁신형 국가 건설 및 소강사회小康社會를 실현하겠다는 목표다.

2009년 3월 중국의 원자바오 총리는 제11차 전국인민대표대회에서 "지식재산 전략을 과학기술, 인적 자원 전략과 동등한 수준의 핵심 전략의 하나로 추진하겠다"고 공표했다. 지도부의 의지에 따라 사회 전체가 움직이는 중국의 강력함을 고려할 때, 중국이 머지않은 장래에 지식재산 강국으로 탈바꿈할 것이라는 예상이 가능해 보인다. 원자바오 총리가 지적재산 전략을 국가 전략으로 선언한 2009년 3월 5일은 공교롭게도 우리나라에서 '지식재산강국 추진협의회'가 처음으로 창립된 날이었다.

산업화는 우리가 중국보다 분명 앞서왔다. 그러나 중국 정부는 우리보다 앞서서 지식재산을 국가 전략으로 공식 채택했다. 지식재산이 가치의 중심이 되는 세상을 맞아, 중국 정부의 적극

적인 움직임은 우리가 긴장의 끈을 늦출 수 없는 중요한 이유가
됐다.

한-중-일 지식재산 전략체계 구축현황 비교

우리나라의 경우 2008년 하반기, 특허청에 TF를 조직하고 10
개의 대과제로 구성된 '지식재산 비전과 실행 전략'을 기획했
다. 같은 해 12월 24일 보고서 초안이 마련됐고, 여기서 기획된
전략은 지식재산강국 추진협의회에 참여할 기관과 협의를 거쳐
다시 한 번 수정됐다. 마침내 2009년 3월, 산학연 및 시민단체
가 함께 뜻을 모아 설립한 지식재산강국 추진협의회 창립에 맞
춰 그 내용이 발표됐다.

　지식재산강국 추진협의회는 우리나라의 미래를 지식재산으
로써 일으키려 하는 기관과 단체들을 총망라해 구성됐다. 산업
계에서는 대한상공회의소·한국무역협회·중소기업중앙회가,
연구계를 대표해서는 한국과학기술단체총연합회·과학기술한
림원·공학한림원이, 학계를 대표해서는 한국공과대학장협의
회·자연과학대학장협의회 등이 참여했다. 국가 행정 체계 혁신
을 같이 고민하고자 한국행정학회·한국지식재산협의회·지식
재산보호협회·지식재산서비스협회 역시 함께했으며, 우리나
라 소비자 운동의 선두 그룹 소비자시민모임과 대표적인 지재

권 전문가 그룹 대한변리사회도 힘을 보탰다. 이제 남은 숙제는 국가 차원에서 공식적인 의제로 만들어나갈 프로세스를 마련하는 일이다.

2009년 7월, 국가 지식재산시스템 혁신을 위한 '지식재산강국 실현전략'이 13개 부처와 공동으로 청와대에 보고됐다. 대한민국 정부가 설립된 이래 지식재산과 관련된 내용을 대통령에게 종합해 보고한 최초의 사례다. 이후 보고의 후속조치로 국무총리실에 지식재산전략기획단이 설치되고, 지식재산 기본법 제정·국가지식재산위원회 설치 등 우리나라의 미래를 책임질 지식재산 전략이 본격적으로 추진되고 있다. 2011년 7월에 지식재산 기본법이 발효되고, 우리나라에도 '국가지식재산위원회'가 설립되었다. 조금 늦었지만 우리의 지식재산 정책이 명실상부한 국가발전 전략으로 논의되는 시대를 맞이했다고 할 수 있다. 그 결과로 지식재산을 존중하는 문화가 형성되고, 지재권 제도가 개선되며, 국가 기술혁신시스템과 지식재산과의 정책 연계가 이뤄질 것이다.

연구자들의 강력한 IP를 창출하는 전략

국가 R&D의 특허 효율성이 민간의 25% 수준에 불과한 현실에서 한 발짝 도약하기 위해, 대학과 공공(연)은 '지재권 중심의 기술획득전략'을 바탕으로 기업을 위한 연구와 특허 개발에 힘써야 한다. 이로써 국가 전체의 R&D 투자 효율성을 획기적으로 개선하는 한편 기업·대학·공공(연)이 상호 승리win-win하는 토대를 마련할 수 있을 것이다.

지구촌에서는 지금 기업 간 글로벌 경쟁이 더없이 치열하다. 전문 연구인력의 집합체인 대학과 공공(연)은 전쟁에서 쓰일 수 있는 무기(특허 포트폴리오)를 기업에 공급하는 무기상이 돼야 한다. 또한 기업은 전쟁에 필요한 무기를 대학과 공공(연)으로부터 충분히 공급받아 경쟁기업의 공격에도 흔들림이 없도록 힘을 키워야 한다.

제품의 생산·제조·판매에 강점을 지닌 우리 기업과 연구개발 및 특허 생산에 장점을 지닌 우리나라 대학과 공공연, 두 축이 협업을 벌여야 한다. 이로써 특허전쟁에 휘말리지 않고 최상의 제품으로 시장에서 승리하는 우리 기업이 탄생할 수 있는 것이다. '지재권 중심의 기술획득전략'은 우리 기업과 대학·공공(연)이 상호 협력하며 국가 전체의 R&D 투자 효율성을 획기적으로 개선하는 중요 수단이 될 수 있다.

2009년 천안 CEO 간담회에서 전용학 한국조폐공사 사장을 처음 만났다. 간담회장에서 '지재권 중심의 기술획득전략' 개념을 처음 접한 그는, 이를 "지식경영의 실체를 만들 수 있는 실용적 전략"이라고 평했다.

이후 조폐공사는 특허청 전담팀의 지원 아래 전자신분증e-ID 등 미래 신종 사업을 발굴하고자 '지재권 중심의 기술획득전략'을 과감히 도입했다. 그리하여 2009년에만 50여 개의 신규 특허를 창출했고, 관련된 최강 특허 포트폴리오를 위해 연구개발 투자를 대폭 확대했다. 화폐를 제조하는 공기업으로만 인식되던 조폐공사가 지식재산권을 바탕으로 수익을 창출하는 초일류 지식재산 기업으로 탈바꿈한 것이다.

'지재권 중심의 기술획득전략'에 대해, A기업의 B부사장은 다음과 같은 평가를 내렸다.

"국책사업으로 매년 수조 원의 R&D 비용이 투자되고는 있지만, 그것보다 지재권 획득전략 사업은 우리 기업의 가려운 곳을 실제로 긁어주는 것 같다. 차세대 먹을거리를 제공하는 정도가 아니라 음식을 씹어서 입에 넣어주는 느낌이다."

C공기업의 B사장은 또한 이렇게 평가했다.

"'지재권 중심의 기술획득전략'은 미래 신종 사업의 방향성을 정하는 실용 전략이다. 이를 바탕으로 향후 수익을 창출하는 초일류 지식재산 기업으로 탈바꿈할 수 있을 것이다."

대학과 기업의 개방형 협력

혁신 체제를 강화하려면 혁신 주체의 혁신 역량은 물론 혁신 주체 간의 연계성을 강화해야 한다. 대학·연구기관과 기업의 상생 협력 역시 마찬가지다.

대학과 연구기관은 고급 연구 인력의 집합소다. 새로운 지식과 기술이 창출되고 확산되는 진원지다. 이러한 대학·연구기관과 기업의 상생 협력은 지식재산 전쟁의 시대에서 승리하기 위한 필수 요건이다.

2008년 조사에 따르면, 우리나라 박사급 연구 인력의 83.2%를 대학과 공공 연구기관이 보유하고 있는 것으로 나타났다. 또한 기업이 산학연 협력을 추진하는 가장 큰 이유는 '우수 인력을 활용하기 위해서'(45.5%)였다. '연구 성과 질적 제고'(13.0%)는 그 뒤를 이었다.

대학·공공 연구기관의 우수 연구 인력을 활용하기 위한 '지식재산 창출역량 강화 정책'이 2005년부터 추진됐다. 이후로

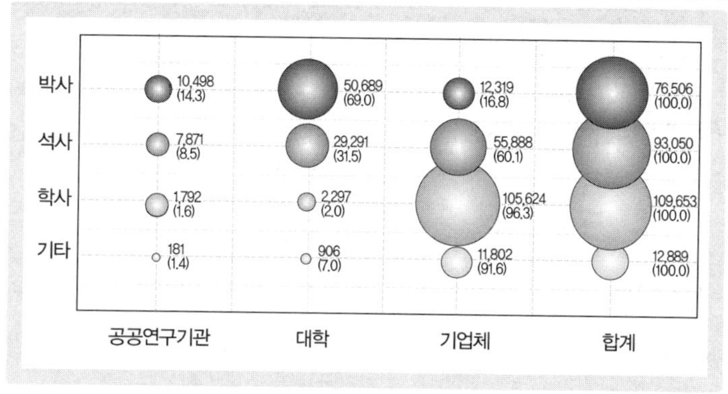

■ 주체별 연구개발 인력 보유 현황[5]　　　　　　　　　　　　(단위 : 명, %)

대학과 공공 연구기관의 지식재산권 출원 건수가 지속적으로 증가하고 있다.

신지식기술 창출·확산자로서 대학과 공공 연구기관의 중요성은 기술료 수입과 같은 지식재산 활용 측면에서도 확인할 수 있다. 2008년도 대학과 공공 연구기관의 기술료 수입은 1,288억 원, 불과 5년 사이에 3배 이상 증가했다. 이는 대학·공공 연구기관이 보유한 지식재산을 도입하는 기업이 많아지고 있다는 의미다.[6]

대학과 공공 연구기관은 미래 지식재산 산업의 혁신 주체다. 급변하는 세계 미래 시장. 이 험난한 경쟁구도에 기업들이 성공적으로 대응하고 경쟁자들보다 앞서 나가기 위해서는 대학·공공 연구기관과 협력해야 한다.

■ 대학 및 공공 연구기관의 특허 출원 현황

구분	2006	2007	2008	2009	2010
전체 출원	166,189	172,469	170,632	163,523	170,101
대학 합계	4,189(2.5%)	6,129(3.6%)	8,413(4.9%)	9,760(6.0%)	10,667(6.3%)
공공 연구기관 합계	6,699(4.0%)	7,784(4.5%)	7,021(4.1%)	8,496(5.2%)	9,492(5.6%)

모든 협력의 시작은 상호 신뢰에 있다. 대학·공공 연구기관과 기업의 협력도 마찬가지다. 그동안 산학연 협력은 정부 주도로 이뤄지는 경우가 많았다. 이 때문에 기업과 대학, 연구기관의 연구자가 서로 다른 목표를 가지고 협력에 임했다. 그래서 협력 활동에 참여하는 적극성이 부족하다는 오해를 사기도 했다. 인식의 전환을 통한 상호 신뢰 회복이 우선적으로 필요한 이유다.

기업은 대학·공공 연구기관의 지식재산권 창출 역량을 좀더 객관적으로 바라볼 필요가 있다. 일반적으로 기업은 대학이나 공공 연구기관이, 기업 자신이 보유한 우수한 연구 인력과 자원에 비해 특허창출 역량이 부족하다고 생각한다. 연구 실적 위주의 특허출원, 연구자의 인식 부족, 특허 관리 전담 부서의 역량 부족 등의 이유로 고품질 특허 창출이 어려우며 설사 특허가 발생했다 해도 사업화 및 활용 가능성이 낮다는 인식이 그것이다.

기업들의 선입견에 전혀 근거가 없는 것은 아니지만, 대학·공공 연구기관의 역량과 그들이 보유한 지식재산의 가치가 실제보다 저평가되고 있는 것도 사실이다. 실제로 대학·공공 연구기관이 보유한 지식재산권 품질은 기업 수준에 상당히 근접

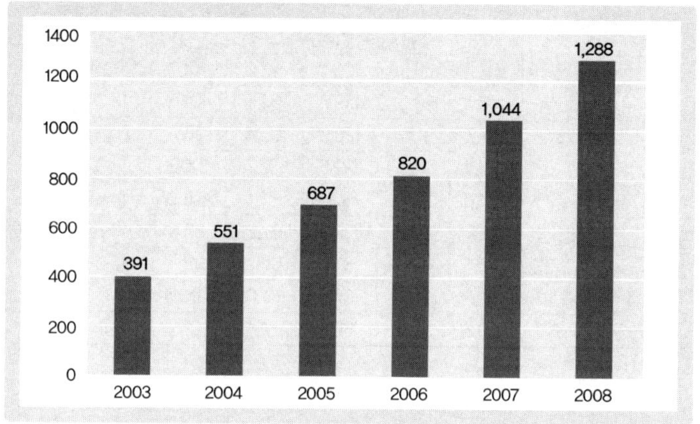

하고 있다. 2004~2008년 사이 등록된 미국 특허를 미 오션토모사의 특허 자동 평가 시스템으로 평가한 결과는 이 같은 사실을 뒷받침한다.

대학·공공 연구기관의 지식재산권 창출 역량이 미약하다는 기업의 선입견은 산학협력 활동에 부정적으로 작용할 수밖에 없다. 기업의 인식 전환이 필요한 때다.

대학·공공 연구기관, 연구자의 측면에서는 아무런 문제도 없을까? 대학·공공 연구기관의 경우, 여타 기능이나 활동에 비해 '기업과의 협력과 이를 통한 지식재산권 창출 활동'이 차지하는 위상이 낮다는 게 문제점으로 지적될 수 있다. 특히 대학은 연구와 교육이 주된 관심사다. 기업과의 협력 문제는 아무래도 우선순위가 낮다.

■ 대학·공공 연구기관, 국내 기업의 특허 평가 결과 　　　　　(단위: 건, %, 점)

대학명		평균IPQ	A등급		B등급		C등급	
			비율	평균IPQ	비율	평균IPQ	비율	평균IPQ
국가 R&D	국내기업	107.9	26.3	136.1	62.5	101.7	11.2	76.9
	공공 연구기관	103.7	20.3	129.8	64.5	101.6	15.2	77.7
	대학	96.2	11.0	128.0	68.4	96.7	20.6	77.1
	기타	100.7	14.8	129.5	67.2	100.5	18.0	78.1
	평균 및 소계	104.0	20.8	132.1	64.4	101.0	14.8	77.5
민간 R&D	대학	97.6	14.0	129.6	67.0	96.3	19.0	78.5
	공공 연구기관	105.5	27.0	133.5	60.0	99.9	13.0	73.4
	국내 기업	110.0	31.0	136.9	61.0	100.5	8.0	78.9
	평균 및 소계	109.6	30.5	136.6	61.1	100.4	8.4	78.7

하지만 문제가 있는 곳에 탈출구도 있다. 대학·공공 연구기관과 기업 간의 협력은 활용 가능성이 높은 양질의 지식재산권을 창출해낼 최상의 조합이 될 수 있다. 국가 R&D사업 특허 성과에 대한 어느 평가 조사를 보면, 특허 성과가 우수한 S등급과 A등급의 비율에서 대학 단독 특허는 27.3%이고 공공 연구기관 단독 특허는 44.7%로 나타났다. 반면에 대학과 기업의 공동 연구로 창출된 특허는 45.6%가 S등급과 A등급을, 공공 연구기관과 기업의 공동 연구로 창출된 특허는 65.5%가 S등급과 A등급을 받은 것으로 나타났다.

이것만 보더라도 대학·공공 연구기관은 지식재산권 창출 역량을 더욱 높여야 한다. 이들의 지식재산권 출원 건수가 지속적으로 증가하며 그 품질 수준도 계속 높아지고는 있지만, 아직까지 기업에 비해 연구개발 생산성이 낮고 특허 등의 품질이 떨어

구분	한국			미국		
	대학	연구소	계	대학	연구소	계
연간 기술료 수입(100만 달러)(A)	21.0	81.4	102.4	2,080	576	2,656
연간 연구비 지출(100만 달러)(B)	3,553	4,372	7,926	42,961	4,500	47,461
연구생산성(%)(A/B)	0.6	1.9	1.3	4.8	12.8	5.6

지는 게 현실이다. 외국의 대학, 연구기관과 비교해도 연구개발 생산성(기술이전 수익이나 연구개발비 지출)은 여전히 낮다.

　기업과 대학·공공 연구기관의 인식 전환과 더불어 기초, 원천기술 개발을 위한 혁신형 산학연 협력은 더욱 강화돼야 한다. 우리나라의 산학연 협력 구조를 보면, 기업의 원천기술 개발을 위한 기초연구 협력의 비중이 매우 낮은 편이다. 혁신형 산학협력이 활성화된 미국의 경우 대학의 기초연구 비중이 74.8%다. 프랑스는 86.4% 수준을 유지하고 있다. 그러나 우리나라는 정부가 지원하는 산학협력 과제 가운데 기초연구의 비중은 20% 내외로 현저하게 낮다.[8] 이 때문에 우리나라 기업의 기초연구 투자비중이 선진국보다 높을 수밖에 없다. 대학·공공 연구기관의 연구자와 기업들은 이제부터라도 기초, 원천기술 개발을 위한 혁신형 산학협력 아이템을 개발하고 적극 추진해야 한다.

-1장-

1. 김민희, 〈미국에서의 Patent Troll에 관한 연구〉, 지식재산21, 2007. 1.

2. 삼성경제연구소, 〈직무발명을 어떻게 보상할 것인가〉, 2002. 11.

3. 와타나베 순스케, 《지적재산 경영전략: 21세기 기업경쟁력의 핵심》, 새로운제안, 2003.

4. IBM, 《IBM 한국보고서》, 한국경제신문, 2007.

5. 저작권이 돈이다, 디지털데일리, 2008. 7. 29.

6. 2009년 IDC 보고서

7. 〈소프트웨어 경제 영향 연구 보고서(SW Economic Impact Study)〉, 사무용소프트웨어연합, 2008.

8. 〈2009년 저작권 보호 연차 보고서〉, 저작권보호연구센터, 2009. 10.

9. STEPI, 《특허와 기술혁신 및 경제발전의 상관관계》, 2004.

10. STEPI, 〈지적재산권 강화의 기업 생산성 기여분석〉, 2005.

11. 한국지식재산연구원, 〈지식재산 전문 인력 수요조사 연구〉, 2007.

12. 특허청, 〈대학특허교육 지원현황 및 향후계획〉, 2009. 10.

13. 2008년도 참여기업: 삼성전자, LG전자, 삼성SDI, 현대기아자동차, LG디스플레이, LG화학, 일진소재산업, 호남석유화학, 효성, 하이닉스, 포스코, OCI주식회사, LG실트론, 한화석유화학, 현대제철, SK에너지, 주성엔지니어링, 대우조선해양, 삼성중공업, 한진중공업, STX조선해양

14. 2009년도 참여기업: 2008년도 참여 기업이 100% 참여했고, 그 외에 추가로 팬택 계열, 서울 반도체, 삼성전기, 탑엔지니어링, 현대중공업, 현대삼호중공업, 현대미포조선, SLS조선, 대선조선, 삼성정밀화학, LG생명과학, 한미약품, 녹십자, 인트로메딕, 삼성테크원

15. 세계지식재산권기구(WIPO), WIPO Latest News, 2009. 1. 27.

16. 세계지식재산권기구(WIPO), World Patent Report, 2008.

17. 세계지식재산권기구(WIPO), World Patent Report, 2008.

18. 교육과학기술부·산업기술진흥협회, 〈기술무역통계 조사 보고서〉, 2009.

19. 전자신문, 2010. 11. 11.

20. 김창경, 〈『지식혁명 사회』를 선도할 기술융합형 인력양성체계 구축방안〉, 한양대학교

21. 지식경제부 무역위원회, 지재권 침해 실태 조사, 2010. 3. 23.

22. 대한상공회의소, 〈불법행위로 인한 기업 피해와 정책과제〉, 2010. 3.

<h2 style="text-align:center">-2장-</h2>

1. 동아일보, 삼성전자-日 샤프, LCD 특허 공유 합의, 2010. 2. 9.

2. 전자신문, 삼성전자-샤프, LCD 특허 공방 '2차전', 2009. 11. 11.

3. http://www.hani.co.kr/popups/print.hani?ksn=307588

4. Stephen E. Siwek, Engine of Growth(Economic contributions of the US intellectual propery Industries)

5. The U.S. Chamber of Commerce, Recommendations for Consideration by the Incoming Administration Regarding The U.S. Patent and Trademark Office

6. 케빈 G. 리베트, 《지식경영과 특허전략》, 세종서적, 2000. 8.

7. 오선모토 대표이사 스티브 리 발표자료

8. 한국은행, 2008 기업경영분석

9. 마이클 포터, 2009 세계지식포럼 발표자료

10. http://www-903.ibm.com/kr/ibm/global/overview.html

11. Mobile Phone News, 1992. 10. 22.

12. 나성곤, 《지재권 괴물의 동향 보고》, 한국기술거래소, 2008.

13. 2008년 2월 29일 미국 증권거래위원회에 제출한 Annual Report(InterDigital Inc. 10-K)

14. 위의 자료

15. 특허청, 지식재산경영, 2008.

16. 디지털데일리, 2010. 3. 1.

−3장−

1. 정연덕, 〈특허기술거래 활성화를 위한 Invention Capital 도입 필요성 검토〉, 특허청, 2008.

2. 손수정, 〈특허사냥꾼 활동에 대응한 지식재산 정책과제〉, STEPI, 2009. 8. 1.

3. 원래 2002년 IV가 'Invention Factory' 라는 명칭으로 시작했던 것이다.

4. Bruce Bahlmann, "Intellectual Ventures Company Research", Birds-Eye.Net Market Research Report.

5. 동아일보, 2009. 8. 25.

6. 전자신문, 2010. 1. 18., http://go9ma.tistory.com/547

7. 동아일보, 2009. 11. 16.

8. 정연덕, 〈특허기술거래 활성화를 위한 Invention Capital 도입 필요성 검토〉, 특허청, 2008. 12.

9. 한국경제신문, 2007. 1. 31.

10. 한국경제신문, 삼성전자, 특허괴물 강력대응 '효과 있네', 2010. 1. 21. 디지털타임스, 휴대전화 특허분쟁 삼성 '강공' LG '유연', 2006. 9. 11.

11. Joseph N. Hosteny, Intellectual property today, Is the CAFC Really Pro-Patent?, 2006. 10.

12. 아사히신문 글로브, 2009. 5. 11.

13. 한국경제신문, http://www.hankyung.com/news/app/newsview.php?aid=2009060318431, 2009. 6. 3.

14. 서울경제신문, http://economy.hankooki.com/lpage/society/200909/e2009092118354493760.htm, 2009. 9. 21.

15. Irfan A. Lateef and Joshua Stowell, op. cit

16. http://www.ftc.gov/bc/workshops/ipmarketplace/

17. 신지연, 〈대학공공연구기관의 연구개발 아이디어 확보방안 및 직무발명과 기술유출 방지에 관한 정책개발 전략〉, 2009. 10.
18. The Emerging Patent Market Place, OECD, 2009.
19. "The IP Marketplace Players", FTC Hearing on the Evolving IP Marketplace, 2008. 12. 5.
20. 김승군, Open Innocation을 지원하는 우수 지식중개상에 대한 벤치마킹
21. Avancept LLC는 Intellectual Ventures가 보유한 특허를 분석한 레포트를 만들어 판매 중임, http://avancept.com/iv-report2Ed.html (2010 NPEs 연구 보고서, 한국지식재산보호협회(2010)에서 재인용)

<h2 style="text-align:center">-4장-</h2>

1. 이근우, T-DMB 기술료 현황 및 대응방안
2. 위의 자료

<h2 style="text-align:center">-5장-</h2>

1. 국가브랜드위원회 제1차 보고회의 자료, 2009. 3.
2. 위의 자료
3. 포스코경영연구소, 2007년 다보스포럼을 통해 본 기업 경영 키워드, POSRI CEO REPORT
4. 신현암, 브랜드 자산의 가치와 구축방안, CEO Information 제213호, 삼성경제연구소, 1999.
5. 특허청, 사례 중심의 지식재산 경영매뉴얼, 2009. 4.
6. 이정엽, 중소기업의 브랜드 경영실태와 성공적인 브랜드 경영추진 전략, 2007.
7. 특허청, 사례 중심의 지식재산 경영매뉴얼, 2009. 4.
8. 전자신문, 2010. 3. 8.
9. 하송 외, 디자인 혁신을 위한 7계명, CEO Information 제643호, 삼성경제연구소, 2008.

10. 특허청, 사례 중심의 지식재산 경영매뉴얼, 2009. 4.

11. 백종원,《디자인계》, 한국디자인진흥원, 2009.

12. 서용구,《보이지 않는 기업 성장엔진: 디자인-브랜드-명성》, 삼성경제연
     구소, 2006. 4.

<h2 style="text-align:center">-6장-</h2>

1. Jay A. Erstling & Ryan E. Strom, Korea's Patent Policy and Its Impact on
    Economic Development: A Model for Emerging Countries

2. 정기철, 적정기술의 동향과 시사점, STEPI, 2010. 3.

<h2 style="text-align:center">-부록-</h2>

1. 디지털타임스, 2008. 8. 25.

2. 아사히주식회사, 오사카가스주식회사, 샤프주식회사, 주식회사 상공조합
    중앙금고, 신일본석유주식회사, 스미토모화학주식회사, 스미토모주식회
    사, 스미토모주식회사, 다케다약품공업주식회사, 동경전력주식회사, 주
    식회사 도시바, 닛키(日揮)주식회사, 주식회사 일본정책투자은행, 파나소
    닉주식회사, 동일본여객철도주식회사, 주식회사 히타치, 주식회사 미츠
    비시도쿄UFJ은행, 주식회사 미즈호코퍼레이트은행, GE재팬주식회사
    (http://www.incj.co.jp/01company-02.html)

3. 헨리 체스브로,《오픈 비즈니스 모델》, 플래닛, 2009. 11.

4. 이규호, 법률신문 제3702호

5. 교육과학기술부 · 한국과학기술기획평가원, 연구개발 활동 조사보고서,
    2008.

6. 지식경제부 · 한국산업기술진흥원, 공공기술이전 현황조사보고서, 2009.

7. 지식경제부, 공공기술이전 현황조사 보도자료, 2009. 7. 7.

8. 삼성경제연구소, 산학협력의 현황과 과제, 2006.

지식재산경영의 미래

지은이 | 고정식
펴낸이 | 김경태
펴낸곳 | 한국경제신문 한경BP

제1판 1쇄 발행 | 2011년 9월 15일
제1판 3쇄 발행 | 2013년 5월 6일

주소 | 서울특별시 중구 중림동 441
기획출판팀 | 3604-553~6
영업마케팅팀 | 3604-595, 555 FAX | 3604-599
홈페이지 | http://www.hankyungbp.com
전자우편 | bp@hankyungbp.com
등록 | 제 2-315(1967. 5. 15)

ISBN 978-89-475-2818-4   03320
값 15,000원

파본이나 잘못된 책은 구입처에서 바꿔 드립니다.